오달진 근대제주

신문기사로 본 근대 제주 경제와 사회

오달진 근대제주

진관훈 지음

學古房

머리말

    일제 강점기 연구를 하다 보면 아쉬움이 많다. 관련 자료 대부분이 일제가 만들고 포장한 관찬자료이다 보니 정작 이 땅에 살았던 제주 도민들을 올바로 이해하는 데 어려움이 있다. 일제가 펴낸 공식자료는 아무리 그 해석을 확대한다 해도 한계가 있을 수밖에 없기 때문이다. 일반적으로 이런 문제를 극복하기 위해 공식 자료의 이면적(裏面的) 의미를 재해석 하는 방법을 사용한다. 예를 들면, 구술, 민간인 기록, 공인 회고록, 문학작품, 신문 등 비공식 연성자료를 이용하여 실제적 의미를 파악한다. 그러나 당시 통제된 상황을 고려할 때 비공식 자료들은 여러 가지로 상당한 제약을 가질 수밖에 없다. 그러므로 주어진 자료의 해석에 있어 공급자 입장보다는 기층민 입장에서의 폭넓은 해석이 확대되어야 할 것이다.

    이를 위해 무엇보다 중요한 것은 비공식적 연성자료(soft data)의 중요성을 적극적으로 인식하고 발굴·축적하는 일이다(유광호, 2004). 공식자료를 통해 당시 모습을 간접적으로 재생하기보다 더욱 더 현실감 있는 식민통치 동학에 접근하기 위해 연성 데이터가 더 중요하다. 연성 데이타의 범위는 확정된 것은 아니다. 연구 목적과 초점에 따라 그 범위가 결정된다. 대체로 공식 문건 이외 당시 상황 파악에, 특히 밑에서 부터 본 당시 사회 이해에 도움이 되는 각종 형태 자료를 연성 데이타라 할 수 있다.

    다행히 제주학연구센터에서 2016부터 3년간 동아일보, 조선일보, 중앙일보, 매일신보 등 일제 강점기 제주지역 신문기사 자료집을 발간했다. 이 책 역시 전적으로 이에 도움을 받았다. 박찬식 박사님께 깊이 감사드린다. 1999년 제주경제사 박사학위 논문을 기초로 보완한 글을 모아 2004년 『근대 제주의 경제변동』을 출간했다. 이 책의 제주경제사 내용들과 이번에 새로 정리한 일제 강점기 신문기사들을 접목하니 뭔가 되살아나는 기분이었다. 이번에야 제대로 파악한 느낌이랄까.

　이 글은 2017년부터 1년 반 가량 '제이누리'에 65회 연재되었다. 제이누리 양성철 대표에게 고마운 마음이다. 연재하는 동안 많이 반성하고 자주 글 쓰는 태도를 가다듬었다. 글쓰기와 인생 살기의 공통점은 '겸손하기' 이다. 함부로 아는 체 말고 보이는 것만 옳다고 주접떨지 말아야 한다. 연재 글을 읽고 직간접으로 보내주신 독자평의 골자(骨子)가 그랬다. 그래도 합리적인 지역정서와 올곧은 역사인식을 가진 오창현처장이 내 연재물을 '우쩌' 줄 때마다 기분은 '솔짝' 좋았다.

　'오달지다'는 '마음에 흡족하게 흐뭇하다', '허술한 데가 없이 야무지고 알차다'라는 뜻을 가진 형용사로 '오지다'와 비슷한 말이다. 제주어로 말하면 '요망지다'와 유사한 의미로 여겨진다. 이 책 제목으로 딸 현정이가 제안했다. 표지 글은 작년 한해 학습 연구년을 지내며 캘리그라피를 배운 아내 고경혜 선생님 솜씨다. 생전 한글 서예 추천작가이셨던 아버지가 보시면 뭐라 하실지 잘 모르겠지만, 아들 성근이와 가족회의를 거쳐 다들 마음 보탠 작(作)이니 분명 잘했다고 격려해 주실 거다.

　올 초 가족들과 함께 런던을 다녀왔다. 아들은 프리미어 리그, 딸은 헤리포터 박물관, 나는 대영박물관을 보기 위해서였다. 마르크스가 대영박물관 부속 시설이던 대영도서관에서 20여 년 동안 유럽 신문기사들을 검색하고 연구하면서 『자본론』을 썼다고 한다. 마르크스는 자본론을 집필하며 무슨 생각을 했을까? 얼핏 석유냄새가 난다.

　송성대 교수님께서 『문화의 원류와 그 이해』 개정 증보판을 내셨다. 1,000페이지가 넘는다. 초판이 1996년에 출간되었으니, 20 여년 만이다. 더 말해 무엇 하리. 그저 스승님이 살아가며 하시는 데로 그림자 밟아 가면 될 것을.

　올해가 유광호 교수님 선종 10주기이다. 막무가내, 허무 맹랑, 무식의 극치였던 섬 촌놈에게 공부하는 기쁨을 잔잔히 알려 주셨다. 너무 일찍 부름 받아 가셨다.

　대학원을 다니면서, 경제학을 공부하면서, 제주경제사 논문을 쓰면서 안 되는 머리에 자칫 쥐 날 정도였다. 하지만 공부하는 기쁨이 만만치 않다. 우선 제주경제사 연구의 소재와 영역이 무한하다. 이를 계속해 수정·보완하는 과제는 필생의 업(業)으로 삼아야 될 만큼이다. 공부할 거리가 없어 고민하지 않는다. 게을러서 못하지, 먹고 살게 있고 체력만 뒷받침된다면 평생 손에 땀이 배는 '발견의 기쁨'을 만끽할 수 있다. 내 인생 롤 모델이신 두 분 교수님께 배운 학자로서의 '본능'이다.

대략 15년 만이다. 중간에 사회복지학 박사논문을 준비하며 거기에 몰입했었다. 게다가 먹고 사는 생업이 책 쓰기와는 거리가 멀다. 그렇다 하더라도 많이 게으른 거다. 많이 부끄럽다. 하지만 이제 리셋(reset) 모드로 전환하려 한다. 이 책 발간에 많은 도움을 주신 이성훈 박사님께 미리 말씀 드렸다. 『제주민요로 본 제주사회와 경제』 단행본을 쓰겠다고. 소재도 흥미롭지만 미리 호언을 해놔야 의무감이 더할 거 같아서였다. 스스로의 다짐이고 나와의 약속이다.

아주 예전 삼국지를 읽고 제갈공명을 상상하며 가꾸었던 내 꿈은 '농사짓는 교수'였다. 농학과 1학년생인 지금은 '농사짓는 학자' 이다. 약간의 농사 경험도 있으니 이제 농사지을 땅만 사면 된다.

학고방 관계자 여러분께 깊이 감사드린다.

2019년 8월
진관훈

목차

제주도와 근대

제주사회에서 '근대(近代)'란?

학계에서 일치된 견해는 아니지만, 일반적으로 한국사회에서 근대는 1876년 개항에서 부터 1945년 해방에 이르는 시기를 말한다(허수열, 1984). 이 견해에 따르면, 제주사회에서 근대는 개항 이후 1945년 해방까지를 포함하는 시기로 보아야 한다.

그러나 지역사 관점에서 보면 근대 제주의 시점은 이와 조금 다르다. 한국사회에서 근대의 기점으로 삼고 있는 개항의 의미와 실제가 제주사회에서는 다르게 받아들여지고 있기 때문이다. 제주사회에서의 실질적 개항은 1870년대 일본 잠수기업자들이 제주어장 침탈 때부터 라고 보는 것이 맞다. 제주 도민들은 중앙에서 느끼는 정치적 사건인 개항보다 일본 잠수기업자의 '제주어장 침탈'을 피부로 느낀 실질적인 개항으로 보기 때문이다. 따라서 1870년대 일본 잠수기업자 제주어장 침탈사건을 제주사회 근대사의 기점(起點)으로 보는 것이 타당하다.

아울러 1945년 해방을 현대사의 기점으로 삼는 것 역시 제주사(濟州史) 서술에 적합하지 않다. '제주 4·3'이 지금도 아프게 남아있기 때문이다. 해방 이후 일본과 완벽히 단절되어 있었던 육지부와 달리 제주도는 해방 이후에도 일정기간 동안 일본과 인적·물적

교류가 이어지고 있었다. 해방 이후 계속되었던 일본과의 밀무역(密貿易), 사무역(私貿易)과 밀항(密航)이 그 대표적 사례이다. 따라서 제주사 시대구분에서 현대사 기점을 '제주 4·3'이 실질적으로 종결된 1950년대 초반으로 삼아야 한다고 생각한다.

이를 종합하면, 제주사회에서 근대는 일본 잠수기업자들이 제주어장 침탈기인 1870년대부터 '제주 4·3'이 모두 종결되고 한라산 금족령이 해제된 1950년대 초반으로 보는 것이 옳다고 보아진다. 이 시기 제주사회는 제국주의 열강 각축전에서 강제적으로 자본주의적 세계경제 체제 일부로 강제 편입되는, 말하자면 현대사회로 이행(移行)하는 과도기에 해당한다. 일제 강점기 제주사회는 식민 자본주의에 의해, 식민 자본주의를 위해 강제 개편되었다는 측면에서 식민 자본주의 경제체제의 변방 종속지라 할 수 있다. 당시 제주사회 내에는 이식(移植) 식민자본제를 중심으로 하는 시장 자본주의적 경제특성이 병존하였으며 또 그것이 빠른 속도로 확산되고 있었다고 개괄할 수 있다.

일제 강점기 제주사회 연구의 흐름

일제 강점기 한국사회에 대한 연구는 크게 두 가지로 나누어진다. 하나는 식민지기 근대적 변화를 부정하고 근대 발전을 단절적 차원에서 인식(단절적 발전)하는 '식민지 수탈론(收奪論)'이다. 다른 하나는 식민지 시기 근대적 토대와 발전을 긍정하고 이 현재적 연속을 긍정(긍정적 연속)하는 '식민지 근대화론(近代化論)'이다(서윤·정연, 2004).

그러나 이 두 가지 입장 모두 일제 강점기 근대 문제인식을 경제 발전주의 입장에서 바라보는 한계를 지니고 있다. 즉 식민지 수탈론은 근대화에서 주체 여부와 양적인 지표에 의해 식민지기 경제적 발전과 그 토대 제공이 되며, 식민지 자체 발전이 아니라 궁극적으로 식민지 지배를 강화하고 식민지 모국 경제발전을 위한 강제적 이식과 수탈이라는 의미로 규정한다. 이는 식민지사회에 근대화를 몰(沒)역사적으로 접근하고 있을 뿐만 아니라 한국사회 근대성에 대한 현재적 의미를 도외시하는 한계를 지니고 있다.

식민지 근대화론 역시 발전이 이루어지는 전체적 맥락에 대한 고려 없이 몇 가지 양적인 지표에 의해서만 접근한다는 한계가 있다. 특히 '발전'이란 집합적 현상을 단지

경제성장 측면에서만 논의함으로써 일본 제국주의가 식민지 한국에 남긴 정치적·사회적·역사적·문화적·정신적 해독을 무시하고 있다.

따라서 일제 강점기 제주사회에 대한 연구는 이 두 가지 견해에 대한 비판적 검토에서부터 출발해야 한다. 무엇보다 일제 강점기 제주사회를 '수탈(收奪)'과 '단절(斷絶)'로 매몰시켜 버리는 것은 문제가 있다. 왜냐하면 일제 강점기 제주사회를 단절과 수탈로만 인식한다면 그 당시 제주사회의 주역이었던 제주 도민의 생활과 경제적 성과가 제대로 인정받을 수 없기 때문이다. 일제 강점기는 일본이 제주사회를 무력으로 강제 통치했던 시기이기도 하지만 그 기저에는 제주 도민이 계속해 활동하고 자존적 삶을 이어 왔던 시기이다. 따라서 종속지 의미로만 국한시키기보다 그 안에 살고 있는 인간사회 변화 과정에 대한 면밀한 고찰이 중요하다. 또한 이를 체계적으로 설명할 필요가 있다.

이런 관점에서 보면, 일제 강점기 제주사회에서 실질적 주체는 당연히 제주 도민이다. 제주 도민들은 식민지 지배체제 하에서 적응하고 때론 저항하며 그들이 가진 잠재적 역량과 저력(底力)을 발휘하여 많은 경제적 성과를 창출해 냈다. 그 중심에 해녀경제를 성장시킨 제주 해녀 출가 물질과 도일 제주 도민 소득이 자리 잡고 있다. 현재에 사는 우리가 기억해야 할 중요한 사실은 제주 해녀노동과 출가 물질, 도일(渡日) 도민 소득과 도내 송금 덕분으로 제주경제가 어려운 시기를 견디어 냈고 현재에 도달하였다는 것이다.

따라서 제주 도민 도일 노동과 제주해녀 노동(물질)이 이룩해낸 경제적 성과와 의미를 밝혀내고, 또한 이 경제적 성과가 일제 강점기 제주경제 선순환 구조로 변환되는 과정과 산물을 실증적으로 밝혀내야 한다. 이를 통해 일제 강점기 경제 유산과 경험을 되새기고 현재를 진단하여 미래 제주가 취해야 할 가치 있는 방향을 찾아 갈 수 있을 것이다.

제 **1** 부
박종실상점

해산海産과 축산畜産이 유리

　제주도는 토지가 척박하고 수전(水田)이 태무(殆無)한데 대지주가 무(無)하고 거개 자작 농임으로 빈부의 차가 현격하지 아니하고 따라서 생활태도가 균일하며 소작쟁의는 볼 수도 없다. 경지면적은 전(田) 십만 사천 삼십일 정보, 답(畓) 팔백 수십오 정보인데 매석 당 이정 이반보나 되며 작년 수확고는 대맥 삼십만 석, 속(粟) 삼십만 석, 수륙도(水陸稻) 삼만 석, 대소두 등 잡곡 삼만여 석, 감저(甘藷) 일천여만 관에 달함으로 소농민도 그리 곤난치 아니한 생계를 도모할 수 있다.

　본도는 교통 불편의 관계상 자연 상업도 미비 부진하더니 근래 해륙교통 기관이 완비와 대판 직항로가 개통된 이래 제주 성내를 중심으로 각지에 상업이 점차 은성(殷盛)하야 활기를 정(呈)하고 남선(南鮮)의 유수(有數)한 상업지대로 굴지(屈指)케 되었다. 이출품(移 出品)은 수산물을 위주로 면화, 관물(冠物), 추용(椎茸), 우피(牛皮), 양말(洋襪) 등인바 연액 백만원 내외에 달하며 이입품(移入品)은 백미, 맥분, 면사포, 인촌, 석유, 기타 잡화 등 인바 연액이 백만원에 달한다고 한다.

　공업은 아직 유치하야 목하 자급자족의 역(域)을 탈(脫)치 못하였으나 농한기를 이용하야 가정공업으로 소규모의 주조, 조선즐관물(朝鮮櫛冠物), 모자, 양태, 암건(岩巾) 탕건(宕 巾) 망건(網巾)등을 제조하며 근래 관힐(罐詰), 패구(貝釦), 양말(洋襪), 주류(酒類) 조면(繰 綿)등의 공장도 설치되어 그 산액(産額)도 불소(不少)하야 본도 공업계의 신기원(新紀元) 을 작(作)하였다.

　사위(四圍)가 망망한 대해임으로 무진장의 해산물이 있는 보고(寶庫)이다. 해안선에 연 (沿)하야 거주하는 자는 거개 어업에 종사함으로 그 산액이 불소하며 본도 명물인 해상여왕

(海上女王) 해녀는 비등(比等) 수산계에 막대한 공로가 유한 자이다. 이외에 왕시(往時) 유명하였던 목축 등은 근간 다소 쇠퇴한 경향이 유하며 면작 임업 등이 연연 발전함으로 제주 산업계의 전도는 실로 유망하다(동아일보, 1926.10.27.).

일반적으로 육지 논농사 지역은 지주제 비율이 높다. 이와 달리 제주지역은 소작 비율이 낮고 자작농 비율이 높다. 남성 노동력 보다 여성 노동력이 더 큰 비중을 차지한다. 여성들은 농사짓기는 물론 바당밭 해산물 채취, 가사, 집안 경조사 등을 두루 감내했다.

주요 재배 작물은 식량 확보를 위한 보리, 조 등과 윤작에 필수적인 콩이다. 당시 제주지역 농업 생산량은 낮은 편이다. 이는 비옥하지 않은 제주지역 토양과 비료 사용 부족, 자연 재해, 특히 작물 성장기에 사정없이 불어 닥치는 태풍 때문이다. 이에 더하여 중앙관리, 토호들이 무분별한 징세(徵稅)로 인해 제주 농민들 삶은 갈수록 악화되었다.

1900년대 초반 제주 경제는 토지, 상품, 노동력의 교환과 거래가 부진하고 외부 교역이 부족하여 고립적이며 자급자족 수준이었다. 구한말 이전 제주 농가는 부업으로 양태, 망건, 모자 등을 꾸준히 생산했다. 그러나 갑오개혁으로 인한 역제 폐지, 단발령 실시로 인해 망건 소비가 감소되었고 따라서 제주지역 공예산업(망건, 양태 등)이 침체하기 시작했다. 이와 함께 토지조사사업과 산림령(山林令), 화전금지정책 등으로 인해 한라산 중산간 토지를 생산 기반으로 삼던 제주지역 중산간 농촌이 위기에 봉착했다.

제주의 산업발전책에 대하야 말하자면, 제주는 농업 이외에는 산업이란 전무하고 그도 또한 토지가 척박한 관계상 속맥(粟麥) 이외 농업물이 극히 소량입니다. 그러함으로 농업 이외 어떠한 산업을 물론하고 장려할 필요가 있습니다. 기중(其中)에서도 제주는 사방이 해안인 지리적 관계로 보아 수산업이 가장 적당하고 둘째, 초원이 광대하니 목축업이 발전할 수 있다고 생각합니다.

또한 재래(在來)에 있어서 제주의 경제계를 많이 완화시키든 부녀의 가정부업인 관물제조업(官物製造業)이 불소한 타격을 받고 있으니 그 대(代)로 다른 부업을 장려하였으면 좋겠습니다. 관물업(官物業) 대신 직조업을 장려하는 것이 가장 적당하다고 생각합니다.

제주는 여러 가지로 보아 우마(牛馬)의 개량 번식이 가장 필요합니다. 금년에 용산 육군부에서 제주마(濟州馬)를 시용(試用)하기 위하야 이십육 두를 사갔는데 제주마가 일등을 점(占)하고 평안도마(平安道馬)가 이등이 되었다고 합니다. 이를 보더라도 제주마 총수가 이십만 두 이상인데 이것을 개량하여 도외로 판매한다면 적지 아니한 이익이 있을 것 이라고 믿습니다.

그리고 해산물 장려에 있어서 농업보다도 소자본(小資本)을 요(要)할 것이니 조선 각지에 비하야 해산물이 가장 풍부한 제주를 반드시 해산국(海産國)으로 만드는 것이 제일 적절한 발전책이 아닌가 생각합니다(동아일보, 1931.1.25.).

1920년대 제주 도외를 연결하는 해운교통이 발달하게 되었다. 이로 인해 일본 내지 노동시장으로 도일(渡日)하는 제주 도민들이 급격히 증가했다. 그 동안 경제활동 기회가 부족해 일자리에 목말라 하던 제주 도민들이 일본 노동시장과 산업 현장에 적극적으로 참여하는 형태로 식민지모국 노동시장에 종속되기 시작했다. 이처럼 일본 노동시장 참여 방식으로 식민지 경제에 적응했던 이유는 제주도가 일제 식민 정책으로부터 소외된 지역이고 1920년대 산미증산 정책과 1930년대 공업화정책 주변지역이었기 때문이라고 여겨진다.

원래 자본의 여유가 업는 도민이라 어떠한 사업을 경영한다 할지라도 그것이 유리만한 것 이라면 외지의 대자본가가 출현하야 자본의 힘으로 독점하야 버리게 되니 도민은 호상단결(互相團結)하야 대자본의 침입을 금하는 동시에 모든 이권(利權)을 민중화(民衆化)하지 아니하면 생산보다 소비가 늘 초과하는 도민의 경제생활이 대단(大端) 비참하게 될 날이 있을 것입니다(동아일보, 1931.1.28.).

일제 강점기는 일제가 제주지역을 강제 통치하던 시기이다. 그러나 정작은 제주 도민이 주체적으로 활동하며 적극적으로 경제적 생활을 누려왔다. 누가 뭐래도, 당시 제주사회와 제주경제의 실질적 주체는 당연히 제주 도민이다. 이 시기 제주 도민들은 일본 제국주의 물리적 통제 하에서 저항하고, 한편 적응하며 제주 도민의 특유 역량과 저력(底力)을 바탕으로 지역 경제 기반을 구축했다. 바로 이 점이 현재를 살고 있는 우리가 일제 강점기 제주사회와 경제를 면밀히 고찰해야 하는 결정적인 이유이다.

남국의 보고, 미개의 보고

"제주도사(濟州島司) 전전모(前田某)는 수명의 직원까지 데리고 비싼 여비를 써가면서 일본 각지를 돌아다니며 제주도의 이권을 가져가실 자본가가 안 계십니까"하고 제주도의 부원(富源)을 독점할 자본가를 구하러 다닌다니 제주도도 하의도(荷衣島)와 동일한 운명에 돌아갈 날이 멀지 아니한 모양(模樣)이다.

제주 고을 너는 과연 부끄럽지를 아니 한가? 너는 이십여만 대중! 적지 않다. 그러나 제물에 다 늙었는가? 열풍이 태동하는 청년도 꽤있고 재산가도 상당히 있다. 그러나 의용과 봉공희생적(奉公犧牲的) 정신은 약에 쓸려 해도 없다.

제주야 너는 일후(日後)에 너의 역사와 포부를 나타내일 기관이 없으면 제주는 영(永) 멸망할 것이 아닌가? 마침내 전 조선에 대표적 인물이 많이 나서 이우러 가는 우리 조선을 바로잡고 무궁화의 강산을 빛내이게 하기를 바라며 너의 이름 제주와 같이 제주가 되자 아! 제주야 내의 가운데에서 어떠한 인물이 나려는가?(류경 김상회, 동아일보, 1924.2.6.).

19세기말 20세기 초, 일본은 한반도 병합과 식민지 경영을 위한 기초조사의 일환으로 제주도에 대해 조사했다. 이 조사 결과를 토대로 일제는 제주도를 '남국(南國)의 보고(寶庫)', '미개(未開)의 보고'라 칭하며 제주 개발에 대한 강한 정책적 의지를 내비쳤다. 이를 입증하는 자료가 1905년에 발간한 『제주도 경영』이다.

당시 일본은 제주도의 축산, 어업, 농업, 임업 분야에서 제주지역 자원을 개발하여 자국의 경제적 이익에 부합시키려 하였다. 또한 제주도 수산 가공업을 성장시키기 위해 일본 어민 10만여 명 이주를 계획했다. 이어 1923년 제주지역 산업현황과 각종 자원 등을 소개한『미개의 보고』를 발간하여 당시 제주도사(濟州島司)가 직접 이 자료를 들고 일본 각지를 돌아다니며 소위 '자본가'를 모집하러 다녔다.

> 본도를 미개(未開)의 대보고(大寶庫)라고 해서 최근 각 방면의 자본가들이 주목하게 된 것은 본도의 발전을 위해서도 국가정책을 위해서도 실로 기뻐해 마지않을 일이다. 아무 쪼록 장차 견실하고 재력이 모자라지 않은 실업가가 속속 도도(渡島)하여 농업에, 임업에, 목축업에 또는 수산업에 각자 경험있는 방면을 향해 확고부동한 계획을 세워 각종 산업의 발전을 기도(企圖)해 주기를 바라는 바이다.
>
> 그리고 그러한 대발전을 가져오게 하기 위해서는 도로의 대개수와 항만의 대수축(大修築) 무선전신의 가설 등 교통통신의 여러 기관이 완비된 다음에는 내부적 각종 산업의 개발과 맞물려 한층 생산물의 가공과 대대적인 도외 수반출(輸搬出)을 기하여 도내 부력(富力)증진을 꾀하게 될 것이다.
>
> 이와 더불어 도민들은 전등을 사용하고 수돗물을 마시며 해륙교통의 문명적 기관을 완성 이용하며, 각지에 번영된 내선인(內鮮人) 합동의 문화적 소시가(小市街)를 조성하게 됨으로써 비로써 일대 낙원지 다운 이상향이 출현하게 될 것이다(미개의 보고 제주도, 1923).

일제 식민지 개발 정책의 핵심은 한반도 내에서 자국 이익에 부합되며 자국 소비에 적합하고, 전쟁 수행에 필요하며 군수물자에 적합한 자원을 수탈하여 자국으로 운반하려는 것이다. 예를 들면 일본이 필요로 하는 생산물은 조금 비싸지만 식민지에서 안정적으로 구할 수 있는 상품, 일본 내 실업자를 식민지에 고용시켜 실업률을 떨어뜨리는 품목, 자본 투자 위험도를 줄일 수 있는 상품, 이외에 국가 사회적 위신을 높일 수 있는 품목 등이다. 일제에 의한 제주도 개발 계획 역시 예외가 아니었다.

> 제주 청년 제군아 이목(耳目)이 있으면 보고 들었으리라. 제주도청에서 '미개의 보고 제주 소개'라는 책자를 발간해서 일본 각지 자본가에게 발부하였다는 그 내용의 대강을 들어보면 '미개의 보고'를 소개하고 그 다음에는 도민의 전우(顚憂)함을 말하고 그 다음에는 자본가여 제주도의 이권을 안가져 가시겠습니까 하였다. 말하자면 제주도 부원(富源)을

독점할 자본가를 구함이다.

　　우리는 실로 정신적으로나 육체적으로나 만반 사업 준비의 원동력인 비판으로 확대히 일으키는 동시에 숙련과 근기와 예산과 용의가 없고는 큰 사업의 유종의 미를 거두지 못하리니, 그러자면 의협(義俠) 봉공(奉公) 인애(仁愛)의 정신이 있어야할 것이다. 우리가 취할 바는 단결과 함께 개척의 의지가 끊임없이 있어야 할 것이다(동아일보, 金尙回, 1925.2.3.).

　일제는 자국 이익에 부합되는 한라산 임산 자원과 제충국, 박하, 고구마와 같은 농업 생산물과 옥도, 통조림 등과 같은 군수물자 생산과 공출에 열 올렸다. 단기적 수탈보다는 장기적 이윤을 추구하고 궁극적으로 한반도를 영구 병합하려 했다. 일본 대판 사회성 자료에 의하면, "제주도와 일본과 지리적 인접성, 각종 설화에서 등장하는 일본과 제주 교류설, 한반도 출신 노동자에 비해 제주 출신 노동자가 온순하고 근검, 성실하며 노동쟁의에도 가담하지 않는다"고 한다. 이런 이유들로 인해 일제는 제주개발을 단기 약탈보다는 영구 병합을 위한 기반 조성을 목적으로 하였다고 보아진다.

　　◇ 산업 대개발 : 농산물 수확증가를 기획하고 도외로 많이 반출할 것, 중간부락을 증대시켜 휴한지를 이용, 목축, 임업, 면작 등 대대적 경영을 할 것.
　　◇ 어항(漁港) 대수축(大修築) : 금후 수개년에 걸쳐 도내 6~7개소 어항을 대수축함. 제1기 계획으로써 제주항(일명 산지항), 성산포항, 서귀포항
　　◇ 전기사업 계획 : 도내 3~4개소 폭포 낙차를 이용해 전력을 일으켜 제빙(製氷), 조면(繰綿) 기타 여러 공업에 운용토록 하고 전등계획도 수립
　　◇ 수도계획 : 제주성내, 서귀포 간이수도 부설
　　◇ 도로 대개수(大改修) 단행 : 제주성내 성산포간 11리, 제주성내 한림간 8리
　　◇ 교통통신에 관한 계획 실현
　　◇ 이민(移民)과 출가(出嫁)에 대한 계획(미개의 보고 제주도, 1923.).

　이에서 보면, 일제에 의한 제주 개발은 한반도 전체를 대상으로 하는 개발정책을 기본으로 하고 제주도 지역적 특수성을 병행하였다는 것을 알 수 있다. 실제로 지역 전통생업과 생물자원 분야를 집중 육성하였으며 그 기반이 되는 어항(漁港), 수도 전기시설 구축 등 사회기반 조성을 구축했다. 그러나 이를 바라보는 제주 도민과 도내 지식인의 심경은

참담 그 자체였다. 100년이 지난 지금 우리는 또 무엇을 고민하고 있나?

•일제 강점기 제주도 행정지도

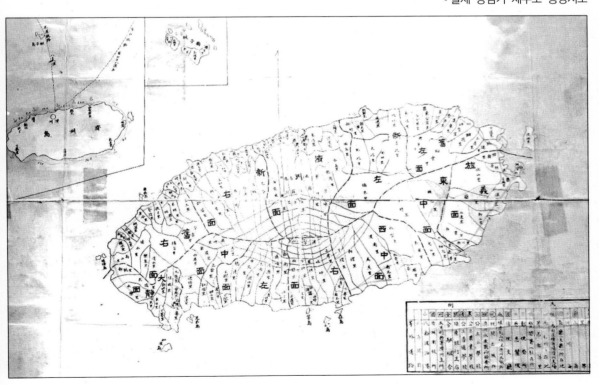

박종실상점

제주 최초의 상점은 '박종실상점(朴宗實商店)'이다. 1905년 8월 제주면 일도리에 개점한 박종실상점은 초기 일상에 필요한 잡화를 취급하던 소매상점이다. 점차 잡화류 소매상을 벗어나 근대적 종합무역상사 형태를 갖추며 제주지역 대표적 토착 상업자본으로 자리

메김 했다.

박종실은 1885년 5월 4일(호는 청암(晴巖), 본관은 밀양) 제주시 이도동에서 부친 박원길(朴元吉)씨와 모친 탐라최씨 (耽羅崔氏) 3남(宗實, 宗學, 宗熙) 1녀(宗順) 사이에서 장남으로 태어났다. 5살 되던 해 부친을 따라 큰 댁이 있는 전라도 부안으로 이사하여 그곳에서 큰 댁 형제들과 한학을 공부하며 유년시절을 보내다 12세 때 다시 제주에 내려왔다.

●박종실

제주에 내려온 박종실은 목포 등지로 장사 길에 나선 아버지를 대신하여 가족 생계를 위해 장사를 시작했다. 처음에는 성냥, 양초, 실, 바늘, 창호지 등을 공급하는 소규모 소매업에서 출발하였다. 그러다 18세 되던 해 행상을 다니며 모은 돈을 밑천 삼아, 매입한 보도반점(寶都飯店)(현 제주시 칠성로) 자리에 일상 소모품을 판매하는 상설 소매상점을 개점하였다.

22세에 모친을 여의고, 얼마 뒤 진주 강씨(晋州姜氏)와 결혼한 박종실은 제주읍 서문골 갑부 조덕삼(趙德三)으로부터 어머니가 생전에 맡겨두었던 60원을 받았다. 그는 곧 이를 밑천 삼아 본격적으로 사업을 확장했다. 당시 제주에는 식량뿐 아니라 면직물, 의류품, 기계류 등에 이르는 모든 생필품을 외지로부터 이입(移入)해야 하는 상황이었다. 대부분 상권은 일본인 상인의 독점 상태에 있었다. 제주에서 생산되어 육지로 이출(移出)되던 해산물, 소가죽, 한약제 역시 일본인 중개인의 손을 거쳐야만 거래가 이루어졌다. 이러한 상황에서 박종실은 지역 상권 탈환과 민족자본 형성을 위해 당시 일본인이 독점하던 제주 상권에 도전장을 내밀게 된 것이다.

일제 강점기 제주 도내 상설 점포 현황을 살펴보면, 거래 품목은 잡화, 식료품 등이 주를 이루었으며, 영업장소는 제주읍 지역이 가장 많다. 시기적으로는 1920년대 말에서 1930년대 중반에 가장 활발한 영업활동을 하였다. 1930년대 주류 판매 및 생산, 보험업, 금융업, 제조업 등이 생겨나고 한림, 김녕, 모슬포, 서귀포 등지로 확산되었다. 이들 지역의 공통 특징은 항구가 있어 일본과의 거래가 활발한 지역이며 일본인 소유 공장과 일본인 소유 어업 생산 시설이 설치된 곳이다. 이에서 보면 일제 강점기 초기 상설 점포들은 농촌 구매력을 염두에 두기 보다 일본인, 혹은 일본 교역에 적극적으로 가담하여 소비 패턴이 달라진 계층을 대상으로 하였던 것으로 보아진다.

박종실은 1931년 동아일보에서 주최한 '주요도시순회좌담(主要都市巡廻座談) 제주(濟州篇)'에서 다음과 같이 제주산업의 발전방안을 피력했다.

> 직조업(織造業)도 조흘것입니다만 대개(大槪) 산업이 발전하랴면 그 원료가 풍부하여야 하는 것이니까 제주에서는 가장 대량으로 생산이 되는 대소맥간(大小麥稈)을 이용하야 그것으로 모자(帽子)등의 수공품(手工品)을 맨드는 것이 조흘가 합니다. 그러케 하랴면 각면당국(各面堂局)이 각지에 장려하고 판로를 구하야 주지 아니 하면 안 될 것입니다. 그러면 연 사오만원의 수입은 잇슬 것을 확신합니다. 그리고 목축업도 상당히 유망합니다 마는 우마(牛馬) 이외 다른 가축은 조금도 여망(餘望)이 업슴니다.
> 제주에서 생산이 되는 주류의 원료로 대소맥(大小麥)만으로는 대단히 부족합니다. 만일 제주에서 다량적(多量的)으로 생산케 하면 얼마든지 충분한 원료를 어들 수가 잇슬 것입니다. 그리고 원료 생산자와 주류 제조업자간에 일정한 계약이 잇서야 될 줄 암니다(동아일보, 1931.1.25.).

박종실은 여러 사업분야에서 다각적 경영을 도모했다. 항상 박종실상점에서 사업 구심점을 찾았으며 여타 부적절한 이권사업에는 손대지 않았다. 당시 제주도에는 특산물을 가공하는 회사가 적지 않았지만 박종실은 제조업에 진출하지 않았다.

1922년 박종실은 오랜 숙원사업이던 해운업에 손을 대면서 본격적으로 근대적 기업활동을 시작했다. 또한 1925년 제주전매서 개설에 참여하여 초창기 전매서 발전에 기여했고, 제주도에 자동차가 등장하자 강성익(康性益), 최윤순(崔允淳)등과 함께 1925년 제주통운주식회사를 설립하여 해상교통뿐 아니라 육상교통 발전에도 공헌했다.

1931년 상품 판매 체계를 세우기 위하여 밀가루, 설탕, 소주 등을 주요 품목으로 취급하는 제주상사조합을 설립하고 초대 조합장에 취임했다. 이 조합은 1935년 제주상사주식회사를 발기하여 법인회사로 되기까지 적지 않는 애로를 겪었다. 제주상사주식회사를 해산한 후 삼일해운주식회사를 설립하여 취체역(取締役)으로 취임했고 이후 제주상사조합은 제주상사주식회사로 개편되었다.

박종실은 제주 상공인 친목과 단결로 당시 제주지역 상공업상 폐해를 교정하고 상권 옹호와 발전을 위하여 '제주상공회'를 설립하여 초대 회장에 취임했다. 그러나 제주 도내 상공인 권익 옹호를 도모하려 했던 제주상공회는 지역 상공인의 관심 부족으로 권익 옹호를 위한 실효를 거두지 못하였다.

1939년 박종실은 삼일해운주식회사를 제주상운주식회사로 개편하여 사장에 취임했으며 1940년 4월 제주도생활필수품상업조합을 설립하여 조합장에 취임했다. 그 후 1945년 4월 일제에 의해 소개령이 내려지자 제주에서 기업활동을 마감하고 전남 나주로 이주했다가 해방 직후 제주로 귀환(歸還)하였다.

이상에서 살펴본 바와 같이 박종실은 한말 혼란기에 태어나 일제 강점기와 해방 직후 혼란기 등 격동기를 거치면서 기업가로 일생을 보냈다. 그 50여 년 동안 기업 경영활동은 제주도 기업의 역사이다. 그는 제주도에서 자수성가형 기업가의 표본이라 하겠다.

박종실 어록(語錄) 한편을 소개한다.

나라를 다스리는 데는 하늘의 뜻을 따르면, 관청도 맑아지고 백성도 스스로 안심하게 되고, 처가 어질면 남편이 화를 입는 일이 적을 것이고, 자식이 효도하면 부모가 관대해 진다(國定天心順 官淸民自安 賢妻夫禍少 子孝父心寬).

박종실의 경영철학과 사회적 공헌

청암(晴岩) 박종실(朴宗實)은 제주 근대 경제의 형성에 기여한 대표적 기업가로 한국 해운업 토대를 세운 근대 무역인이다. 그는 신용과 근면, 절약을 상인정신으로 삼고 신용 제일주의 기업가 정신을 바탕으로 현금과 부동산 그리고 상품에 분산 투자하여 위험도를 낮추는 한편 시세 변동에 탄력적으로 대비하는 경영방식을 가진 사업가였다. 그의 경영철학은 '신용 제일주의', '삼균배지론(三均配之論) 투자관', '합리적 기업경영' 세 가지로 요약할 수 있다.

사람은 인정과 도덕이 있어야 해! 그렇지 않으면 하늘이 그를 멀리한다. 세상 사람들은 다 자기가 잘해서 일이 잘된다고 생각하는 모양이지만 나는 어쩐지 하느님이 도우셔서 일이 잘된 것 같이 생각될 때가 한두 번이 아니다. 만족함을 알고 늘 만족한 마음을 가지면 일생동안 욕된 일이 없고, 욕망을 멈추는 것을 알고 늘 억제하면 일생 부끄러움이 없다(知足常足 終身無辱 知止常止 終身無恥).

신용이 생명이다. 박종실은 신용제일주의를 기본 신조로 삼아 사업을 운영했다. 신용, 근면, 절약 중 신용을 생명처럼 중요하게 생각했다. 당시 일제 강점기 조선식산은행 제주 지점에서 돈 3천원을 빌려 쓸 수 있는 당좌 차월을 갖고 있던 사람은 박종실을 포함해 세 사람 뿐 이었다. 그는 일본인에 의한 금융독점 상황에도 불구하고 금융기관 신용이 매우 좋았다.

> 어떤 투자라도 자기 실력 삼분의 일 이상을 투자해서는 안 된다. 그리고 재산을 보존하는 방법에는 재산 중 삼분의 일은 현금, 삼분의 일은 부동산, 나머지는 상품으로 해 놓으면 여하한 변동에도 큰 이익은 없다 해도 손해를 보는 일은 없다(三均配之論).

박종실은 자본 구성을 현금, 상품, 부동산 삼분법으로 나누어 투자하여 위험을 줄이고 일확천금을 꿈꾸지 않는 안정적 삼균배지론 투자관을 실천했다. 현대 경영학 개념에서 보면 '포트폴리오(portfolio)'라 할 수 있다. 대동아 전쟁 당시 박종실은 전라남도 나주군으로 이주했다. 그 당시 다른 사람들은 모든 재산을 처분하여 현금을 들고 갔지만, 그는 부동산을 그대로 두고 갔다. 나중에 재산을 처분해 현금으로 가지고 갔던 사람들은 인플레이션으로 인해 화폐가치가 하락하여 큰 손해를 보았다. 하지만 부동산은 그대로 남아 있어 손실을 막을 수 있었다. 1951년 석유업체 덕순사(德順社)를 맡아 경영하게 되었다. 당시 자본은 휘발유 3백 드럼뿐이었다. 석유사업을 시작한지 1년 후 주위에서 이익이 얼마나 되는지를 물었다. 이 물음에 그는 직원에게 휘발유가 몇 드럼이나 남았냐고 물어보고는, 휘발유 3백 드럼으로 시작했으니 언제나 휘발유 3백 드럼 재고가 있어야 한다고 대답해 사람들을 놀라게 하였다.

이와 같은 사업적 안목은 1919년 10월 아무도 관심 갖지 않던 제주시 동문로터리 남쪽 속칭 소래기동산 2,080평을 매입한 데에서도 나타난다. 이는 삼균배지론 투자 원칙에 의해 토지를 매입했던 사례로 1927년에 다시 2,000평을 매입한 이후 그 주위 상당한 토지를 매입했다. 당시 이 땅은 불모지나 다름없어 아무도 관심 갖지 않는 곳이다. 하지만 그 땅이 제주 관문인 산지 포구를 굽어보는 자리였고 지형이 자연경사를 바다 쪽으로 이루고 있으며 배수가 잘되는 고지였다. 박종실은 그 지역이 장차 최적의 주거지가 되리라고 판단했던 것이다.

박종실의 예견대로 이 땅은 1945년 8월 15일 해방 이후 칠성통과 함께 제주도 제1
요지가 되었다. 그 후 제주 경제의 중심지가 되면서 동문공설시장이 개설되어 도내 모든
물자 산지가 되었다. 교회와 극장도 신축되었다. 그는 이 땅을 당국에 무상으로 희사했다.
이 땅은 도로 및 공공건물로 사용되었고 토지 중 일부는 개인에게 저렴한 가격으로 분양
하였다. 그는 주택을 건축할 때 반드시 기와 혹은 슬라브, 최소한 스레트 지붕으로 건축해
야 한다는 조건을 분양할 때 명시하였다. 이로 미루어 보아 그가 도심 미화에도 많은
관심을 가지고 있었음을 짐작할 수 있다.

박종실은 제주지역에 최초로 근대적 경영기법을 도입한 선구자이다. 20세기 초 제주에
들어온 일본인들은 당시 순박한 도민들에게 그들 상술(商術)을 강제 적용시켰다. 이로
인해 사농공상 사회질서를 고집하던 토착 제주 상인들은 꼼짝없이 일본인에게 모든 상권
을 넘겨줘야 했다. 하지만 박종실은 일본인 독점 상권에 도전하기 위해 제주 도민 특유의
대량생산 기법과 새로운 판매방법을 찾아야 한다고 생각했다. 그래서 엿을 만드는 법을
바꾸고 파는 상술도 달리했다. 이후 박종실과 같이 근무했던 종업원들은 그 영업기법을
익히고 난 뒤 독립하여 제주 근대 기업가로 선도적으로 역할을 하였다.

박종실은 종업원들에게 노력에 비례한 대가를 보수로 지불해야 한다는 신조로 기업을
경영하였다. 훗날 고창현(高昌炫), 홍종언(洪宗彦), 김석윤(金錫潤), 고군찬(高君燦), 고병
효(高柄孝), 고훈범(高薰範)과 같은 직원들이 모범적 기업인으로 성공할 수 있었던 것은
이러한 기업 경영철학을 습득하고 실행하였기 때문인 것으로 보인다. 그는 직원들이
사업가로 독립하는데 필요한 자금을 축적할 수 있는 기회를 마련하여 주었다. 이 때문에
당시 박종실상점에 근무하고 나면 누구나 다 성공한다는 말이 나오게 되었다.

> 이익은 혼자 차지하면 안 되는 것이야. 고루 나누어 가져야 하지. 사업도 마찬가지로
> 정신으로 해야 하는 것이지. 조금씩 남겨서 많이 팔아야 되지. 박리다매가 좋아(利不可獨食).

박종실은 합리적인 경영과 신용을 기업경영의 생명으로 생각하는 이불독가식(利不可

獨食)을 좌우명으로 삼았다. 상품 거래에 있어 생산자, 도매업자, 소매업자, 일반 소비자 모두에게 합당한 이익이 돌아가도록 했다. 대량 판매를 효율적으로 실현하기 위해 국내 생산품은 생산자와 직접 연결시켜 주었다. 또한 수입처를 다각화하거나 안정적으로 공급 받기 위해 특약 체결 등 다양한 거래방법을 모색했다.

박종실은 근대적 경영기법을 실천하며 기업을 성장시키고 부를 축적하는 한편 돈을 벌면 그것을 사회에 환원하는 기업의 사회적 윤리를 몸소 실천했다.

1957년 박종실은 사재를 기꺼이 내놓아 문화시설이 전혀 없는 제주지역에서 어려운 시기에 배우고 싶어도 배우지 못하는 불우한 청소년을 위하여 도서관을 건립하였다. 당시 제주에는 그러한 기능을 띤 공공 도서관이 전혀 없어 시민 학습 욕구에 부응하지 못했다. 이러한 상황에서 박종실은 제주지역 문화발전에 기여한 다는 뜻을 세우고 1957년 제주시 삼도1동 235-25번지 토지 (부지: 310평, 건평: 1,173평)를 매입하였다. 그 곳에 본관 건물을 신축하고 동년 6월 1일 제주도에 기증함으로써 제 주도립도서관이 탄생하였다. 도서관을 세운 후 그는 기 회 있을 때마다 자녀와 손자들에게 서적을 수집하여 도서관에 기증하도록 독려하였 다. 이에 감화를 받은 외손녀 고경신(고 광림 박사 딸)이 미국에서 용돈과 장학 금을 모아 3천여 권 장서를 제주도립도 서관에 기증하였다. 그뿐 아니라 1962년 그녀가 재학하고 있던 고등학교에서 제 주 학생들을 위해 도서를 수집하여 총 700여권 영문서적을 제주도립도서관에 보내왔다.

1965년 11월 의지할 곳 없는 제주시 노인들을 위해 이들이 시간을 보내며 즐

• 서귀포시 올레길에 있는 박종실 송덕비

길 수 있는 안식처인 경로당 청암정(晴岩亭)을 건립하여 제주시에 기증하였다. 1968년 6월 박종실 일주기를 맞이하여 고인 유지에 따라 3형제(박경훈, 박태훈, 박충훈)가 재단법인 청암육영회(晴巖育英會)를 설립하였다.

박종실은 1966년 6월 82세로 타계했다. 그의 장례는 관덕정 광장에서 제주 최초의 사회장(社會葬)으로 치러졌다. 어려운 시기에 근대 기업을 일으켜 부를 축적하고 기꺼이 사회에 환원한 박종실을 추모하는 제주 도민의 마음을 모아 예를 갖추었던 것이다.

산남 제일부자 강성익

'산북에는 박종실, 산남에는 강성익' 예전 제주도에서 흔히 회자되던 말이다. 강성익은

• 강성익 지사와 1920년대 제주시 모습 합성

박종실과 함께 일제 강점기 제주지역, 특히 산남지역[1] 토지 자본을 기반으로 사업을 성장시킨 근대 제주의 대표 기업가이다. 박종실은 근검절약과 신용 등을 상도의(商道義)로 축적한 상업 자본을 바탕으로 도소매업에 주력했다. 이에 비해 강성익은 토지 자본에 기초해 운수업 분야에 주력했다. 강성익은 상인 단체활동은 물론 정치에도 관심이 있었다. 해방 후 초대 제주도지사를 지내기도 했다.

> 원래 자본의 여유가 업는 도민이라 어떠한 사업을 경영한다 할지라도 그것이 유리만한 것이라면 외지의 대자본가가 출현하야 자본의 힘으로 독점하야 버리게 되니 도민은 호상 단결하야 대자본의 침입을 금하는 동시에 모든 이권을 민중화(民衆化)하지 아니하면 생산보다 소비가 늘 초과하는 도민의 경제생활이 대단비참(大端悲慘)하게 될 날이 잇슬 것입니다(강성익, 동아일보, 1931.1.28.).

1882년 9월 강성익은 서귀포시 법환동에서 태어났다. 1920년대 어선 동력화가 가속화되자 제주 연안바다에서 전복, 소라가 대량으로 잡혔다. 그러자 이를 수매하려는 수산물 상인이 늘어났음은 물론 그 껍질로 단추를 만드는 공장이 곳곳에 세워지기 시작했다. 1918년 4월 이런 상황 속에서 강성익은 서귀면 서귀리에 '강성익통조림공장'을 설립했다. 자본금 5,000원으로 시작한 이 공장에서 전복, 소라 등을 제조했다. 1925년 연간 노동력 6명으로 연간 730개 상자를 생산했으며 판매한 매출액은 8,430원이다. 이는 제주에서 일본인을 제외하고 한국인이 설립한 '현승오통조림공장'(자본금 9,000원, 생산액 1,050상자, 매출액 13,650원) 다음으로 2위에 해당하는 수준이다.

같은 시기 강성익은 자본금 1,000원을 투자해 조개 단추를 제조하는 '강성익조개단추공장'을 설립했다. 연간 노동력 20명, 연간 1,760관 생산, 매출액 6,160원으로 당시 제주도내 3위에 달했다.

1920년 이후 제주도에 일정 수준 이상의 조직 형태를 갖춘 회사들이 잇달아 설립되었다. 이들 회사 대부분은 운수회사 혹은 해운회사였다. 1927년 강성익은 설립한 '제주남부

---

1) 제주에서는 한라산 남쪽지역을 '산남', 한라산 북쪽지역을 '산북'이라 칭했다.

운수주식회사' 취체역으로 취임하여 근대 기업가로서 위상을 갖추기 시작했다. 1927년 강성익이 운송업에 본격 경영활동을 시작하면서 운수사업에 집중했다. 이를 계기로 회사 설립에 적극적으로 참여했다. '소화운송주식회사'(1935), '제일전분주식회사'(1939), '제주산업주식회사'(1941), '제주자동차주식회사'(1943) 등 설립과 경영에 나섰다. 특히 제일전분주식회사는 1935년 서귀면에 강성익 단독으로 자본금 10만원을 투자해 설립한 전분 제조 회사이다.

> 해상교통뿐 아니라 육상교통에 잇서도 외인(外人)의 세력을 부식(扶植)하지 안케 하여야 겟습니다. 이삼개소의 조선인 자동차부의 번영함을 본 대도(大島)라는 자본가가 제주의 육상교통의 독점을 꿈꾸어 순환궤도(循環軌道)를 부설(敷設)하야 수압차(手押車)를 설치 하얏다가 막대한 손해를 몽(夢)하게 되엇슴으로 그 손해를 보충키 위하야 제주 일주 자동차 허가를 신청하얏다고 합니다. 만일 그것이 허가만 되면 그야말로 독점이 될 것이니 미리 각면마다 주주를 모집하야 대책을 세우지 아니하면 안됨니다(강성익, 동아일보, 1931.1.27.).

1927년 3월 4일 우면 서귀리에 제주남부운수주식회사가 자동차 운수업을 영업 목적으로 설립되었다. 이 회사는 대표 취체역 川崎增造, 송문준(宋文準)이 자본금 7,000원을 공동으로 투자하여 합자회사 형태로 설립된 운수회사이다. 1주당 금액은 20원, 1주당 불입금액은 7,000원이다.

제주소화운송주식회사는 1935년 7월 31일 제주읍 삼도리에 선박에 의한 화물 및 승객 취급을 영업할 목적으로 설립되었다. 이 회사는 대표 취체역 김근시(金根蓍)가 자본금 1만원을 단독으로 투자해 설립된 운수회사로 1주당 금액은 20원, 1주당 불입금액은 20원이다.

1944년 제주읍 삼도리에 제주 도내 3개 자동차회사(제주동부자동차주식회사, 제주통운주식회사, 제주남부자동차주식회사)를 통합한 제주자동차주식회사가 설립되었다. 이 회사는 일본인 萩原駒藏이 자본금 50만원을 투자해 설립한 운수회사이다. 이 회사 영업목적은 자동차 운수사업 및 운행사업, 유가증권 취급, 기타 부대사업 등이다. 회사 및 조합이 발기해 주식 소유 및 출자 했으며 1주당 금액은 50원, 1주당 불입금액은 28원

80전이다.

강성익은 기업 경영활동과 함께 사회적 책임에 대해 많은 관심을 보였다. 그는 서귀보통학교에 부지를 내놓고 경성제대(京城帝大) 생약연구소 실습용으로 땅을 기증해 기업에서 얻어진 이익 일부를 사회에 환원하는 기업 윤리를 앞장서 실천했다. 1942년 4월 서귀포상공회의소 소장에 당선될 당시 강성익의 재력은 '산남 제일'이었다. 재산 대부분은 부동산(토지)이다.

강성익은 계산에 밝고 거래가 분명했다. 받는 것도 철저하고 주는 데도 철저했다. '쓰지 않는 것이 곧 버는 것'이라는 절약정신, '꼭 지출해야 할 입장이라 할지라도 하루 이틀을 넘겨 지출'하는 지연전술, '주먹을 불끈 쥐듯 돈을 놓아 버리지 말라'는 구두쇠 철학이 강성익 식(式) 생활 철학이다. 그는 이 철학을 바탕으로 제주지역 교통과 운수업 창시자(제주 버스), 수출업 선구자(해산물 가공 수출업)로 자리매김했다.

산남 일등 부자, 제주 산업 발전 선구자였음에도 불구하고 구두쇠 영감으로 더 유명했던 강성익은 돈을 빌리러 오는 사람이나 젊은이들에게 '주먹 쥐는 철학'을 자주 이야기했다고 한다.

> 돈 없으면 거지가 되거나 도둑놈이 되는 거야. 돈 버는 데는 귀천이 없어. 열심히 벌어야 해. 부자가 되려면 번 돈을 쓰지 말고 꼭 쥐고 있어야 해요. 그렇다고 돈만 쥐면 천해져요, 정신을 함께 쥐어야 하지.
> 우리 속담에 정신을 차리면 호랑이가 물어가도 산다고 그랬지? 캄캄한 밤에 산길을 가 봐요 무섭지. 그러나 주먹을 불끈 쥐면 힘이 생겨, 바로 그거야, 1원짜리 동전 한 잎도 새나가지 않을 정도로 항시 주먹을 쥐고 살아 봐요. 틀림없이 부자가 되지.

정치에도 관심 많았던 강성익의 어록(語錄) 한편을 소개한다.

> 민주주의가 별 것인가. 위로 골고루 아래로 족족 권리를 누리며, 잘사는 것이 민주주의지. 요즘 젊은이들! 신문을 잘 안 본단 말야. 소주 몇 잔 값이면 세계정세를 환히 알 수 있을 텐데.

오현학원 설립한 우공 황순하

오현학원(五賢學園)을 설립한 황순하(黃舜河)는 1896년 제주시 조천읍 조천리에서 태어났다. 본관은 상주(尙州)이며 호는 우공(牛公)이다. 1978년 별세했다.

황순하는 제주상선주식회사(1922), 제주주조주식회사(1928), 제주도산소주판매주식회사(1935), 제주도해조주식회사(1938) 등에서 취체역(取締役)을 역임했다. 이후 1939년 제

•우공 황순하와 오현학원 전경 합성

주도어업조합 감사, 1942년 조선해면기업(주) 취체역, 동년 제주도물산(주) 취체역, 1943년 영화 연극 및 부대사업을 취급하는 조일구락부(주)를 설립하여 감사역을 역임했다. 더불어 그는 여러 기업을 경영하는 한편 전라남도 평의회 의원으로 당선되어 정치활동을 하였다.

1925년 황순하는 제주면에 대성통조림공장을 설립했다. 이 공장은 자본금 4,000원으로 시작하여 전복, 소라 등을 제조하였다. 연간 노동력은 6명으로 연간 470상자를 생산하였고 판매한 매출액은 5,520원으로 소규모 공장이다.

그는 1922년에 설립한 제주상선주식회사 취체역 취임 후 기업 설립에 보다 적극적으로 참여했다. 제주주조주식회사(1928)를 비롯하여 제주도산소주판매주식회사(1935), 흥아상공주식회사(1942), 조선해면기업주식회사(1942), 제주무해주조주식회사(1944) 회사경영에 참여했다.

특히 흥아상공주식회사, 조선해면기업주식회사는 황순하가 1942년에 직접 설립한 기업이다. 반면 나머지 회사 가운데 제주주조주식회사, 조일구락부주식회사는 일본인에 의해 설립된 회사이다. 이들 회사에 참여한 회사들은 1940년 초반 설립된 회사로 자본금 규모가 점차 증가했다.

황순하는 회사 설립에 관계한 9개사에서 취체역으로 재직했다. 취체역 재직은 제주주조주식회사 4회, 제주도산소주판매주식회사 2회 역임하였으며, 나머지 7개사에서 1회 역임하였다. 이를 업종별로 보면 해조류 가공·판매업 4개사, 소주 제조업 3개사, 해운업 1개사, 영화·연극 1개사로 이중 대부분을 해조류 가공, 판매업과 소주 제조업에 재직했다.

제주주조주식회사는 1928년 5월 4일 일본인 衛藤伊三郎과 角健輔가 자본금 4만원을 공동으로 투자하여 제주면 건입리에 설립된 주조회사이다. 영업목적은 주류 제조 및 판매업이며 기타 부대사업도 취급했다. 취체역은 衛藤伊三郎, 角健輔, 萩原駒藏, 최윤순(崔允淳), 石井榮太郎, 김근시(金根蓍), 박종실(朴宗實) 등이며, 감사역에는 이윤희(李允熙), 村田嘉藤治이 선임되었다.

당시 제주에 일본인 3개사, 한국인 4개사 등 총 7개 주식회사가 설립되어 있었다. 황순하가 경영에 참여한 제주주조주식회사는 자본금 4만원으로 다른 회사에 비해 자본금이 그다지 많은 편은 아니었다. 하지만 신용, 지불, 업태는 B등급으로 다른 4개사에 비해 비교적 양호한 상태를 유지하였다.

제주주조주식회사는 1935년 5월 25일 임시 주주총회에서 취체역 황순하(회사대표 취체역), 황진수(黃鎭秀), 황청하(黃淸河), 황거하(黃巨河), 황지하(黃智河) 등을 선임하였다. 또한 동사는 정관 제2조를 개정하여 영업목적을 주류제조 및 판매, 부동산 매매 등을 취급하는 것으로 변경하였다.

제주주조주식회사는 1939년 9월 30일 정기 주주총회에서 황순하를 재선 중임시켰다. 또한 감사역 임기 만료에 따라 새로 이착현(李着賢)을 선임하여 취임시켰다. 1940년 6월 10일 동사는 임시주주총회에서 주류 제조, 판매 및 이에 따른 부대사업, 부동산 및 유가증권 매매 이용, 운송업 및 이에 따른 부대사업으로 기존 영업목적을 변경하였다.

황순하는 평소 인재를 중요시하여 인재 양성에 힘썼다. 그는 유능한 양심적인 인재를 양성하고 배출해야 한다는 신념을 가지고 있었다. 또한 기업 경영활동에 유능한 인재 양성 교육을 반드시 포함해야 한다고 주장했다.

황순하는 교육을 통해서만 나라 기틀을 다져나갈 수 있고 보국안민(輔國安民)을 실행할 수 있다고 생각했다. 그는 민족사 정통을 계승하고 발전시키는 일은 교육을 통해 가능하다는 신념을 갖고 있었다. 그가 기업가로서 선구적 길을 택하고 주조업을 사업 영역으로 정한 것도 애국 애족 정신에 목적을 두었기 때문이다. 그는 회사 경영을 통해 축적한 재산을 사회에 환원하여 사회적 책임을 성실히 수행하였다.

황순하 5형제(黃淸河, 黃巨河, 黃喆河, 黃奎河)는 1936년 6월 18일에 부친 황진수 회갑 기념으로 2천원을 희사하였다. 1천원은 출생지인 조천읍 조천리 유년교육사업과 나머지 1천원은 남원면 위미리 교육사업에 기증하였다.

황순하의 교육 이념은 인재 제일주의 정신에서 비롯되었으며 오현선생(五賢先生) 영향을 많이 받았다. 교육 목표는 용기와 겸손, 그리고 기상하는 민주적 도민 기질을 길러 국가발전에 기여할 수 있는 참된 인재양성을 하는 것이다.

황순하는 육영사업에 뜻을 가지고 구체적인 방법을 모색했다. 그는 제주지역 교육발전을 위해 학교 설립에 필요한 기금을 내놓아 1946년 2월 제주제일중학원을 설립하였다.

이를 모태로 동년 10월 22일 제주제일중학원이 오현중학교로 개칭되어 정식중학교로 인가되었다. 1951년 오현고등학교가 개설되고 1964년 3월 6일 오현학원이 설립되었다.

오현학원 탄생은 1945년 10월 제주북국민학교에서 조직된 지식층 청년 모임인 로고스(Logos)회가 모체가 되었다. 로고스 모임 주요 멤버는 이승택(李昇澤), 강순현(姜淳現), 김성만(金聖萬), 양명률(梁明律), 이경수(李慶守), 문영길(文榮吉), 문태오(文太午), 문옥주(文玉柱) 등이다. 이들 모두 무보수로 교사생활을 하고 있었으며 학교 운영자금 등 재정적 뒷받침이 전혀 없는 상태였다. 이런 여건 속에서 학교 설립에 따르는 막대한 자금 소요를 감안하여 당시 전라남도 의원이며, 제주주조주식회사 사장이던 황순하를 제주제일중학원 유지회 회장으로 추대하였던 것이다.

개교 당시부터 오현학원은 제주지역의 인재양성에 초점을 맞춰 나갔다. 그것이 민족주의 미래를 개척해 나가는 마땅한 길이었기 때문이다. 오현학원은 6.25 전쟁 포화 속에서도 이 나라에 희망은 오직 인재양성이라는 학원 설립자 취지에 따라 도내 최초 인문계 남자 고등학교로서 위상을 유지하였다.

황순하는 평소 어떤 일에 종사하든 간에 자기에 앞서 이웃과 나라를 먼저 생각해야 하고 이를 실천하는 것만이 올바른 자세라고 강조해 왔다. 이러한 오현학원 설립자 황순하 교육관과 정신은 '학행일치(學行一致)'라는 교훈(校訓)으로 현재까지 도내 교육현장에 이어져 내려오고 있다. 학교명칭 '오현'은 제주시 오현단에 봉안된 김정(金淨)·송인수(宋麟壽)·정온(鄭蘊)·김상헌(金尙憲)·송시열(宋時烈) 등 5명 선생을 봉향한 오현단(五賢壇)에서 비롯되었다. 지금 재학생들은 모르겠지만, 1970년대 후반 이 학교를 다녔던 오고생들은 당시 학생수첩에 수록된 오현인, 오현정신, 얼과 자세 등을 암기하여 제창했었다. 40년 전 추억이다.

최원순과 이윤희의 산업발전책

1931년 11월 27일 제주 성내에서 동아일보 제주지국 주최로 주요도시 순회좌담회가
열렸다. 제주지역 산업발전책(産業發展策)을 주제로 열린 이 좌담회 참석자는 도평의원(道

• 1922년 제주상선주식회사 설립을 마치고 찍은 기념사진

評議員) 최원순(崔元淳), 면협의원(面協議員) 이윤희(李允熙) 잡화동업조합장(雜貨同業組合長) 박종실(朴宗實), 동아통항조합(東亞通航組合) 홍순녕(洪淳寧), 자동차업 강성익(康成益) 식산지점(殖産支店) 양계무(梁啓武) 변호사 양홍기(梁洪基) 등이다.

이 날 참석한 도 평의원 최원순은 제주지역 산업발전에 대해 다음과 같은 견해를 피력했다.

> 제주는 농업 이외에는 산업이란 전무하고 그도 또한 토지가 척박한 관계상 속맥(粟麥) 이외 농업물이 극히 소량입니다. 그러함으로 농업 이외 어떠한 산업을 물론하고 장려할 필요가 잇습니다. 기중(其中)에서도 제주는 사방이 해안인 지리적 관계로 보아 수산업이 가장 적당하고 초원이 광대하니 목축업이 발전할 수 잇다고 생각합니다.
> 그리고 또한 재래(在來)에 잇서서 제주의 경제계를 만히 완화시키든 부녀의 가정부업(家庭副業)인 관물제조업(官物製造業)이 불소(不少)한 타격을 밧고 잇스니 그 대(代)로 다른 부업을 장려하얏스면 조켓습니다(도 평의원 최원순, 동아일보, 1931.1.25.).

1922년 최원순은 제주면 건입리에 자본금 15만원을 투자하여 제주상선주식회사를 설립하였다. 이 회사를 시작으로 그는 기업경영에 적극적으로 나섰다. 이 회사는 대판(大阪), 하관(下關) 및 조선 각 연안 항로 선박 영업을 주요 목적으로 한 해운회사이다. 이어 1928년 그는 제주상선주식회사 감사역으로 선임되었다. 이밖에도 제주전기주식회사(1925), 제주통운주식회사(1925), 소화운송주식회사(1935), 제주목재주식회사(1938) 등 5개 주식회사에서 왕성한 기업활동을 하였다.

제주상선주식회사는 최원순이 경영에 참여한 회사들 가운데 가장 자본금이 많다. 이 회사는 제주 도민들의 해외 진출에 크게 이바지하였고 제주해운업 발전에 새로운 기틀을 만든 모범 기업이다. 또한 이 회사는 제주지역 토종자본에 의해 설립된 해운회사로 근대 제주 경제 발전에 토대가 되었다.

최원순은 주로 회사 설립에 직접적으로 관여하기보다, 설립 후 회사 경영에 적극적으로 참여하는 방식으로 기업활동을 수행했다. 기업 경영 참여 내력을 살펴보면, 기업 경영에 참여한 5개사에서 취체역 및 감사역을 역임하였다. 취체역 재직기간은 소화운송주식회사 3회, 제주전기주식회사와 제주목재주식회사 1회 등 3개사에서 역임하였다. 이 외 제주통운주식회사 5회, 제주상선주식회사 2회 등 감사역을 역임하였다.

최원순은 1925년부터 1937년까지 약 13년 동안 제주통운주식회사에서 감사역으로 재직하며 자동차 운송업에 남다른 관심을 가졌다. 특히 운송업을 중심으로 해운업, 전기기구 판매업, 목재 판매업 분야에서 경영에 참여했다. 최원순은 1920년대 초반부터 1940년대 초까지 선박 영업을 목적으로 하는 해운업 뿐 아니라 자동차 운송업을 통해 제주 경제 발전에 지대한 공헌을 했다.

1935년 7월 31일 제주소화운송주식회사가 제주읍 삼도리에 선박에 의한 화물 및 승객 취급을 영업 목적으로 하여 설립되었다. 동사는 회사대표 취체역 김근시가 자본금 1만원을 단독 투자하여 설립한 운수회사이다. 취체역은 김근시, 萩原駒藏, 최원순이며, 감사역은 김창우(金昶宇), 김태민(金泰玟)이 선임되었다. 1937년 4월 30일 주주총회에서 회사대표 취체역 김근시가 사임함에 따라 최원순이 선임되어 취임했다.

한편 이 날 참석한 면협의원 이윤희는 당시 제주지역 산업 상황에 대해 다음과 같이 피력했다.

> 제주의 면적은 백삼십방리(方里)인데 기(基)삼분지일은 미개지(未開地)로 지가도 헐한데 농업이 발달치 못한 것은 자본이 업는 소치(所致)인가 합니다. 그러나 해산물 장려에 잇서서 농업보다도 소자본(小資本)을 요할 것이니 조선 각지에 비하야 해산물이 가장 풍부한 제주를 반드시 해산국(海産國)으로 맨드는 것이 제일 적절한 발전책(發展策)이 아닌가 생각합니다.
>
> 지금까지 발전치 못한 원인은 대자본가의 독점 교통기관의 불비(不備) 기타 제조건이 잇서스나 현금(現今)은 어업조합이 신설되고 또 제빙회사(製氷會社)가 창설되엇슬 뿐 아니라 교통기관이 점차 발달하고 잇스니 부산 하관 등지에서도 운송할 수가 잇서서 대단히 유리할 줄 압니다.
>
> 그리고 자본보조기관이 필요하고 일용품이나 기타 물품은 도산(島産)을 애용하여야 각 산업계를 위해서 그만한 이익이 잇슬겁니다(면협의원 이윤희, 동아일보, 1931.1.25.).

1924년 이윤희는 제주읍 건입리에 운송 영업을 목적으로 1만원을 공동 투자하여 제주

운송합자회사를 설립하였다. 그는 제주운송합자회사 대표 사원을 시작으로 5개 주식회사에서 기업 경영을 수행했다.

이윤희는 제주면업주식회사(1924)를 비롯하여 제주전기주식회사(1925), 제주주조주식회사(1928), 소화운송주식회사(1935) 등 회사에서 취체역 및 감사역으로 회사 경영에 참여했다. 그가 회사 설립 및 경영에 관계한 5개사 중에서 3개사는 1930년과 1940년 초에 해산된 회사이다. 1개사는 1936년 9월 8일 대흥전기주식회사와 합병하였다. 특히 1924년에 설립된 제주면업주식회사는 한일공동으로 투자한 회사로 다른 회사보다 자본금이 가장 많았다. 그는 20년 동안 이 회사경영에 공동 참여했다.

이윤희는 1924년 설립된 제주운송합자회사에서 약 10년 동안 대표 사원으로 재직하며 기업 경영활동을 수행했다. 이 외 회사 설립에 관계된 4개사에서 취체역과 감사역을 역임하였다. 취체역 재직 기간은 제주전기주식회사 3회, 소화운송주식회사 2회, 나머지 2개사에서 취체역 1회 역임하였으며 제주주조주식회사에서 감사역 1회 역임하였다.

이윤희는 1925년 일본인이 설립한 제주전기주식회사에서 약 10년 동안 취체역으로 재직하며 제주 도내 전기기구 판매업에 종사했다. 이처럼 이윤희는 운송업을 중심으로 면화 매매 가공업, 전기기구 판매업, 소주 제조업 등 여러 업종에 걸쳐 기업 경영에 참여하였다.

1925년 3월 17일 제주면 이도리에 제주전기주식회사가 일반 전등·전력 공급·기구 판매 및 이에 부대되는 사업을 영업 목적으로 하여 설립되었다. 이 회사는 대표 취체역 小昌武之助가 자본금 10만원을 단독 투자하여 설립된 전기회사로 경영진은 萩原駒藏, 최원순, 최윤순, 이윤희, 岩井宗平, 增田定吉 등이다.

이상에서 알 수 있듯이, 최원순과 이윤희는 박종실과 강성익, 황순하 등과 더불어 제주지역 근대 기업 성장과 발전에 초석을 다지며 근대 제주경제 발전 원동력이 되었던 대표적인 근대 기업가이다.

최윤순과 김근시의 제주상선주식회사

공업은 아직 유치하야 목하 자급자족의 역(域)을 탈(脫)치 못하엿스나 농한기를 이용하야 가정공업(家庭工業)으로 소규모의 주조(鑄造) 조선즐관물(朝鮮櫛冠物) 모자(毛子) 양태(涼太) 암건(岩巾) 탕건(宕巾) 망건(網巾)등을 제조하며 근래 관힐(罐詰) 패구(貝釦) 양말(洋襪) 주류(酒類) 조면(繰綿)등의 공장도 설치되여 그 산액(産額)도 불소(不少)하야 본도 공업계의 신기원을 작(作)하엿다(동아일보, 1926.10.27.).

김근시(金根蓍)는 제주지역 면화 매매 및 가공업 발전에 기여했다. 면화가공 판매업을 중심으로 해운업, 운송업, 소주 제조업 등 여러 업종에서 근대 기업가로 활동하였다. 최윤순(崔允淳)은 해운업, 면화 가공·판매업, 자동차 운송업, 소주 제조업, 어업 운반업, 목재업 등 다양한 분야에서 기업활동을 했다.

1917년 최윤순은 제주면 삼도리에 잡화, 석유, 담배, 설탕 등 잡화를 취급하는 최윤순상점(崔允淳商店)을 개점하였다. 1928년 萩原駒藏과 공동으로 면화 제조 판매 및 부대영업을 취급하는 소화상회(昭和商會)를 설립하였다. 이후 1935년 상호가 폐지되었다. 1932년 면포(綿布)를 판매하는 우도상회(牛島商會)를 설립하였다. 같은 해 상호가 폐지되면서 신응필(申應弼)에 의해 반도상회(半島商會)로 상호를 변경했다.

1935년 최윤순과 萩原駒藏이 공동으로 유류 및 자동차 부품 판매, 해산물을 제조 판매하는 탐라상회(耽羅商會)를 설립 운영하였다. 이처럼 최윤순은 같은 지역 내 소규모로

4개의 상점 혹은 상회를 운영했다.

최윤순은 1922년에 설립한 제주상선주식회사에서 취체역으로 취임하면서 회사설립에 보다 적극적으로 참여하였다. 그는 제주상선주식회사(1922)를 비롯하여 제주면업주식회사(1924), 제주전기주식회사(1925), 제주통운주식회사(1925), 제주주조주식회사(1928). 호남어업주식회사(1933), 난곡면업주식회사(1934), 제주목재주식회사(1938) 등의 회사 설립과 경영에 참여했다.

> 제주는 남선해협(南鮮海峽)에 처재(處在)되야 장래 항운업(航運業)의 특권(特權)을 점(占)흠은 일반이 예측하는바라 당지 유지 김근시(金根蓍) 최인순(崔仁淳) 박종실(朴宗實) 고석종(高碩鍾) 김두규(金斗奎) 하치운(河致運) 제씨(諸氏)의 발기로 팔만원 기본 상선주식회사(商船株式會社)를 조직하고 주주를 모집중인대 지방에서 대(大)히 환영한다더라(매일신보, 1922.6.23.)

> 제주도에서 초유(初有)의 사업으로 경영인 상선주식회사(商船柱式會社)는 지방인사의 대열심 대환영으로 인하야 소요주수(所要株數)의 신입(申込)이 충료(充了)된바 거팔월 이십삼일부(去八月 二十三日附)로 법인등기가 되야 당사에서는 일층(一層)면려(勉勵)하야 착착 진행중이라더라(매일신보, 1922.9.11.)

> 제주도에서 조직흔 상선주식회사(商船株式會社)에서 구입인 승ㅇ용환(勝ㅇ用丸)은 구월 이십육일 조조(早朝) 산지항에 입박(入泊)하얏는대 당사 중요역원(重要役員) 기타 일반 청년이 출영(出迎)하야 동의를 표흘뿐 부당(不當)라 전도 각항을 통하야 환영회를 개최하얏고 승객은 만원이 되야 사절흘 경우에 지(至)흠으로 김녕(金寧), 조천(朝天)등 항에서는 반(返)히 입항치 안이흠을 비평(批評)하는 경향이 유(有)흠은 실(實)노 본사를 위하야 무상(無上)흔 영광이오 장래 대발전의 조(兆)라 공축공하(恭祝恭賀)흠은 물론 이차(而此)를 시(始)하야 조선인 전도사업(前途事業)이 단체적 위흥(蔚興)하야 오민족(吾民族)의 부원(富源) 우(又)는 광명의 로(路)를 개시흠을 기대불기(企待不己)흔다더라(매일신보, 1922.10.3.)

1925년 제주면에 최윤순상점을 시작으로 소화상회, 우도상회, 탐라상회를 연이어 설립하여 유통업 발전을 위해 적극적인 활동을 했다. 또한 최윤순은 회사설립에 관계된 8개사에서 취체역과 감사역으로 재직했다. 취체역의 재직기간은 제주상선주식회사와 제주통운주식회사 4회, 제주면업주식회사와 제주주조주식회사 3회, 제주전기주식회사 2회, 나머지 2개사에서 취체역을 역임하였다. 제주목재주식회사에서 취체역 2회, 감사역 1회를 역임하였다. 업종별로 보면 해운업, 면화 가공·판매업, 자동차 운송업, 소주 제조업, 어업 운반업, 목재업 등 다양한 부문에서 기업가로 활동하였음을 알 수 있다

제주통운주식회사는 1925년 6월 26일 최윤순과 萩原駒藏이 자본금 6천원을 한일 공동으로 투자하여 제주면 삼도리에 설립된 운송회사이다. 불입 자본금은 6천원으로 신용, 지불, 업태(業態)는 C급 상태를 유지하고 있었다. 영업목적은 운송 영업을 주로 하고 기타 부대사업도 취급하였다. 1주당 금액은 20원이고 1주당 불입금액은 20원이다. 취체역은 최윤순, 萩原駒藏, 박종실, 김도현, 김성배, 임창현 등이며, 감사역은 최원순, 우령하, 角 健輔 등이 선임되었다. 1926년 7월 26일 정기 주주총회 결의에 의하여 영업 목적을 운송업 및 이에 부대하는 업무 금전 대업으로 변경하였다.

동년 취체역 김성배와 감사역 우령하가 사임함에 따라 1928년 7월 28일 결원중인 감사역에 尾上貞彦을 선임하였다. 1936년 2월 26일 임시 주주총회에서 취체역 임창현이 사임한 후 부자휴를 대표 취체역으로 선임했다. 그 후 취체역 부자휴는 1938년 8월 31일 임기 만료로 사임함으로써 같은 해 정기 주주총회에서 사대표 취체역에 부신휴를 선임하였다. 그리고 회사대표 취제역 회의에서 '관청에 대한 청원서 및 기타 관청에 대한 제반 행위를 할 수 있는 자'로 최윤순을 대표자로 선정하였다.

회사대표 취체역인 부신휴는 1938년 11월 10일 사임하고 동년 임시 주주총회에서 김덕부를 회사 대표 취체역으로 선임하였다. 1939년 4월 13일 회사 대표 취체역 최윤순은 사임하고 동년 주주총회에서 이재은이 선임되었다. 이에 따라 萩原駒藏이 '관청에 대한 출원계출 및 제 행위를 할' 회사대표 취체역으로 선임되었다. 1941년 12월 28일 감사역 角 健輔는 사임하고 宇都宮市太郎이 취임하였다. 1942년 7월 15일 주주총회에서 해산하기로 결의하여 萩原駒藏(대표 청산인), 김덕부, 이재은, 김도현, 박종실을 청산인으로 선임하였다.

김근시는 1922년에 설립한 제주상선주식회사의 취체역을 시작으로 7개 주식회사에서 경영활동을 수행하였다. 제주상선주식회사(1922)를 비롯하여 제주면업주식회사(1924), 제주주조주식회사(1928), 난곡면업주식회사(1934), 소화운송주식회사(1935), 제주도해조주식회사(1938), 제주산업주식회사(1941) 등을 경영하였다. 그는 다른 기업가가 설립한 회사에서 경영활동을 하기 보다 스스로 회사를 설립하였다. 그가 회사설립 및 경영에 관계한 7개사 중 4개사는 1940년 초 해산되거나 상호 변경된 회사이다. 1개사는 1934년 9월 27일 주주총회 결의에 의하여 해산되어 청산 종결하게 된다.

김근시는 1922년에 해운업을 영업목적으로 설립된 제주상선주식회사에서 약 12년 동안 취체역으로 경영활동을 하였다. 경영참여 현황을 보면 회사설립에 관계된 7개사에서 취체역 및 감사역을 역임하였다. 취체역 재직기간은 제주상선주식회사 5회, 제주면업주식회사 3회, 소화운송주식회사 2회, 나머지 3개사에서 취체역 1회 역임하였으며 제주산업주식회사에서 감사역 1회 역임했다.

1924년에 설립된 제주면업주식회사에서 약 20년 동안 취체역으로 활동했던 것으로 보아, 제주지역 면화 매매 및 가공업 발전에 상당한 관심을 가졌다고 보아진다. 또한 면화 가공과 판매업을 중심으로 해운업, 운송업, 소주 제조업 등 여러 업종에서 근대 제주 기업가로 활동했다.

제주면업주식회사는 1924년 10월 13일 김근시·山口源藏이 자본금 20만원(불입자본금 5만원)을 공동 투자하여 제주면 건입리에 설립한 면화판매회사이다. 매출액은 2만원으로 신용, 지불, 업태는 C급 상태를 유지하고 있었다. 영업목적은 면화매매 및 가공에 관한 업무를 취급하였다. 1주당 금액은 50원이고 1주당 불입금액은 12원 50전이다. 취체역은 佐藤重活, 박종실, 本多正, 최윤순, 石井榮太郎 등이며, 감사역은 喜多又藏, 角健輔, 임창현 등이다. 1925년 4월 26일 감사역 喜多又藏이 사임함에 따라 1925년 5월 10일 결원중인 감사역에 山野儱三을 선임하였다.

1926년에는 취체역 박종실, 佐藤重活이 사임하여 1926년 7월 27일 정기주주총회에서 淸水金四郎, 萩原駒藏이 취체역으로 선임하였다. 1927년 8월 30일 감사역 임창현, 角健輔, 山野儱三은 재선 중임하고 1927년 8월 30일 山口源藏은 회사대표 취체역을 사임하였다.

동사는 1943년 11월 25일 주주총회의 결의에 의해 해산되었다.

피상적으로만 보면 이 시대는 주권이 상실되어 일제 식민지 지배 하에서 이중 삼중 사회·경제적 고통을 감내하며 생존에 급급하였던 암울한 시기였다. 이 시기 제주경제는 생산이나 소비에 있어 아무런 주체적 역량이 없고 식민지 모국 즉 일본 내지 시장에 대한 공산품 소비지역, 저렴한 노동력 공급원 정도로 인식될 수 있다. 그러나 일제 강점기 제주 기업가에 대한 세밀한 고찰을 통해 이와 다른 해석과 인식이 가능하다. 자세히 보면, 통제된 타율적 정치·사회·경제적 환경임에도 불구하고 이에 적극적으로 대응하며 이윤 창출과 자본 축적을 도모하는 면모를 발견할 수 있다. 이것은 당시 제주 기업가들이 내재적 역동성을 바탕으로 경제적 측면에서 주체적 역량을 확산시킨 덕분이라고 평가할 수 있다.

해운과 무역업 김임길,
소주 제조업 이도일

　김임길은 1930년 9월 4일 대정면 하모리에 '협창상회(協昌商會)'를 등기 설립하여 해륙
산물(海陸産物) 매매 및 일용잡화 판매를 시작하였다. 이도일은 1930년 우면 서귀리에
해륙산물 매매 및 일용잡화 판매 등을 취급하는 십일상회(十一商會)를 설립하여 활발한
기업가 활동을 했다.

　1917년 10월 22일 대정면 하모리 72번지에 '김기수상점(金基洙商店)'이 등기되어 잡화
판매 영업을 시작하였다(朝鮮總督府官報 32-429.). 1930년 9월 4일 대정면 하모리 772-1번
지에 '협창상회(協昌商會)'가 등기되어 해륙산물 매매 및 일용잡화를 판매했다(朝鮮總督
府官報 87-594.). 같은 해 11월 13일 대정면 하모리 1046-7번지에서 '영흥상회(永興商會)'
가 등기되어 일용잡화, 고무신, 목재류, 면포, 소주 판매 영업 활동을 시작하였으며(朝鮮
總督府官報 88-170.) 1939년 대정흥업주식회사가 설립되어 농산물 가공 및 유통 판매업을
시작했다.

　김임길은 1930년 대정면 하모리에 협창상회(協昌商會)를 시작으로, 같은 해 좌면 중문리
에 협창상회 중문리지점을 설립하여 해륙산물 매매, 일용잡화 판매, 소주 제조업, 회조업(回
漕業) 등을 취급하는 상회를 설립하고 영업활동을 했다. 그는 1935년에 설립한 제주해운상
회주식회사를 비롯하여 제주도해조주식회사(1938), 대정흥업주식회사(1939), 제주산업주

식회사(1941) 등 4개 주식회사에서 왕성한 경영활동을 하였다.

그가 회사 설립에 관계한 제주해운상회주식회사는 1935년 자본금 2만원을 투자하여 해운업 및 상품무역 취급을 목적으로 한 회사이다. 제주도해조주식회사는 1938년 해조류 판매업 취급 목적으로 설립되었으나 1940년 제주수산주식회사로 상호가 바뀌었고 영업 목적을 변경하였다.

제주산업주식회사는 1941년 일본인에 의해 농산물 가공 판매업을 취급 목적으로 설립 되었으며 1943년 제주산업개발주식회사로 상호를 변경하였다. 그 후 동사는 제주 도내에 서 생산되는 농산물, 기타 산업개발 장려 기업 및 매매 중개, 운반, 기타 부대업무 등으로 영업 목적을 변경하였다.

김임길은 회사설립에 관계된 4개사에서 취체역 및 감사역을 역임하였다. 취체역 재직기간은 제주해 운상회주식회사 3회, 제주도해조주식회사와 대정흥업 주식회사 1회, 제주산업주식회사에서 감사역 2회 역 임하였다. 1930년대 중반 김임길은 소규모 자본으로 제주해운상회주식회사를 설립하고 1936년부터 1943 년까지 8년 동안 취체역으로 경영활동을 수행하 였다. 또한 1941년 일본인에 의해 농산물 가공 판매업 취급 목적으로 설립된 제주산업주식회 사에서 감사역으로 3년 동안 재직했다. 업종별 로 보면 해운업, 무역업을 중심으로 해조류 판 매업, 농산물 가공 판매업 등에서 활동하였음을 알 수 있다. 이처럼 김임길은 1930년대 중반부 터 1940년대 초까지 해운업, 무역업 중심으로 제주지역 농산물 가공·판매업에 활발한 기업가 활동을 하였다. 제주해운상회주식회사는 1935년 3월 29일 김임길이 자본금 2만원을 투자하여

• 김임길 옹 공덕비(서귀포시 대정읍 하모리)

제주읍 건입리에 설립된 해운회사이다. 영업 목적은 해운업 및 상품무역 취급 등이다. 취체역은 김창오(金昌五), 송권은(宋權殷), 김성배(金成培), 김택배(金宅培) 등이며, 감사역은 고정봉(高丁鳳), 고창기(高昌基) 등이다.

그 후 동사는 1939년 7월 7일 임시 주주총회에서 회사대표 취체역으로 김임길을 선임하여 취임하였다. 1940년 4월 23일 정기 주주총회에서 취체역 김성배, 김택배, 감사역 강영효를 해임하여 취체역 高島永光, 강영효, 감사역 김덕부(金德富)를 선임하였다.

1941년 회사대표 취체역 김임길, 취체역 高島永光, 김창오, 송권은, 강영효, 감사역 고정봉, 김덕부가 선임되어 취임하였다. 1943년 취체역과 감사역 임기 만료에 따라 취체역 高島永光, 김창오, 송권은, 감사역 김덕부는 중임하고 취체역 高峰秀明, 감사역 金谷光秋이 선임되었다.

이도일[2]은 1930년 우면 서귀리에 해륙산물 매매 및 일용잡화 판매 등을 취급하는 십일상회(十一商會)를 설립하였다. 또한 1935년 제주도산소주판매주식회사를 중심으로 제주도해주조주식회사 설립에 주도적 활동을 수행하였다. 이외 제주도해조주식회사(1938)를 비롯하여 대정흥업주식회사(1939), 제주동주조주식회사(1944) 등에서 적극적으로 경영에 참여하였다. 그가 회사 설립 및 경영에 관계한 5개사 중 2개사는 1940년에 해산되거나 상호를 변경한 회사이다. 1935년 설립된 제주도산소주판매주식회사는 1940년에 해산한 반면 제주도해조주식회사는 1940년에 상호를 제주수산주식회사로 변경하여 어업 및 기타 수산물 매매 위탁, 운반업으로 변경하였다.

이도일은 1930년 십일상회를 설립하고 상회(商會)대표로 취임하면서 산남지역 유통업

---

2) "제주십일상회는 이도일님이 아니라 그분의 숙부이신 저희 외증조부 이원옥할아버지께서 설립을 하셨고, 이도일님의 부친과 외증조부님은 형제이십니다. 외증조부님을 도와 외조부님이신 이도백님께서 일정기간 사업에 동참하셨으나 4.3 발발 이전 외조부님께서 검거를 피해 은신하셨고 발발 이후 외증조부님께서 변을 당하시는 등 외가가 큰 타격을 입어 십일상회를 이어 나가지 못한 것으로 알고 있습니다."
이와 같은 이메일을 받았습니다. 이 글은 일제강점기 회사설립과 존폐 현황에 대해 당시 조선총독부 관보록에 나와 있는 인허가 사항을 정리한 것이기 때문에 개인사 혹은 가족사에 대한 실제적인 사항은 미처 밝히지 못한 점이 있습니다. 관보 이상의 실질적인 내용은 후손 분들이 더 잘 알고 있으리라 여겨집니다.

발전에 획기적 전기를 마련하였다. 또한 이도일은 회사 설립 및 경영에 관계된 5개사에서 취체역과 감사역으로 재직하였다. 그는 제주도산소주판매주식회사(2회), 대정흥업주식회사와 제주무해주조주식회사(1회)에서 취체역으로 경영활동을 수행하는 한편 제주도해조주식회사와 제주동주조주식회사에서 감사역 1회를 역임하였다. 이를 업종별로 보면 소주 제조업을 중심으로 해조류 판매업, 농산물 가공판매업 등 여러 업종에 걸쳐 기업가로 활동하였다. 이처럼 이도일은 1930년대 중반 이후부터 1940년대 초까지 소주 제조업 분야 중심으로 회사 설립뿐 아니라 경영에도 적극적으로 참여했다.

제주도산소주판매주식회사는 1935년 10월 17일 이도일이 자본금 5만원을 단독 투자하여 제주읍 이도리에 설립된 소주판매회사이다. 영업 목적은 소주 제조, 원료 및 기구기계 소모품 구입과 배급, 제주도산 소주 제조, 자금 융통 등을 취급하였다. 취체역은 이도일, 송권은, 황순하 등이며, 감사역은 강문옥(姜文玉), 김성석(金聖錫) 등이 선임되었다. 그 후 1939년 3월 29일 정기총회에서 동사 취체역 3명을 5명으로 줄이게 되자 취체역 황순하, 송권은 등과 회사대표 취체역 이도일은 임기 만료로 동 총회에서 재선, 중임하게 된다. 증원된 2명 취체역에 김문규(金文奎), 강홍빈이 선임되어 취임하였고, 감사역 강홍빈이 사임하자 동 총회에서 강문옥이 선임되어 취임하였다. 1940년 3월 21일 정기 주주총회에서 취체역 5명을 6명으로, 감사역 2명을 3명으로 증원하였다.

이처럼 김임길은 대정면 지역을, 이도일은 서귀포읍을 기반으로 하여 박종실, 강성익, 황순하, 최원순, 이윤희, 최윤순, 김근시 등과 함께 근대 제주경제 발전에 원동력이 되었던 제주지역의 모범적인 근대 기업가이다.

도민자본으로 설립된 제주 법인회사

공업은 아직 유치하야 목하(目下) 자급자족의 역(域)을 탈(脫)치 못하엿스나 농한기를 이용하야 가정공업(家庭工業)으로 소규모의 주조(鑄造) 조선즐관물(朝鮮櫛冠物) 모자(毛子) 양태(涼太) 암건(岩巾) 탕건(宕巾) 망건(網巾) 등을 제조하며 근래 관힐(瓘詰) 패구(貝釦) 양말(洋襪) 주류(酒類) 조면(繰綿)등의 공장도 설치되여 그 산액(産額)도 불소(不少)하야 본도 공업계의 신기원을 작(作)하엿다(동아일보, 1926.10.27.).

1910년부터 1945년까지 36년 동안 제주 도내에 설립된 법인회사는 모두 52개이다. 1920년대 8개 회사에 불과하였으나 1930년대 18개 회사, 1940년대 23개 회사로 점차 회사 설립이 늘어났다. 국적별로는 한국인 30개 회사, 일본인 18개 회사, 한일합자 4개 회사이다. 그 중 34개 법인회사는 제주 도민이 직접 설립하거나 경영에 참여했던 회사들이다.

이를 회사 형태별로 보면 주식회사 43개, 합자회사 4개, 합명회사 4개, 유한회사 1개로 주식회사가 대부분을 차지하였다. 1930년 초 7개 주식회사가 설립되었다. 이 중 일본인 회사는 3개사, 한국인 회사는 4개사가 설립되었다.

한국인이 기업 경영에 참가한 제주미유조합(1919년)은 자본금이 15,300원으로 다른 법인기업에 비해 자본금액이 상대적으로 적은 편에 속한다. 매출액은 6만원으로 제주전기주식회사(3만원), 제주주조주식회사(3만원)에 비해 2배 정도 많다.

1930년 말 제주지역에 13개 주식회사가 설립되었다. 이 중 일본인 회사는 1개사에 지나지 않았으며 3개 한일합자회사가 존재하였다. 나머지 9개 회사는 오로지 제주자본에 의해 설립된 제주인 회사들이다.

일본인 회사 1개사도 상공업에 관계되는 것이 아니라 한림읍에 설립되었던 수산회사인 '제주어업주식회사'이다. 이에서 보면, 일제 강점기 제주도 법인회사에서 일본인 비중은 크지 않았던 것으로 보인다.

이와 달리 제주 도민이 공동투자를 통하여 주식회사를 설립하려는 노력은 계속 되었으며 그로 인해 여러 법인회사가 설립되었다. 제주 도민들 가운데 유력 자본가들은 자체적으로 회사를 설립하여 일본인이 설립한 회사와 경쟁하였다.

제주 도민 중심의 회사 설립은 식민지 체제 하에서 일제 식민지 시장경제체제에 편입되고 있음을 의미한다. 이와함께 제주 도민들의 자본력을 결합하여 주체적인 도민 자본을 형성하였고 근대 자본가 계층이 형성되어 갔다는 점도 주목할 만하다.

일제 강점기 제주지역 법인회사 대부분은 독립적이고 일인 자본에 비해 생산이나 수익성 면에서 경쟁력 우위에 있다. 이는 육지 논농사 지대에 비해 제주지역 토지자본 축적은 미미하였지만 도일(渡日), 해녀출가(出嫁), 상품작물과 환금작물 재배확산에 따라 제주 농가 현금 보유량이 확대되었고 농업생산력 증대에 의해 농업자본이 형성되었기 때문이다.

1911년 1월 '조선회사령'이 공포되어 한국인에 의한 회사 설립이 억제되었다. 그러다가 1920년 4월 '조선회사령'이 폐지되어 이후 한국인에 의한 회사 설립이 크게 증가했다.

1920년 초부터 제주지역에서 회사 설립이 활발히 촉진되었다. 법인회사 설립은 각 산업 분야에 걸쳐 확대되었다. 1934년까지 1, 2개사 설립에 그쳤으나, 1935년부터 그 추세가 증가하여 동년 총 5개사(자본금 총액 140,000원)가 설립되었다.

1936년에는 3개사(자본금 총액 372,500원) 등으로 점차 규모가 감소하다가, 1937년 1개사(자본금 총액 20,000원)를 최저점으로 이후 다시 신설회사 및 자본금 총액이 점차 상승하였다. 회사 설립이 가장 많았던 때는 1940년대 초반이다. 이 시기 5개년 동안에 설립된 회사 수는 22개사였고 이에 투입된 자본금 총액은 1,951,000원으로 일제 강점기 전 기간 동안 제주도에 설립된 법인 회사수 및 자본금 총액은 각각 42.3%와 57.4%에 이른다.

제주도 법인회사 자본 규모별 현황을 보면 자본금 총액이 1만 원 이하 회사가 5개사로 전체 회사 중 9.6%, 자본금 1만 원 이상~5만 원 이하 회사는 15개사로 전체 회사 중 28.8%이다. 또한 5만 원 이상~10만 원 이하 회사는 9개사로 전체 중에 17.3%에 달하여 당시 자본금 10만 원 이하 영세 법인회사는 29개사로서 전체 법인회사 중 55.8%이다.

자본금이 10만 원 이상 회사는 5개사이다. 이 중 2개사만 30만 원 이상 자본금을 소유하였다. 당시 법인회사 소멸형태를 보면 해산 12개사, 합병 1개 사, 상호변경 6개사이다. 이 중 법인회사 상호가 변경되어 자본금이 불명확한 회사는 6개사, 법인회사 자본금을 파악하지 못한 회사도 2개사다.

일제 강점기에 설립된 법인회사 산업별 현황을 살펴보면, 제조업에 16개사, 운수업에 16개사가 진출하여 각각 30.7%를 점하고 있다. 그 외에 상업에 전체 15.3%에 해당하는 8개사가 진출하였고 양조업 7개사, 수산업 3개사, 전 기업 1개사, 기타 영화, 연극 1개사다.

이상 결과를 놓고 보면, 전체 법인회사수와 자본금 총액에서 차지하는 산업별 비중이 상대적으로 낮은 부분은 수산업, 양조업, 전기업, 상업이다. 특히 수산업과 전기업에 대한 비중이 낮다.

당시 제주지역 양조회사들은 주로 소주, 탁주와 같은 조선주를 주로 생산하였다. 이 제품 원료가 당시 농가에서 생산되는 고구마는 농산물로 원료조달이 용이하였을 뿐만 아니라 소비 면에서 제주에서 가장 유리한 부의 축적 수단이기 때문이다.

일제 강점기 제주지역 법인회사들의 생산 전략은 품목 다양화이다. 구한말과 일제 강점기 초기 죽제품, 조선모자, 탕건, 양태와 같은 전통 가내 수공업이 퇴조하고, 수입 대체 혹은 도내 자급화 경향을 보여주는 양말, 양화, 양복, 농기구, 이외 과자, 청량음료까지 도내 소비행태 변화에 따른 일용품 제품 생산이 다양해진다.

또한 일제가 전쟁수행에 필요한 각종 군수물자 조달을 위한 자원생산이 많은 비중을 차지하고 있다. 이를 종합하면 일제 강점기 제주도 법인회사들은 '상품 경제화 진전'과 '자급화' 두 축에서, 군수물자 조달이라는 일제 요구에 부응하면서 생산 활동을 부흥시켜 왔다고 요약할 수 있다.

일제 강점기 제주도 법인회사들은 보편적 과정으로서 '상품 경제화 진전' 과 수입

대체적 성격을 지닌 '자급화' 두 측면을 모두 지닌 채, '상품화'와 '자급화' 라는 모순과 길항 관계를 유지하고 있었다고 보아야 할 것이다.

> 본도는 교통불편의 관계상 자연 상업도 미비부진하더니 근래 해륙교통기관이 완비(完備)와 대판직항로(大阪直航路)가 개통된 이래 제주 성내를 중심으로 각지에 상업이 점차 은성(殷盛)하야 활기를 정(呈)하고 남선(南鮮)의 유수(有數)한 상업지대로 굴지(屈指)케 되엿다 이출품(利出品)은 수산물을 위주로 면화(棉花) 관물(冠物) 추용(椎茸) 우피(牛皮) 양말(洋襪)등인바 연액(年額) 백만원 내외에 달하며 이입품(移入品)은 백미(白米) 맥분(麥粉) 면사포(綿紗布) 인촌(燐寸) 석유 기타 잡화 등인바 연액(年額)이 역(亦)백만원에 달한다고 한다(동아일보, 1926.10.27.).

일제 강점기 제주경제는 많은 경제적 변동을 경험하였고 이 과정에서 일정 규모 이상 경제적 성과를 거두었다. 그 계기가 된 것은 교통 발달과 해녀노동이라 할 수 있다. 1922년 일본 직항로 개설로 제주도 인구 1/4 이상이 도일하여 식민지 노동시장에 참여하여 소득을 벌어 들이게 되었다. 도일 제주 도민 송금액과 해녀 도일로 인한 송금액을 합친 통화량은 당시 제주 경제 전체 통화량 중 1/3에 달했다.

이와 함께 1930년대 제주도 농촌 농업생산량 증가도 제주경제 기반 형성에 한몫했다. 고구마, 제충국, 박하 등 환금작물 재배가 증가했고 기존 곡물작물을 품종 개량하여 생산량이 늘어났다. 1930년대에 이르면 제주 농촌이 기존 자급자족 생산방식에서 벗어나 시장 의존적 식민자본주의 농업생산방식으로 전환하게 된다.

이상의 요인들로 인해 제주 사회 현금 보유량과 저축이 늘어났고 그 이전에 찾아볼 수 없던 규모의 자본 축적이 이루어 졌다. 이 같은 자본 증가 및 축적은 제주지역 법인회사 설립을 촉진시켰다. 이 같은 법인회사 설립 증가는 제주 도민 구매력 향상과 소비 행태 변화, 시장 거래 증가와 맞물려 제주경제 선순환 구조를 가능하게 하였던 것이다.

5일장 등장하다

  제주 도내 오일장은 1906년 윤원구(尹元求) 군수가 제주지역에서 민간 물자의 유통 원활을 위해 제주 읍내를 시작으로 삼양, 이호, 외도, 애월, 조천, 김녕, 세화, 서귀포 등지에 오일장을 개설한 데에서 비롯되었다.

• 1909년 제주도 오일장

오 일 장 명		개 장 일	소 재 지	인접시장과 거리
제주군	제주읍(주성)	2일, 7일	제주읍 읍내	제주읍 ~ 삼양2리
	삼양	1일, 6일	제주읍 삼양리	삼양 ~ 조천1리
	조천	3일, 8일	신좌면 조천리	조천 ~ 김녕2리
	김녕	4일, 9일	제주군 김녕리	김녕 ~ 별방4리
	별방	5일, 10일	제주군 별방진	별방 ~ 고성2리
정의군	고성	5일, 10일	정의군 고성리	고성 ~ 읍내3리
	읍내	1일, 6일	정의군 읍내	읍내 ~ 의귀3리
	의귀	2일, 7일	정의군 의귀리	의귀 ~ 하효3리
	하효	3일, 8일	정의군 하효리	하효 ~ 도순3리
대정군	도순	4일 , 9일	대정군 도순리	도순 ~ 창천2리
	창천	5일, 10일	대정군 창천리	창천 ~ 읍내3리
	읍내(대정)	1일, 6일	대정읍 읍내	읍내 ~ 두모4리
제주군	두모	5일, 10일	제주읍 두모리	두모 ~ 명월3리
	명월	4일, 9일	한림읍	명월 ~ 애월3리
	애월	3일, 8일	애월면	애월 ~ 제주5리

오일장 개설로 제주도 전 지역, 농촌 마을 곳곳에 상거래가 활성화되었다. 농산물, 해산물 등을 생산한 농어민들과 그 가족들이 이 오일장에서 만나 직접 거래에 참가하여 생산물을 판매하고 생필품을 구매하였던 것이다.

장날은 1~6일, 2~7일, 3~8일, 4~9일, 5~10일 주기 중 어느 한 날에 개장되었는데 인근 지역 간 오일장날이 중복되지 않도록 날자를 조정하였다.

『제주도 생활상태조사』(1937)에 의하면 한림에 오일시장인 한림시장 외에 가축시장(매월 1일부터 3일에 한번 월 10회 개시)이 있었다고 한다. 또한 1909년 조사에 없던 화순시장, 남원시장, 성산시장, 서귀시장이 1937년 조사에서 새로 나타났다. 이를 미루어 볼 때, 이 지역 시장 소재지가 창천시장은 창천리에서 화순리로, 의귀시장은 의귀리에서 남원리로, 고성시장은 고성리에서 성산 면내로, 하효시장은 하효리에서 서귀 읍내로 이전된 것으로 보인다. 이 오일장 이동은 신작로 개설과 해녀 물질로 인한 산업구조 개편을 야기시켰는데, 그 영향으로 마을간 부(富)의 이동, 취락(聚落) 이동이 초래되었다고 추측된다.

당초 오일시장은 거래 필요성이 증가하여 활성화되었다. 점차 정보 교환 등 부차적 목적으로 확대되었다. 제주도 오일장은 보통 3~4리(타 지역은 보통 4~5리) 간격으로 설치되었다. 보통 상설 점포 없이 정해진 날, 일정한 장소에서 거래한다. 초창기 오일장 위치는 접근성과 생활권을 고려하였으며 각 지역별 날자가 겹치지 않게 하여 많은 도민들이 이용할 수 있도록 배려하였다. 전통사회에서 대부분 농민들은 생산자와 판매자, 소비자 모두를 겸하였기 때문에 장이 서는 장소와 장날을 구분하여 정기(定期)시장 다변화를 도모하려는 의도였다. 장시(場市)가 가장 번성한 때는 음력 정월 설 명절 때였다.

제주에서 생산된 물품 중 전국 판로를 가지고 있던 품목은 모자(帽子), 양태(凉太), 망건(網巾), 빗, 골패(骨牌) 등이다. 서울, 인천, 목포, 부산, 인천 등의 각 거류지 중개인들에게 유통되었다. 이 외 오일장에서 거래되었던 물품으로 쌀, 보리, 콩, 팥, 조, 고구마, 면화, 표고, 양태, 망건, 모자, 빗, 소, 말, 돼지 등과 해산물로 우뭇가사리, 미역, 해삼, 건복, 복, 감태재, 상어, 전복, 갈치, 저린 고등어, 복어, 마른 오징어 등이 있다.

이들 중 멸치, 우뭇가사리, 미역, 우피, 마피, 우골, 표고, 해삼, 양태, 망건, 모자, 빗, 말, 소, 초석, 상어, 건복, 갈치, 저린 고등어, 마른 고등어, 돼지, 참마, 진피, 전복껍질, 돈모(豚毛) 등은 육지로 반출되거나 일본으로 이출되었다.

수입품은 의복 원료, 각종 기구, 일용품, 잡화 등이다. 이 상품들은 1800년대 말에는 상해지방으로부터 들어 왔다. 20세기 초 목포, 부산 등지에서 공급받거나 도민들이 직접 일본으로 건너가서 상품을 구입하여 이를 제주도로 들여오는 품목이 증가했다.

당시 일본산 잡화는 제주 도민 기호에 잘 맞았다. 일본산 광목은 지질이 질기고 가격이 저렴하며 반영구적으로 사용할 수 있었다. 주성(州城)시장 상설점포들은 이 수요에 대응하여 일용품 기타 각종 잡화들을 구비했다. 특히 거래가 활발했던 상품은 석유, 성냥, 담배, 흰 무명, 사발, 막걸리 잔, 개량 중반, 사기장 물잔, 두꺼운 접시, 과자 등이다.

제주 도내에서 연거래 20만 원 이상인 곳은 제주읍 주성시장 한 곳이다. 한림, 애월,

• 1930년대 관덕정 앞 오일장

조천 시장이 그 다음이고 거래액은 10만원 안팎이다. 당시 제주지역 이·출입 규모와 비교해 볼 때 그리 큰 규모는 아니다. 하지만 제주 도민 입장에서 오일장이 그들 상행위에 직접 참여하는 유일한 시장이었기 때문에 거래 액수 이상으로 의미가 있다.

1930년대 제주 도내 오일장에서 거래된 품목은 백미, 겉보리, 밀, 콩, 팥, 밀가루, 숯, 성냥, 양금건, 화금건, 방적사, 면화, 양지, 한지, 미농지, 반지, 쇠고기, 돼지고기, 도미, 전복, 닭, 식염, 된장, 간장, 석유, 설탕, 달걀, 명태, 땔감, 청주, 맥주, 사이다, 소주, 조선소주, 못, 담배, 파이렛, 하니비 등이다. 이는 1930년대 제주지역 이·출입 상품 품목과 일치한다.

오일장 날이면 주변 마을에서 각종 생산물들을 짊어지고 남녀노소 아침부터 장터로 모여 들었다. 주로 농가에서 생산되는 크고 작은 농산물이 장터로 모아졌다. 도민들은 이 농산물을 시장에 판매하고 생활필수품, 예를 들면 고무신, 의복, 옷감, 농기구, 소금 등을 구입하였다.

일제 강점기 오일장은 도내 여러 마을들을 연결하는 1차 상품 집하지이며 물류 유통의 구심점이다. 각 마을에서 생산된 농산물들은 오일장에서 일차적으로 유입되고 집하되었다. 여기에 집하된 물품들은 다시 상인들에 의해 더 큰 시장으로 유통된다. 오일장은 보다 상위 시장체계로 이륙하는 출발지이며 제주 도민 소비를 전제로 유입되는 물품이 도달하는 종착지인 셈이다.

제주 도민에게 오일장은 단순히 물건을 팔고 사는 '시장' 그 이상이다. 오일장은 시장권 내 정보가 소통되는 열린 '장(場)'이다. 교통이 원활하지 못했던 시절 외부지역에 대한 대부분 정보는 주로 시장에서 교환되었다. 이웃 마을사람들과 혼담이 교환되었으며 농사 정보나 물자 시장 동향 등 각종 정보가 공유되었다. 소통과 교류 기능을 지닌 오일장은 마을과 마을을 연결시켜 주는 심리적·정서적 연결고리가 되었다. 이렇듯 오일장은 처음 에는 거래 공간이 필요로 시작되었지만 점차 만남과 정보 교류 장으로 활성화되었던 것이다. 이런 역사를 가진 제주지역 민속 5일장은 현재 전국 최대 규모를 자랑하며 생동감 있는 문화관광 콘텐츠로 자리메김하고 있다. '할망장', '할망바당'

커지고 다양해진 가내공업

일제 초기 제주도 공업은 유치한 수준, 단계로 제주도의 자원, 즉 자연환경을 이용한 약간의 자원을 가공하는 수공업 제품들 예를 들면, 죽제품, 조선모자, 탕건, 양태 등이 주를 이루었고 이외에 주로 자급적 성격을 지닌 약간의 면직물 제품이 존재했다(高禎鍾, 「濟州島便覽」, 1930).

제주 지역 대표적 민속공예는 말총으로 만드는 관모공예이다. 그 중 가장 널리 알려진 것은 갓공예이다. 이 외에 조선시대 병사 군모인 털벙것(털벌립), 패랭이(대패랭이), 정동벌립(정당벌립)이 많이 만들어져 군수용 진상품으로 납품되었다. 그러나 단발령 이후 제주지역 관물공업과 관모공예가 급격히 쇠퇴했다.

갓은 모자 부분과 차양 부분으로 구성된다. 갓 모자 부분(총모자라고 한다)과 탕건, 망건을 짰다. 탕건은 선비들이 집에 있을 때 머리에 쓰는 모자이며, 망건은 상투를 틀기 위해 머리를 빗어 올리고 머리카락이 흘러내리지 않도록 이마에 두르는 넓적한 띠이다. 갓 차양은 갓양태라고 하며 일반적으로 양태라 부른다.

상공업도 물론 원시적 형태를 버서 나지 못하엿나니 그것은 그들의 자연경제(自然經濟)의 유통공급(流通供給)에 불과하며 그들의 생활에 필요한 옹(甕), 서(鋤), 마포(麻布), 죽롱(竹籠), 즐(櫛), 관물(冠物) 등의 가내수공업품(家內手工業品)을 생산할 뿐으로 그것을 시장에서 혹은 행상(行商)으로서 서로 취인(取引)할 뿐이다(동아일보, 1937.8.31.).

일제 강점기 초기 제주도 가내공업은 방직물과 죽제품, 조선인 모자, 탕건, 양태 등이 주를 이루었다. 일본인이 제주도 진출에 따라 제주 연안에서 잡힌 수산물을 이용한 수산물 통조림, 패각류를 가공한 단추가 제조되었다.

일제 강점기 초기 이출 품목으로 전통 수공업 제품이라 할 수 있는 입자(笠子), 마피(馬皮), 우피(牛皮) 등이 있다. 그러나 제품 다양성과 규모 면에서 미미한 수준이었다.

제주는 사방이 해안인 지리적 관계로 보아 수산업이 가장 적당하고 초원이 광대하니 목축업이 발전할 수 잇다고 생각합니다. 그리고 또한 재래(在來)에 잇서서 제주의 경제계를 만히 완화시키든 부녀의 가정부업(家庭副業)인 관물제조업(官物製造業)이 불소(不少)한 타격을 밧고 잇스니 그 대(代)로 다른 부업을 장려하얏스면 조켓습니다.
관물업(官物業) 대신 직조업(織造業)을 장려하는 것이 가장 적당하다고 생각합니다. 경기도(京畿道) 강화(江華)에서는 조합을 조직하야 장려한 결과 일반 주민의 경제가 대단히 풍부하다고 합니다. 반드시 어떤 부업 하나를 연구하야 제주경제를 윤택케 하는 것이 당면의 문제일줄 밋습니다(동아일보 1931.1.25.).

제주지역 가내공업은 1920년대 말부터 1930년대 초 확연한 변화가 나타난다. 1930년대 제주도 가내공업에서 가장 흥미 있는 변화는 수산물 가공품 이외 양조업과 누룩, 양말, 옥도가 다양해지고 규모 면에서 커졌다는 점이다.

이러한 변화는 두 가지 특징으로 요약되는데, 상품 경제화와 자급화 과정이다. 이 시기 어느 정도 안정적 생산기반을 갖은 수산물 가공업 이외 옥도나 동식물 기름 등과 같은 화학제품이 등장한다. 이처럼 제품 다양화와 특히 자급화 제품 생산이 급격한 성장은 당시 제주경제와 도민들에게 상징적 의미가 있다. 즉, 생산 참여나 이를 통한 소득 창출 면에서 도민 의지와 영향이 적극적으로 반영되었다는 것이다.

우선, 이전에 비해 수산물 가공뿐 아니라 농축산물 가공업이 나타났다. 소고기나 완두콩 통조림이 대표적이다. 이들 제품은 1930년대 여전한 성장세를 유지하였다. 특히 일본 군수 제품화가 되면서 높은 규모의 성장을 유지한다. 이외 제품들은, 물론 1920년대에 비해 괄목할 만한 성장을 보이지만, 조제품인 옹기, 기와 쟁기 및 가정 공업품인 면포(연간 3만7천척, 가격은 8만3천원), 죽세공(연간 3만4천개, 가격은 2만7천원), 갓(8만7천개, 가격은 7만5천원) 양태(17만근, 가격은 4만4천원)가 대부분이다.

1930년대 비로소 양말, 어패류 및 축우를 원료로 하는 통조림 제조, 해조류를 원료로 하는 옥도 제조, 조개껍질을 원료로 하는 단추 제조, 도내 자급자족을 목적으로 하는 양조업, 이 원료가 되는 누룩 생산이 활발했다.

1930년대 양말공장이 소규모 기계공장으로 자리 잡았다. 통조림 공장은 1930년대 도내 16개가 있었다. 옥도공장은 감태, 말(馬尾草)을 태운 재를 화학 공정에 따라 가공한 것으로 원료 공급제약으로 생산량은 많지 않지만 해방 이후까지 꾸준히 생산된 제품이다. 모조 진주공장은 이른바 유리구슬 제조공장으로 전적으로 일본 수출을 목적으로 생산했다.

한편 일본에 돈 벌러 다녀온 직공이 일본인 자본가 도움으로 원료인 유리막대를 일본에서 수입하여 다시 이를 가공 수출하는 가공공업이 생겨났다. 그러나 이는 아주 부분적이었으며 오래 지속되지 못하였다. 누룩공업은 양조업 원료인 누룩을 제조하는 것으로 도내 소비 양조업 발달과 함께 농촌 부업 성격을 띠며 급속히 증가하였다.

면직물 생산은 각 지역 특성을 반영한 것이다. 농촌 면직물업은 자가 소비를 목적으로 하는 영세한 농가 부업 형태를 기본으로 하고 있다. 영세 기술에 의해 낮은 생산력 수준에 머물고 있었다. 그러나 그것이 단순히 자연경제의 잔존(殘存)을 의미하는 것은 아니다. 일제 강점기 특수한 역사적 조건을 배경으로 한 나름 합리성을 가진 제주농가의 경제활동으로 이해해야 한다.

이상 여러 가지를 고려해 보면, 1930년 제주도 가내공업은 이분화과정을 겪고 있다고 할 수 있다. 전체적으로 다소 진전되는 경향을 보이지만 품목에 따라 일면 퇴보, 일면 진전이 동시에 나타난다.

당시 진보 경향을 보이던 품목은 양말, 관힐(罐詰), 패물(貝物), 곡자, 옥도, 양조, 조면(繰綿)이다. 퇴보 경향을 보이는 품목은 양태, 망건, 탕건, 모자 등이다. 양말이나 양조 등 품목은 자급적 특성을 가진 대표적 품목이다. 또한 이들 품목은 수입 대체 성격을 지녔기 때문에 도내 소비 증가에 힘입어 생산이 증가했다. 반면 양태, 망건 등과 같은 전통적 수공업은 육지부 소비 축소로 인해 반출량이 줄어드는 퇴보 경향이 나타났다.

다양화 제품들을 분류해 보면, 우선 전통적으로 가내 수공업 성격을 지니고 있던 각종 방직물, 양태, 탕건 등과 같은 관물과 수산물을 가공한 제품이 있다. 수입 대체 혹은 도내 자급화 경향을 보여주는 품목으로 양말, 양화, 양복, 농기구 등이 있다. 이외 도내 소비 행태 변화에 따라 과자, 청량음료 같은 일용품이 생겨났다. 점차 다양한 제품 생산이 이루어지고 있었다.

　또 한 가지 특징적 제품은 화학제품이라고 할 수 있는 각종 기름이다. 주로 동식물 기름으로 이 역시 당시 소비 변화 추세에 맞추어 생산된 제품이다. 화학공업은 동물질 유지와 동물질 비료 생산 확대에 의한 화학공업 성장이 이루어 졌다. 그것은 단순히 양적 성장일 뿐 아니라 호당 생산액 증가를 동반한 성장이다. 반면 식물질 유지와 식물질 비료는 낮은 호당 생산액을 보여주고 있다.

　이렇게 다양한 제품들 중 도외 반출을 목적으로 생산되었거나 타 지역에 비해 경쟁력이 있던 제품이 많지 않았다. 그럼에도 불구하고 옥도, 조선관물, 각종 면포 등과 염화가리는 어느 정도 시장성이 있었다. 그러나 이들 제품 모두 다른 이출품, 즉 농산물이나 농산물 가공품에 비해 매출이 크지 않았다.

•망건겯는 제주소녀들, 사진으로 보는 제주역사

제주소비식산조합

일제 강점기 제주도에는 제조업, 운수업, 금융, 보험업, 창고업, 도·소매업 등 다양한 상업 활동이 활발히 성행하였다. 특히 1930년대 문화 및 오락, 식품, 위생, 서비스업 등 다양한 소비가 늘어났다. 이와 함께 읍면지역 산지 유통과 소비를 목적으로 도민 자본에 의해 설립된 지역 소비조합들이 등장했다. 오일장이나 상설 점포와 별도로 면(面)지역의 안정적 소비를 위해 조합들이 생겨난 것이다. 이 조합들로 인해 제주 농촌 상업 활동이 활성화되기 시작했다.

제주도는 조선 남해 중에 있어서 조선 내지와 교통이 불편함을 따라 문화 향상과 산업 발달에 막대한 영향이 있어 생산품 중 토산물을 제하고 직조물(織造物)로는 토옥(土木)과 토포(土布)와 토주(土紬)등이 있으나 만치 못하며 해륙물산이 대부분이 난다 하나 아모 가공업시 그대로 판매함으로 이익은 적은 중에 인민의 소비액은 날마다 늘어 감을 따라...
토산물을 가공케 하며 소비액을 절약하야 불안한 생활을 안녕케 하고자 제주소비식산조합(濟州所費殖産組合)을 발긔... 일용품 중에 업지 못할 것을 제한 외에는 조선사람의 손으로 제조한 조선 물산을 사다 쓰며 토산을 장려한다 함으로 일반 인민들은 대환영을 하는바 (조선일보, 1923.3.24.).

일제 강점기 소비조합은 인적결합(人的結合)으로 보아진다. 소비자와 시장 상인 간 종래 형태를 바꾸어 소비자 이익을 도모하며 지위를 확보하는 데 운영 목적이 있다. 만일 면지역에 있는 소비자 각자가 소비재를 소량으로 구입하게 되면 고가로 판매될 수밖에 없다. 하지만 소비자가 공동으로 물건을 구입하게 되면, 소량 소비재를 다량 소비 재로 구입할 수 있게 되어 보다 저렴한 가격에 구입할 수 있다. 바로 소비조합 기본 논리이다. 당시 제주지역 소비조합들은 분산된 힘을 결집하여 소비자 권리와 이익을 신장시키는데 유용한 경제 조직으로 이해된다. 아울러 도민들이 자발적으로 참여하고 이를 널리 보급시켜 가야 한다는 민족주의 정서를 내포하고 있다.

당시 제주지역에 조천, 동부 구좌, 제주 읍내, 성산포에 소비조합이 생겨났다. '조천소 비조합'은 1927년 10월 설립된 이래 일본 상품 불매운동과 지역주민 경제적 이익을 위해 영업하였다. '동부구좌소비조합'은 1925년~1933년 종달리 서쪽부터 한동리 동쪽을 상권 으로 하여 지역 농가에 필요한 각종 일용품을 판매하는 상업 활동을 펼쳤다. 1930년 '제주산업조합'은 조합원 492명, 출자금 6만원으로 출발했으며 제주읍에 소재하였고 주로 제주읍 관내에서 영업했다. '영주소비조합'은 1921년 성산포에서 고은삼 등이 주축이 되어 설립되었다. 그러나 일반인 이해 부족으로 본격적인 영업활동을 하지 못하고 곧 해산되었다.

조천소비조합은 공동 구입한 상품을 저가로 판매하는 방식으로 일본인 상점 폭리를 견제하고 조합 이익을 소비자들을 위해 유효하게 환원시키려는 목적에서 시작됐다. 조천 소비조합 설립 취지와 영업 활동은 다른 소비조합과 동일한 편이다. 다만 상무이사를 비롯한 역대 조합장들 대부분 민족의식이 강한 항일 인사들이었고 조천소비조합운동이 조천야체이카사건과 깊은 관련이 있다. 이 때문에 조천소비조합운동은 단순 소비운동 이상으로 상징과 의미를 지니고 있다.

동부구좌소비조합이 상업 활동을 했던 1925년부터 1933년은 제주지역 농촌이 이전에 비해 급격한 변화를 겪고 있던 시기이다. 게다가 하도리를 포함한 동부구좌지역은 타 지역에 비해 해녀수가 많다. 이 때문에 해녀 물질에 의한 농가 현금 보유액과 출가해녀 송금액 또한 많아 타 지역에 비하여 충분한 구매력이 있었다. 이로 인해 다른 지역보다 더 활발한 상업 활동이 이루어 졌던 것으로 보인다.

동부구좌소비조합을 주도했던 인물은 조합장을 역임했던 김창오(金昌五)이다. 그는 하도리 출신으로 광주에서 공부한 경험이 있고 면에서 회계원 근무를 하다가 퇴임했다. 이후 해산물 중개 사업을 했다. 하도에서 해산물을 수집하여 강경에 가서 팔았던 것이다. 그는 애초에 개성상인 상거래에 착안을 하여 소비조합을 구상하였다고 한다. 전무는 김순종이고 이사 각리 1명씩이며 서기 겸 점원은 문도후가 맡았다.

동부구좌소비조합 설립은 소비 절약과 일인 상품 불매를 목적으로 일상 용품을 구입한 후 염가로 조합원에게 제공하여 소비생활의 합리화를 기하기 위한다는 것이다. 조합원 출자금은 일인당 1원, 백미 한말(당시 미가 대승으로 4승에 30전, 우육 1근에 30전)이고 이익은 출자금에 따라 배당되었다. 출자인원은 150명 정도이며 초창기 영업은 매우 순조로웠다.

동부구좌소비조합 판매 물품은 점원인 문도후가 부정기적으로 부산 가서 일정량 구입하여 온 물건들로 성냥, 석유, 고무신, 마늘, 옷감 등과 같은 일용품이다. 기본적으로 농민들에게 상품을 염가에 제공하고 가격이나 판매 단위 면에서 지역 소비자 편의에 부합되었기 때문에 지역 내 반응이 좋은 편이었다고 한다.

동부구좌소비조합은 1925년 설립 이후 8여 년을 영업하다가 일제 간접적 탄압과 자금 부족으로 운영난을 겪다가 폐업됐다. 1932년 세화리 해녀사건 이후 주민 활동에 대한 일경(日警) 감시가 강화되었다. 공교롭게도 당시 소비조합 점포가 경찰서 맞은편에 있었다. 그곳에 일본 순사가 거의 상주해 있다시피 하며 점포에 물건을 사려오는 사람들에게 감시 눈초리를 보냈기 때문에 주민 상거래가 위축될 수밖에 없었다.

또한 오일장 활성화로 인해 상권이 축소되었고 교통 발달로 제주읍 상권에 침식되어 영업 활동이 점차 쇠퇴되어 갔다. 상황이 이렇게 되자 김창오조합장은 점포를 해체하고 남은 자산과 재고 물건을 처분해 가급적 공평하게 조합원들에게 돌려주었다. 이후 김창오 조합장은 제주읍으로 진출하여 박종실(朴宗實)과 동업하였다.

제주산업조합은 판매와 구매를 동시에 하였다. 거래하던 물품들도 다른 소비조합들과 별반 다르지 않았다. 그러나 위탁 판매 즉 농촌지역 생산자들을 위한 위탁 판매와 공동

구매를 통한 원가절감을 시도하는 등 나름 차별 전략을 가지고 있었다. 이 전략은 구좌, 조천 등 소비조합과 달리 농촌 소비자들의 입장보다 상인 원가 절감을 통해 영업 실적 향상을 도모했다는 점에서 앞선 경영전략이라고 할 수 있다.

위에서 살펴본 바와 같이, 일제 강점기 제주지역 소비조합들은 소비생활 측면에서 규모 경제와 소비자 주권 확보를 기본 목적으로 당시 독점적으로 제주 경제권을 장악하고 있던 일본인 상인과 상권에 자주적으로 대항하려 했다는 공통점이 있다. 당시 정치적 · 경제적 권력을 강점하고 있던 제국주의를 등에 업고 식민 자본주의 시장 내에서 자본을 독점하며 무소불휘의 시장 지배력을 행사하던 일본인 제조 · 생산자에 대한 제주 농민의 '이중적 저항'이라 결론 내릴 수 있다.

제주개발주식회사

1938년 9월 조선총독부 미나미 지로(南次郎) 총독은 '제주도를 금후 여하히 개발할 것인가'를 구상하기 위해 제주도를 방문했다. 이후 조선총독부 미나미 총독 지시에 따라 전라남도가 작성하고 조선총독부 최종 승인을 받아 발표된 '제주도 개발계획'은 도로, 항만, 상수도, 수력발전 개발, 농·수·축산 진흥 등을 세부내용으로 하는 10개년 및 15개년 계획이다.

농업은 이미 주민이 상식(常食)으로 하는 맥(麥), 패(稗), 감저(甘藷) 메밀 등은 자급자족에 달하고 또 전도(全島) 가경지(可耕地)로서 구만 오천정보 중에서 삼만정보의 휴경지가 잔존하여 있다. 이 휴경지는 전부 감저의 경작에 적당하고 이것이 무수주정원료(無水酒精原料)로서 국책선(國策線)에 당(當)할 수 있다는 가능성은 충분하다.
목축은 소위 목야지대의 목초가 우 사만 오천두, 마 이만 이천두를 사육하고도 충분하다. 장래는 세양(細羊)을 가(加)하야 익익(益益) 국책선(國策線)에 적응하도록 장려하기 바란다. 삼림지대는 모두 수령 칠팔십년으로부터 이삼백년에 상당하야 울창하게 번무(繁茂)하고 이에 적당한 빈리(貧理)를 한다면 금후 도내에 있어서 공업재료의 자급자족은 물론 일부는 수출도 가능하리라 생각한다(동아일보, 1938.9.18.).

일제는 제주도 개발 기반 조성을 위해 일주도로와 제주~서귀포 횡단도로에 대한 교량, 배수로 시설 공사는 물론 중산간 일대 농·축·임산물 생산과 수송을 위한 한라산 환상도로 신설 계획을 수립했다. 또한 각종 사업을 원활하게 추진하기 위해 지하수 개발과 상수도 시설 설치를 계획했고 전기와 용수 공급을 위해 어승생악 일대에 수력발전 시설 건설을 계획했다.

> 자원에 적당한 제주도가 하고(何故)로 불우(不遇)의 지위에 잇는가 하면 그는 항만에 적절한 데가 없기 때문이다. 성산포를 제(除)한 타(他)의 사항(四港)은 전부 항내(港內)가 얕고 해저(海底)는 암반(巖盤)으로 되었다고 한다. 큰 선박을 입항시키는 데는 모든 해저의 암반을 폭파하야 대기술과 대공사를 요구하게 된다(동아일보, 1938.9. 18.).

> 제주도의 개발은 십삼년도부터 십개년계획을 가지고 산업 전 면적에 실시하기로 되었는데 우 계획수행에 당(當)하야 문제로 되어 있는 것은 용수를 여하히 할까에 있다. 도에서는 근간 뿌링그에 의하야 제주도 일대의 용수시험을 행하기로 되었는데(동아일보, 1937.8.7.).

동양척식주식회사가 사실상 주도하는 민·관 합자형식 국책회사인 '제주개발주식회사'를 설립한 후 여기에 위탁하여 독점적으로 추진시키려고 했다. 개발 사업 규모는 당초 계획보다 3배 이상 증가된 20,022,073원(조선총독부 11,315,016원, 전라남도 8,707,076원)이다. 제주개발주식회사 투자금(750만원 계획)까지 포함하면 3,000만원 가까운 규모이다.

> 금년도부터 착수한 제주도 개발 십개년계획은 농업, 수산, 축산에 긍(亘)하야 먼저 축산은 한라산을 중심으로 사만오천정보의 대방목지를 옹(擁)하고 양돈, 면양(緬羊)의 적극적 증산을 기도(企圖)하기로 되어 축우는 농가매 일호 일두를 목표로 하고 현재의 삼만 팔천 구백 칠십두를 육만두로 돈(豚)은 오만두를 육만 륙천두로 면양은 오만두로 증산하는 것인데(동아일보, 1937.6.11.).

제주 개발을 위탁받은 제주개발주식회사는 면양사육 사업을 추진하며 우유와 유제품 생산을 위한 유우사육 사업과 돈육사업을 추진하였다. 또한 수산업과 수산물 가공업을 비롯해 무수주정 원료인 고구마 생산을 위해 전남지역 밀집지역 농가 7,500호(각 호당 주택 건축비와 도항비 명목으로 100원씩 지원)를 한라산 중산간 일대에 이주시키는 이민

사업과 각종 공장 가동, 가정에 사용할 전기사업을 직접 추진하였다.

조선 남단의 보고(寶庫) 제주도 개발에 대하여 금년 이월 총독부 각 관계국 과장과 기사 등과 전남에서 각기 조사원을 현지에 파견하야 실지조사를 하였든 바 그 결과에 기하야 저간 전남에서는 동도의 식산흥업(殖産興業))을 목적으로 한 제주도개발회사의 설립안을 작성하여 가지고...

이제 동개발회사의 원안을 본다 하면 자본금은 삼천만원(일주 오십원, 육십만주중 사십 만주는 동척(東拓)과 기타 민간의 출자로 하고 이십만주는 총독부의 출자하야 제일회 불입 은 칠백 오십만원인바 당분간은 오분, 내지 육분의 배당을 정부가 보증한다는 것이다.

면양을 중심으로 한 목축, 발전, 어업, 농장, 무수(無水)알콜의 제조 등이다. 이 사업과 별개로 총독부와 도의 시설로서 도로, 방풍림, 항만, 농사시험장 등도 시설키로 하고 명년도 부터 십개년계획으로 예산 총액 일천 구백 칠십삼만원이다(동아일보, 1937.6.22.).

'제주개발주식회사'는 제주 도내 자원개발과 산업장려 등을 위해 설립된 국책회사이 다. 사장과 감사는 총독부가 임명하고 이사는 주주총회에서 선출했다. 사무소는 경성부 또는 광주부에 본점을 두고 지점은 제주읍과 기타 필요한 곳에 설치했다. 자본금은 3,000 만원(1주당 50원, 60만주 발행)으로 정부가 3/1(20만주), 동척 등 특수회사 등이 3/2(40만 주)를 부담한다. 개발회사에 정부가 임명하는 감독관을 두고 정부와 전남도, 전남도 농회, 제주도 농회에서 생산자원 처 리, 가공과 판매 등을 공동으로 맡았다.

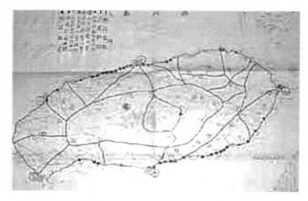
• 제주도 개발계획도

'제주개발주식회사'는 화학 알콜로 전쟁 수행에 필요한 무 수주정 제조 20만톤 생산을 목 표로 무수주정 원료인 고구마 를 생산자인 농민으로부터 최 저가격에 원료를 매입하여 도 내 28개, 도외 211개 무수주정

공장에 공급했다.

　　제주도개발타합회(打合會)는 이십일일 오후일시부터 총독부에서 총독부측 각국과장 관계
관 송본(松本) 전남지사, 미기농무(尾崎農務), 이달토목(伊達土木), 경야산업과속(境野産業
課屬) 등 출석 하에 전남도안인 전반에 긍(亘)한 개발 십개년계획 특수회사인 제주도개발회사
창설 안에 대하야 신중한 검토를 가(加)하였는데 동일의 타합(打合)에 대하여는 구체적
방침을 결정한데 이르지 못하고 농산, 축산, 수산, 공산의 각 분과 타합회(打合會)를 개최하야
이 결정을 기다려 다시 회합한 후 방침을 결정하기로 되었다(동아일보, 1937. 6.23.).

　제주개발계획은 대동아 전쟁 막바지인 1930년대 후반 작성되었다. 그럼에도 불구하고
계획기간이 10년 혹은 15년이며 생산기반 시설, 사회간접자본 건설 투자를 계획했다.
이에서 미루어 볼 때, 일제는 단기적 수탈보다는 장기적 이윤을 추구하고 한반도를 영구
병합하려는 의도를 가졌던 것으로 보아진다. 단기적 이윤 추구나 근시안적 약탈보다는
장기적 이윤 추구와 영구적 병합을 위한 기반 조성이 일제가 의도했던 한반도 통치 목적
이었다는 것을 짐작할 수 있다.

　제주개발계획은 계획 추진 전 과정에서 제주 도민들이 철저히 배제가 된 총독부 주도
일방적 개발정책이다. 개발 공과(功過)와 귀속(歸屬) 또한 제주 도민과는 전혀 무관했다.
일제에 의한 1930년대 말 제주도 개발계획은 제주사회와 제주 도민을 무시한 채 진행하였
다. 한반도 개발 효용이 종료되는 시점에 전쟁 수행을 위한 군수물자 확보와 병참을
목적으로 제주지역에서 벌인 일방적인 개발계획이라 할 수 있다.

사과과? 독색기

다음날 우리 삼인(三人)은 마침 열리는 시장에 나아 갓다. 우리는 이상하다고 생각하는 것이면 아모 것이나 물어보고 싶엇다. 그러나 그들 농촌 부녀들은 우리의 묻는 말에 대답하

• 오일시장 내 풍경

려고도 안햇다. 나종에야 알엇지만 제주에서 보통 쓰고 잇다는 수병(水甁)을 가르치며 그 용도와 가격을 물엇드니 그는 대답은 물론 본체도 안는다. 마치 사지도 안흘 것들이 무슨 "히야까시"냐 하는 태도엇다. 알려고 하는 우리에게는 너무나 냉담하엿고 저윽이 반감 비슷한 감정을 도발한 것도 사실이다.

헐 수 없이 거름을 옴기어 계란(鷄卵)파는 부녀의 곁에로 갓다. 한 개의 값을 물엇을 때, 그는 "사꾸과?"하는 소리를 친다. 무슨 말인지도 모르고 무슨 책망을 들은 듯 머니 선노라니 곁에 섯든 "노파(老婆)"가 그것을 친절히 통역하여 준다. 그는 육지에 다녀온 듯한 노파엇다. "사겟느냐?"는 말이다. 우리는 사겟다고 하는 동시에 이제야 그들의 태도를 알엇는 지라.

모든 것을 알려온 일행이니 달리 생각말고 이야기하여 달라고 하엿드니 그제야 그들은 우슴으로 대하여 준다. 다시 "사겟느냐"는 말을 제주말로 하여 달라고 하엿드니 그는 벌서 숨김없는 "사투리"로 "사꾸과 햇줍지기"하며 흔연(欣然)히 아모런 의아없이 우리와 같이 우서댄다.

우리는 "닭새기"(독색기 혹은 던색기로 들럿다 계란이라는 말이다)를 사가지고 돌아온 일이 잇으니 그가 위선(爲先) "사겟느냐"고 문책하든 태도와 다음 순간 흔연(欣然)히 대하 주든 순박한 태도가 다시금 생각된다(동아일보, 1937.9.7.).

일제 강점기 제주 도내 상설 점포에서 거래되었던 품목은 잡화, 식료품 등이 주를 이루었다. 영업장소는 제주읍 지역이 가장 많았다. 1920년대 말부터 1930년대 중반까지 가장 활발히 영업활동을 했다. 1930년대 말에 점차 주류 판매 및 생산, 보험업, 금융업, 제조업 등이 생겨났고 한림, 김녕, 모슬, 서귀 등지로 상점이 확산되었다. 이들 지역 공통적 특징은 항구가 있어 일본 거래가 활발한 지역이며 일본인 거주, 일본인 공장, 일본인 어업 생산시설이 설치된 곳이다. 이처럼 일제 강점기 상설 점포들은 일본인, 혹은 일본 교역에 적극적으로 가담하거나 소비 패턴이 달라진 계층을 주요 소비 대상으로 삼았던 것으로 보인다.

1930년대 외부 교역 증가에 따라 도내 상업이 활성화되었고 도내 농촌에서 소비가 증가함에 따라 상설 점포도 덩달아 영업활동이 점차 증가했다. 이들 점포는 잡화를 취급하는 상점이 가장 많았고, 이외 포목상, 약종상(藥種商) 등도 활발히 상업 활동을 하였다.

〈제주도내 상설 영업장 현황〉

일자	상호	영업종류	영업장소
1914.5	日上	잡화	제주면 3도리
1915.4	永順興	잡화	제주면 3도리
1915.12	朴宗實商店	잡화, 絹綿布, 철물	제주면 1도리
1917.10	崔允淳商店	잡화, 석유, 담배, 설탕	제주면 3도리
1925.1	대성인쇄사	활판인쇄	제주면 3도리
1926.6	호남목재상	목재판매	제주면 3도리
1926.7	임기호활판인쇄소	인쇄 및 인쇄물판매	제주면 1도리
1927.11	정여호상점	일용, 화판매	제주면 1도리
1928.7.	일신상회	식료품판매	제주면 1도리
1928.8	昭和상회	麵제조 및 판매	제주면 3도리
1929.5	김성신상점	잡화판매	정의면 성산리
1930.5	실입상회	해륙산물 매매 및 일용잡화 판매	우면 서귀리
1930.10	협창상회	해륙산물매매, 일용잡화판매, 소주제조업, 회조업	대정면 하모리
1930.11	협찬상회중문리지점	해륙산물매매, 일용잡화판매, 회조업, 운송업	좌면 중문리
1930.12	영흥상회	일용잡화, 곰신, 목재류, 면포, 소주, 판매영업	대정면 하모리
1931.5	삼성상회	잡화, 고무신, 포목판매	우면 서귀리
1931.7	대흥상회	포목 및 곡물판매	제주면 3도리
1932.4	반도상회	면포판매	제주읍 3도리
1933.3	공익상회	면포, 곡물, 식료품, 잡화판매	제주읍 3도리
1935.7.	제주상사주식회사	설탕, 밀가루, 소주, 맥주, 사이다, 잡곡, 비료, 석탄, 석유, 잡화, 직물의 판매	제주읍 2도리
1935.8	합자회사 伴商店	화양잡화, 음료수, 화장품, 화양지, 문방구, 교과서, 교육지도, 운동구, 화양가구, 석냥, 석유, 고무제품, 석탄판매, 보험대리업무, 부동사및 유가증권의 취득	제주읍 1도리
1935.12	탐라상회	유류 및 자동차와 그 부분품판매, 해산물 제조 및 판매, 보험대리업	제주읍 3도리
1936.2	제주도산소주판매주식회사	소주제주원료 및 기구기계, 소모품의 구입과 배급	제주읍 2도리
1936.4	남선상사주식회사	농산물 해산물 판매 및 상품무역, 대금업, 창고업, 해운업, 부동산 취득 및 확실히 유리한 사업	제주읍 1도리
1937.5	고정봉 回漕部	하물 및 여객 취급과 그 부대사업일체	한림면 한림리
1938.6	만수당본점	한라산産 독사의 精 및 한라산표 醉素 판매	한림면 협재리
1939.6	한림갑자옥	각종 모자판 및 모자제조	한림면 한림리
1939.9	남북물산주식회사지점	해륙물산 무역 및 위탁판매, 금융, 창고업	제주읍 1도리
1939.12	성산주조주식회사	주류제조 및 판매	성산면 성산리

일자	상호	영업종류	영업장소
1940.7	신성철공소	마차, 농기구 제작. 정미기 수리	제주읍 3도리
1942.2	제주도물산주식회사	해륙산물 매매, 제조 및 가공	구좌면 서김녕리

위 표를 통해 알 수 있듯이, 1930년대 제조업, 운수업, 금융, 보험업, 창고업 등 비교적 다양한 분야에서 상업활동이 이루어지고 있었다. 품목은 주로 농수산물 가공업과 제조업에 집중되었다. 제조업 분야를 보면, 외부에서 수입하던 양말, 식품류, 건축 자재류에 대한 자체 생산이 이루어지고 있어 수입 대체 효과가 나타났다. 1940년대에 이르러 문화및 오락 분야에 대한 관심과 소비도 일어났다. 상점들처럼 당국 허가를 받은 일정 규모이상 점포와 업체 외에 제주지역 각 마을, 동네에 '점빵'들이 있었다. 이외로 조천, 구좌, 성산에 산업조합과 소비조합들이 생겨났다.

• 일제 강점기 주정공장

제 **2** 부
해상여왕 제주 해녀

해상여왕 찌주 해녀

조선에서 가장 큰 섬이오. 가장 남쪽에 있는 제주도에서는 거의 바다의 소산으로 생애를 삼으며 특별히 그곳에서는 사나이보다 여자가 많이 활동하야 물속에도 들어가고 멀리 본토로 장사도 다닌다 함은 우리가 이미 들은 지 오래이며 해녀의 활동으로 생산하는 돈이 일년에 수백만원에 달한다고 한다.

이와 가치 매년에 바다에 나가서 해조류(海藻類)와 어류를 잡는 여자의 수효는 만여 명에 달하고 그 중에 매년 사월부터 구월까지 부산 울산 등지에 나아가서 활동을 하는 여자의 수효가 사천명 이상이나 되며 육칠장 이상이나 물속으로 들어가서 면북과 기타 해조를 따내는 동시에 여러 가지로 바다 속의 발견도 많이 하였다.

이네의 수입은 한사람이 평균 삼백원 값어치를 생산함으로 사천명의 총수입은 실로 일백 이십만원의 큰돈을 생산하야 실로 조선 수산계에 적지 아니한 수자를 차지할 뿐 아니라 적게 말하면 그네의 활동은 제주도의 생명이오. 다시 말하면 조선 산업계에 중대한 현상이다(동아일보, 1920.4.22.).

구한말 제주 경제는 자급자족적인 단순 농업 생산 활동을 주로 했다. 유통이나 상업 등 다른 경제 활동은 활성화되지 못했다. 1900년대 들어 해산물 수요가 증가하기 시작했고 이로 인해 해녀 물질의 성과인 해산물의 시장 가치가 크게 상승하였다. 이 채취 해산물 환금화(換金化)는 곧 농가소득 증대를 가져왔고 이어 제주경제의 시드머니가 된 것이다.

이 섬에서는 처녀들이 열 살만 되면 육지에서 바느질과 음식 요리법을 배우듯이 잠수법 (潛水法)을 배우러 바다로 나가는 것이다. 그리하야 십칠팔세까지는 완전한 여성 즉 완전한 해녀가 되는 것이니 육지에서 '바느질을 배워야 시집을 가지' 하는 말 대신에 제주도에서는 '물일을 해야 시집을 가지' 하는 것이다.

제주도의 여성들은 헤엄 못 치는 여성이 하나도 없다. 그러니 만큼 생활이 유족하다. 그들의 근면함도 비길 지방이 없을 것이다. 눈앞에 무진장의 보고(寶庫) '바다'가 있고 그들이 근면하니 어찌 생활이 군색하다 하랴.

육지에 '머슴'이라는 말이 있다. 그러나 '머슴사리'를 나가는 것은 사내들이다. 그러나 제주도에서는 여편네들이 머슴사리로 나가는 것이다. 삼개월, 육개월, 일년 이렇게 세 종류 가 있어서, 정월달에 접어들면, 남편에게 집안일을 보살피도록 하고는 머슴사리를 나간다. 그들은 섬 안에서만 머슴을 사는 것이 아니라 멀리 대판, 동해 연안의 거친 물결을 정복하여 가며 풍경 다른 동양의 어촌을 샅샅이 뒤진다.

머슴사리 계약이 결정되어 떠나는 날을 앞 둔 그 전날 밤에는 전 가족이 모이어 점복과 해삼을 접시에 수북이 담아 놓고 석별연을 베푸는 것이다. 이리하야 돌아올 때에는 약 반년 만에 백여 원 많을 때는 이, 삼백원까지 올라간다고 하니 일년 내 피땀을 흘려 머슴사리 하고도 삼십원 내외 밖에 만져 보지 못하는 육지의 사내머슴들은 부러워하여도 족할 것이다 (동아일보, 1935.8.8.).

1900년대 이전 제주 해녀는 신분과 직업 면에서 천시받았으며 그 경제적 가치를 인정받 지 못했다. 그러던 제주 해녀 물질이 사회적·경제적으로 인정받고 나아가 제주경제의 견인차 역할을 하게 된 이유는 다음과 같다.

첫째, 해녀들이 채취한 해산물의 경제적 가치가 상승했다. 조선시대 제주 해녀들 채취 물인 전복, 소라, 해삼, 미역 등은 글자 그대로 진상품이다. 실상 당시 해녀 바다 물질은 부역과 다를 바 없었다. 그러나 1900년경부터 일본 무역상 등장으로 해산물 수요가 증가 함에 따라 해녀들이 채취한 해산물 시장성이 높아지고 환금 상품으로 각광받게 되었다.

둘째, 제주 해안의 황폐화로 인해 제주 해녀 도외 출가 물질이 촉진되었다. 제주 해녀 출가는 1880년대 말 일본인 잠수기업자들이 제주 연안에 진출하여 남획(濫獲)하면서부터 나타난 제주 연안 어장 황폐화(荒廢化)에서 그 근거를 찾을 수 있다.

'조선국에 있어서의 일본인민무역규칙' 제42조에 의해 한반도 연안에서 일본인 출어가 처음 공식적으로 인정되었다. 하지만 사실은 그 이전부터 공공연히 밀어(密漁)가 행해졌다. 특히 제주도 연안에는 일본 잠수기업자들이 일찍부터 출어하고 있었다. 일본인들이 제주지역에 출어하면서 제주 도민과 충돌하게 되자, 일본 정부는 1884년 9월부터 1891년 11월에 걸쳐 일본 어부의 제주 바다 출어 금지라는 조치를 취했다. 그러나 심지어 금어기 (禁漁期)때도 일본 어부들이 밀어가 계속됨에 따라 제주 연안 어장은 급속히 황폐해졌다.

전복은 연해안에 생산되지 않은 곳이 없고 거의 무진장이라고 할 만큼 풍부하였으나 일찍 일본 잠수기업자 도래로 남획이 된 결과 지금은 크게 감소하였다. 예전에 토착 잠수부들이 이를 채취해왔으나 지금에는 종일 조업을 하여도 1~2개를 얻는 데 불과하다. 잠수기업자는 약간 깊은 곳에서 조업하기 때문에 다소의 어획이 가능하지만 예전과 같이 큰 이익을 얻기는 힘든다. 특히 본도산은 모양이 거대해서 유명하지만 오늘날에는 대체로 소형이 되었다(「한국수산지」 3권, 1910).

제주 연안 어장 황폐화는 제주 해녀 출가(出稼)에 직접적인 영향을 주었다. 또한 해산물 경제적 가치가 상승함에 따라 그들 생산 의욕이 증가했다. 이에 따라 새로운 생산지로 이동, 즉 새로운 바당밭을 찾아 떠나는 출가물질이 확산되었던 것이다. 이러한 제주 해녀의 출가는 생산 영역 확장을 의미한다.

1895년 부산 앞 바다 영도에서 최초로 제주 해녀 출가 물질 모습이 등장했다. 그 후 한반도 전역은 물론 일본, 대련, 칭따오, 블라디보스톡까지 물질하러 나갔다. 1930년대 제주 해녀들은 5월에 칭따오로 물질 나가 8월 추석 전에 고향에 돌아왔다. 이때 각자 평균 300원씩 수입을 올렸다. 소학교 교사 봉급이 40원이던 시절이다.

마지막으로 해녀 어로 기술 발달에 기인한 것이다. 어로 기술 발달은 쌍안(雙眼) 잠수경 보급을 의미한다. 수중안경 착용은 생산성 증가와 직결된다. 쌍안 잠수경 사용에 따라 종래 2~3m도 안되던 수중 작업시 시계(視界)가 20m까지 넓어졌을 뿐 아니라 눈 피로가 현저히 감소했다. 수중안경을 언제부터 착용하였는지는 일본이나 우리나라 모두 확실하지 않다. 일본의 경우 스사시마, 이시카 등지는 물안경이 발명된 이후에도 해산물 남획을 방지하기 위해 수중안경 사용을 금지하는 관행이 있었다고 한다.

이처럼, 채취 해산물 판로 확대, 출가에 의한 노동시장(생산영역) 확대, 여기에 신식 잠수구 도입 등이 복합적으로 작용하여 해녀 물질로 인한 생산성 증가와 그로 인한 현금 수입이 증가했고 이로 인해 제주 농가에 많은 현금이 유입된 것이다.

그럼으로 대개 해녀선 한척이면 선부(船夫)가 이삼인이 따르는데 그 남자들이 물주(物主)노릇을 하고 겸하야 서기(書記)의 일을 보는 관계로 제주 자기 고향에서 제일 품행이 단정하고 일촌 사람이 모두 흠양하는 사람이라야 해녀들이 따라 나선다고 합니다. 이리하야 선부는 자기의 딸들과 같이 대접하고 처녀들의 자기의 아버지와 같이 섬기어 돌아다니는 동안 일가족과 같고 단란한 살림살이를 하며 생사존망을 같이합니다.

화장하기에 정신이 업는 '모던걸'들로 하여금 그들의 생활을 견학시킬 필요가 있지 아니할 가합니다. 인정이 깊은 그들이라 손대접도 잘 합니다. 멀리 찾아준 뜻을 감사하며 '조랑선(小舟)'을 타고 한참 가더니 사십길이나 깊이 갈머 두었던 전복과 구미를 끄집어내어 이십개 가량을 줍니다(동아일보, 1928.6.29.).

● 제주도 해녀 삽화, 동아일보, 1935.10.3.

2000년대 초반 중문 앞 바당에서 만난 어느 80대 해녀는 '60년 물질인생'을 덤덤하게 다음과 같이 축약해 말했다.

10살부터 물질을 배우기 시작하여 열일곱에 이미 상군이 되어, 스무살에 결혼을 한 후에도 물질로 가족 생계를 도맡았다. 한반도 바다는 물론 동경, 쓰시마, 블라디보스톡, 청진 등 물질하러 가보지 않은 곳이 없을 정도이다.

이렇게 물질로 모은 돈으로 밭 99개를 샀다. 이중 3분의 1인 33개 밭은 '제주 4·3'때 낮에는 경찰, 밤에는 산사람들로부터 큰 아들 목숨을 보호하기 위해 팔아 그들에게 상납했다. 다음 3분의 1인 33개 밭은 둘째 아들을 6.25 동란 때 참전을 막아 보려고 팔아 썼다. 마지막 3분의 1인 33개 밭은 '제주 4·3'때 죽은 큰 아들 대신하여 장손을 대학 공부시키고 결혼자금 보태느라 다 팔아서 썼다.

제주 해녀! 쿠로시오 타고
동아시아 바당밭 누비다

   일본인들이 한반도 연안 출어(出漁)가 공식적으로 인정된 것은 1883년 7월 25일 조인된 '조선국(朝鮮國)에 있어서의 일본인민무역규칙(日本人民貿易規則)' 제42조에 의해서다. 실제는 그 이전부터 밀어(密漁)가 행해지고 있었다. 특히 일본 잠수기업자(潛水器業者)들은 일찍부터 제주 연안바다를 침범했었다.

   일본인들이 제주 연안에 출어하게 되자 제주 어민들과 충돌이 많아졌다. 급기야 일본 정부는 1884년 9월부터 1891년 11월까지 제주 연안 출어 금지 조치를 취하였다. 그러나

쿠로시오의 지류

이 금어(禁漁)기간 중에도 일본인 밀어는 계속되었다. 이로 인해 제주 근해 어장은 급속히 황폐해 졌다. 이때 일본인 잠수기업자들이 마구 채취한 것은 주로 전복과 해삼이다.

제주 해녀들은 언제부터 출가(出稼) 물질을 시작했을까? 오래 전 부터이다. 1880년대 말 제주 연안에 출몰한 일본인 잠수기업자 남획(濫獲)으로 인해 제주 어장이 급속히 황폐화되기 시작하자 제주 해녀들은 본격적으로 출가 물질에 나서게 되었다. 제주 근해 어장 황폐화가 해녀 출가 물질 붐을 일으킨 직접적인 원인이다.

한편 일본인 무역상 등장으로 해산물 경제적 가치가 상승하기 시작함에 따라 해녀 생산욕구가 강해졌다. 아울러 일본 잠수기업자들에 의한 제주 어장 황폐화가 제주 해녀들을 새로운 생산현장으로 활발히 이동시키는 계기가 되었다. 제주 해녀 출가는 생산영역 확장과 생산활동 증가를 의미한다. 이때부터 제주 해녀들은 쿠로시오(黑潮)를 타고 동아시아 바당밭을 누비고 다녔다.

제주 해녀 출가 물질은 1895년 부산 영도 앞 바다에서 최초로 그 모습을 찾을 수 있다. 그 후 해녀들은 한반도 전역과 일본, 대련, 청도까지 출가 물질 나갔다. 1910년대 전반 출가자수는 2,500명, 1910년 말 부산, 울산까지 출가한 해녀수가 4,000명이다.

조선에서 가장 큰 섬이오 가장 남쪽에 잇는 제주도에서는 사나이보다 여자가 만히 활동 하야 물속에도 들어가고 멀니 본초로 장사도 단인다 함은 우리가 임의 들은지 오래이며 해녀의 활동으로 생산하는 돈이 일년에 수백만원에 달한다고 한다.

이와 가치 매년에 바다에 나가서 해조류(海藻類)와 어류를 잡는 여자의 수효는 만여명에 달하고 그중에 매년 사월부터 구월까지 부산(釜山) 울산(蔚山) 등디에 나아가서 활동을 하는 여자의 수효가 사천명 이상이나 되며 륙칠장 이상이나 물속으로 들어가서 면북과 기타 해조를 따내는 동시에 여러 가지 바다속의 발견도 만히 하얏다.

이네의 수입은 한사람이 평균 삼백원 갑엇치를 생산함으로 사천명의 총수입은 실로 일백이십만원의 큰돈을 생산하야 실로 조선 수산계에 적지 아니한 수자를 차지할 뿐 아니라 적게 말하면 그네의 활동은 제주도의 생명이오 다시 말하면 조선 산업계에 중대한 현상이다(동아일보, 1920.4.23.).

한반도에 출가한 제주 해녀는 동해안이 가장 조밀하며 북서부 해안, 남부 해안, 북부

해안 순으로 분포했다. 이 분포 정도는 해안 지형 및 해저 지형, 조류, 풍향 등과 같은 지형적 요소에 영향 받는다. 이로 인해 일본 출가 제주 해녀들이 일본 동해안에는 거의 없었고 주로 태평양 연안에 많이 분포했었다.

　이곳에 움막을 치고 잇는 제주해녀의 그들의 일행은 모두 이십명인데 그중에 해녀가 열여덜이오 선부가 두명이외다. 매년 일차 명귀덕으로 고군산에 와서는 다른 사람이 잡지 못하는 해삼(海蔘)과 전복을 잡아서 판다고 합니다. 일년이면 느진 봄부터 일은 가을까지 다섯달동안 이와 가티 나와서 벌면 한사람에 이백원식은 가지고 돌아간다는데 그들은 대개가 꼿다운 여자들로 나히 이십 이상으로 이십오륙세까지오 전부가 유부녀라 합니다.
　대개 해녀선 한척이면 선부가 이삼인이 딸흐는데 그 남자들이 물주(物主) 노릇을 하고 겸하야 서긔의 일을 보는 관계로 제주 자긔 고향에서 뎨일 품행이 단정하고 일촌사람이 모두 흠양하는 사람이라야 해녀들이 딸하 나선다고 합니다. 이리하야 선부는 자긔의 딸들과 가티 대접하고 처녀들의 자긔의 아버지와 가티 섬기어 돌아다니는 동안 일가족과 갓고

•독도해녀, 부산외대 김문길교수, 한겨례신문

단란한 살림살이를 하며 생사존망을 가티함니다(동아일보, 1928.6.29.).

제주 해녀 출가는 객주 모집에 의한 경우 대부분이다. 객주가 절영도(絶影島)에 정착하여 일본인 무역상 밑에 있으면서, 매년 음력 12월경 제주도 각지에서 해녀를 모집하여 전대금을 건네주고 계약한다. 해녀는 기선으로, 뱃사공, 감독자 역(役) 남자는 어선으로 본토에 도항하여 부산에서 합류한 후 출가지로 떠난다.

독립 출가는 해녀 남편 2~3명이 공동으로 어선을 매입하여 가족이나 친척 해녀를 승선시켜 출가지로 가는 것을 말한다. 전자와 후자 비율은 6대 4 정도이며 객주 모집에 의한 경우가 많았다. 해녀 10명에 시중드는 남자 5명인 경우, 1어기(漁期) 수입은 대략 870원 정도이다. 여기에 지출이 731원 50전이어서 차액은 138원 50전이다. 이것을 균등 분할하면 1인 평균 9원 23전 정도다. 제주 해녀 출가 물질로 인한 소득은 1922년에 19만원, 1923년 22만원으로 1930년대 중반까지 날로 증가했다.

1937년 제주도세요람(濟州島勢要覽)에 의하면, 1937년 3월 한반도 연안에 2,801명 출가했다. 지역별로는 경남 1,650명, 경북 473명, 전남 408명, 충남 110명, 강원 54명, 황해 50명, 함경남도 32명, 전북, 19명, 함북 5명이다.

제주 해녀는 조업시(助業時) 해안에서 멀리 떨어져 테왁을 이용해 분동을 사용하지 않고 깊이 잠수할 수 있다. 이 때문에 분동 해녀처럼 배나 사공이 필요 없다. 따라서 채취 비용이 싸고 생산성과 효율성이 높다. 일본 이세(伊勢) 해녀는 1개월 조업 중 일주일 밖에 견디지 못하는 데 비해, 제주 해녀는 15일간이나 조업이 가능하고 하루 조업 시간도 월등히 길었다. 이렇게 조업 시간이 길고 임금은 낮다는 강점 덕분에 1929년 이후 한반도에서 일본 이세(伊勢) 해녀들을 완전히 몰아냈다고 한다.

그러다 보니 제주 해녀와 출가지(出嫁地) 현지인 간에 크고 작은 마찰이 생겨났다.

절해고도인 전남 무안군(務安郡) 흑산도(黑山島) 주민이 제주 해녀의 침습으로 생계를 일케 되엇다 함은 긔보한 바어니와...주민 오십칠명의 련명으로 십칠일 오전에 조선총독에게 진정서를 뎨출하얏는데 그 진정서의 내용을 보면 태상도와 태중도(苔中島) 주민 사백여 명은 순전히 바다 속에서 채취되는 텬초(天草)로 겨우 호구하야 가는데 제주도 해녀가 일본사람의 발긔로 해녀조합을 만들어 가지고는 그것을 빙자하야 해마다 흑산도를 침습하야 도민이 채취하든 해산물을 모조리 캐어감으로 여러 번 분쟁이 일어낫스나 림장하는 경비선들은 돌이어 조합 측을 옹호함으로 호소할 길이 업서 총독부에 진정하는 것이라더라 (동아일보, 1928.5.19.).

제주 해녀의 일본 출가가 활발해진 계기는 무엇보다 1924년 일본 직항로 개설이라 할 수 있다. 이 당시 제주 해녀는 주로 기선(汽船)을 이용하여 출가하였는데, 기선에 의한 일본 본토 출가는 쓰시마를 제외하고 모두 대판을 경유하였다. 당시 대판 제주간 항로는 조선우선(朝鮮郵船), 니기기선(尼琦汽船), 녹아도상선(鹿兒島商船) 등 3개 회사 선박이 경쟁적으로 여객을 실어 날랐다. 이 기선들은 제주 해녀들을 가장 값싼 운임으로 중간에 모지, 시모노세키 등지에 기항하지 않고 일본 내륙까지 실러다 주었다. 이후 제주 해녀들은 철도로 일본 내 최종 목적지로 이동할 수 있었다. 제주 해녀의 일본 진출은 김녕 사공 김병선이 해녀를 고용하여 동경 미야케지마 지역에 출가하여 조업하였던 사례가 최초이다. 1932년 당시 동경 미야케지마에 240명 해녀가 고용되어 작업했다.

제주 해녀가 육지나 타 지역으로 출가하려면 관계 당국 허가를 받고 출가증(出嫁證)을 얻어야 했는데, 이를 위해 1인당 3원씩을 납부했다.

1937년 제주도세요람(濟州島勢要覽)에 의하면, 일본 출가 해녀는 1,601명이다. 지역별로 대마도(對馬島) 700명, 정강(靜崗) 265명, 동경(東京) 215명, 고지(高知) 135명, 장기(長崎) 65명, 록아도(鹿兒島) 55명, 천엽(千葉) 51명, 덕도(德島) 10명, 도근(島根) 10명 등이다. 이들 중에는 출가 이후에도 계속 일본에 정착하는 경우가 있었다.

이외에 제주 해녀는 블라디보스토크에 물질을 갔고 칭따오에 80여명 물질 나갔다. 이들은 5월에 칭따오로 가서 8월 추석 전에 고향에 돌아왔는데 평균 300원 정도 수입 올렸다고 한다(당시 소학교 교사 봉급 40원).

1929년 당시 제주 도내 해녀 7,300명이 도내 연안에서 채취활동으로 약 25만엔을 벌어들인 데 반해, 일본에 출가물질 갔던 해녀 3,500명이 40만원을 고향에 송금했다. 이처럼 일본으로 출가한 제주 해녀의 소득이 매우 높았던 것으로 보인다.

사위(四圍)가 망망한 대해임으로 무진장의 해산물이 있는 보고(寶庫)이다. 해안선에 연(沿)하야 거주하는 자는 거개 어업에 종사함으로 그 산액이 불소하며 본도 명물인 해상여왕(海上女王) 해녀는 비등(比等) 수산계에 막대한 공로가 유한 자이다(동아일보, 1926. 10.27.).

1900년 이전까지만 해도 제주 경제는 고립상태였으며 자급자족 수준으로 도내 상업활동이 활발하지 않았다. 외부 교류는 물론 제주 지역 간 교류도 활발하지 못했다. 상품교환, 정보교환, 인적교류 등 변동에 영향을 줄만한 계기가 없었다. 이 분위기를 변화시킨 요인이 바로 '해녀 물질'이다. 일본 무역상 등장으로 해산물 수요가 증가하고 이로 인해 해녀 생산물인 해산물 경제적 가치가 상승하기 시작했다. 해산물 환금화, 현금 수입 증대가 제주 경제의 초석이 되었다고 보아진다. 해산물 가치 상승은 해녀노동을 위주로 하는 해안지대 경제활동을 활성화시켰고, 나아가 제주 도내의 촌락 이동을 초래했다. 원래 한라산 중산간지대는 넓은 토지와 보유한 축력을 기반으로 하여 부와 인구부양력이 가장 높았다. 그러나 점차 도내 교역 발달하게 됨에 따라 해안지대로 '부(富)의 집중' 현상이 나타나 이쪽으로 마을 이동이 심화된다.

해녀노동으로 인한 제주지역 농가 경제력 상승은 제주 농촌 유휴 노동력 기반을 확장시켰다. 아울러, 교통 발달로 이미 육지 출가노동이 이루어지고 있던 해녀와 농촌 노동력이 일본으로 대규모 이동하였다. 당시 농촌 노동자 도일은 규모나 질적인 면에서 제주 사회를 변화시켰다. 대규모 도일로 제주 도내에서 노동력 부족으로 인해 임금이 상승했다. 또한 남아있던 노약자 혹은 여성들에게 노동 강화를 초래했다. 이로 인해 노동력 투하방식이 변환되어 재배작물이 변화되었다. 기존 곡물 중심 재배에서 환금작물 재배가 확대된 것이다.

도일 러쉬가 이어지면서 제주 도민 송금이 도내에 유입되기 시작했다. 그 규모는 당시 일본과 이출입 구조에서 이입 초과분을 상쇄시키고 남을 만큼 이었다 물론 도일 도민 임금은 현지 수준에서는 열악한 형편이었지만 내핍 생활을 통해 어느 정도 저축이 가능하였던 것으로 보인다. 이렇게 송금된 현금의 가치는 일본 현지보다 제주 농촌에서 훨씬 높았다. 이 덕분으로 제주 농가에서 현금 보유를 점차 늘여갈 수 있었다. 이러한 현금 보유 증가는 구매력 신장과 소비 확대로 이어졌고 자연스레 소비 형태를 변화시켰다.

서울서 산 표 한장으로 해녀의 나라에!

바다의 조선명소로 제주도 등장
명미(明媚)의 다도(多島)와 탐라(耽羅)의 고국(古國)
철도국(鐵道局)서 관광을 선전

삼신산의 하나로 유명한 영주산(瀛洲山)이란 탐라고국 제주도(耽羅古國 濟州島)를 조선의 새로운 관광지로서 인식하게 되어 철도국에서는 제주도 관광의 연락활인(聯絡割引)을 사월 일일부터 하기로 결정하야 근간 그 관광일정 여비 등을 발표하기로 되엇다. 이리하야 새로운 관광명소로서 소개될 제주도는 구화산구(舊火山口)를 둘러 폭포 삼림 등이 선창으로부터 일반 관객의 눈에 명미하게 비칠 터이고 제주로 가는 연해의 다도해 풍경이야말로 새로 해중 조선의 맛을 일반이 새삼스럽게 맛보게 되리라 한다(동아일보, 1935.3.2.).

서울서 산 표 한 장으로 해녀(海女)의 나라에!
철도(鐵道)와 제주도간 교통편리
오는 사월 일일부터 조선기선의 목포 제주도(목포 제주도)간의 항로와 철도국선의 좌기 각 역간의 려객급 수하물의 련대 수송이 개시되기로 되엇는데 이로써 경성정거장에서 "제주도 차표 주시오" 소리를 할 수 잇게 되엇고 또 표 한번 사면 다른 번잡이 없게 되어 퍽 편리케 되엇다.
호남선과 광주선 각역, 경성, 용산, 영등포, 수원, 천안, 조치원, 대전, 전주 등 각역으로서 제주도간의 려객 운임은 삼등 구원 구십 사전, 이등 십육원 칠십 오전이다. 시간은 매기

숫일에 목포를 오후 칠시에 떠나 제주도는 그 이튿날 오전 삼시반에 닷고 제주도는 우숫일 오전 구시에 떠나 오후 오시에 목포에 닷는다(동아일보 1935.3.24.).

• 제주도 한라산 탐승단원 모집

혹독한 더위가 장차 박도함으로 불구에 학교에서는 방학을 하고 세상에서는 업을 쉬고 더위를 피하랴 산으로 바다로 향하게 되엇다. 산으로는 금강산 바다로는 원산 인천 등도 잇거니와 그보다도 교통이 불편한 관계로 세상 사람의 발자최가 희한할 남도의 비경(祕境)인 제주 한내산(漢拏山)을 탐승하는 것도 물론 의의가 잇다.

제주로 말하면 멀리 떨어저 잇는 고도(孤島)인만치 특별한 경우가 아니면 졸연히 가볼 수 업슬 뿐 아니라 단독으로는 비용도 만히 되는데 본보 인천지국에서는 긔업동맹긔선부(企業同盟汽船部) 인천지부에 특별교섭하야 선임(船賃)과 식비를 특히 싸게 하야 왕복 전부 비용이 보통사람은 이십 일원 학생은 십삼원 보통 비용의 삼분의 일이면 족하게 되엇다(동아일보, 1931.7.2.).

제주도 시찰일정은 다음과 갓다 한다.

칠월 이십이일 오후 인천 출항
　이십삼일 목포 착상륙 시찰
　이십사일 목포 출항
　이십오일 제주 도착 도일주
　이십육일 서귀포 착상륙(着上陸)
　이십칠일 이십팔일 이십구일 한라산 탐승(探勝)
　삼십일 제주성내 시찰
　삼십일일 제주서 정구 등 경기
팔월 일일 산포조어(山浦釣魚) 해녀작업 시찰
　이일 명승고적 시찰
　삼일 용연선유(龍淵船遊)
　사일 제주 출항
　오일 오후 인천 귀착(歸着)(동아일보, 1931.7.15.).

제주도송(濟州島頌)
　여름밤 꿈꾸듯이 다녀온 제주도건만 사흘 지나 닷새 돼도 잊혀지지 안하 애를 씁니다. 섬이라 제주 땅은 곱고 고운 꿈의 나라울도 문도 없는 초인(超人)들의 살림터라 네 것 네 것이 우리 것이니 금처서 안 가린 듯 그 뉘라서 탄하리.
　늙은 꾀꼬리 목쉬어 내천(川)찾을 때 밭갈이에 지친 아낙네 점북따러 포구(浦口)로 가네. "이러러" 말새끼야 조밟이도 끝낫으니 천지연(天池淵) 물마시고 거듭 철에 오려므나 거울면(面) 같은 산지포구(山池浦口)에 매엿던 목선(木船)이여 섬 색시 머리처럼 부드러운 한라산맥 노송 욱어진 기암유곡(奇岩幽谷)을 나려 패는 정방폭(正房瀑)의 물소리가 눈감아도 보이듯 귀막아도 들기는 듯.
　한라산록(漢拏山麓) 소요(逍遙)하든 고삐없는 말의 떼 "우러러" 말 부르는 농군(農軍)네의 애타는 소리 못 듣는가 나믈 마소 저물 소리에 들리겟소.
　뜨는데도 성산(城山)바다 지는 곳도 사라봉(沙羅峯)이라거니 햇님아 재촉마오. 한라산이야 못 넘으리 비포(琵浦) 아가씨네 해삼(海蔘) 광주리 텅 비엇으니 백록택변반송(白鹿澤邊盤松)우에 쉬엄쉬엄 땀 드려 가오.
　산에 물에 놀다온 나이건마는 간 듯도 안간 듯도 갈피 못 차려 애를 씁니다. 뭇노니

꿈속의 나라 제주섬이어 내 그대 찾앗음여 생시런가 꿈이런가?

(이무영 李無影, 동아일보, 1935.7.12.).

산지포(山地浦), 용연(龍淵)의 절경(絶景)과 삼사비(三射碑)

삼성혈을 보고 돌아서려니 흐렷던 날이 금시에 바짝 들며 해가 쨍쨍 나려 쪼인다. 서문교(西門橋)를 지나서 공자묘를 구경하고 다시 밭이랑을 타고 해변으로 나가려니 노송가지 사이로 무엇인지 뻔쩍 한다 물이다.

아, 이토록이나 맑은 물은 어다 잇으며, 물이면 물이엇지 이토록이나 잔잔한 수면이 잇을 수 잇을까? 이것은 달 밝은 밤, 제주도 시악들의 목욕터라는 용연(龍淵)이다. 수면까지 삼사십척이나 되는 절벽이 양쪽 언덕이 되고 그 사이를 수은같이 맑은 물이 흐른 다아. 그러나 이 물을 그 누가 흐른다 할 것인가? 잔물살 한줄없는 물속에서는 가끔 잉어의 허연 뱃대기가 번적인다.

용연은 인간이 상상할 수 있는 최고의 괴벽(怪癖)을 다하야 만든 석함(石函)이다. 천태만상의 기암(奇巖)이 변두리가 되어 잇는 것도 장관이려니와 그 기암절벽 틈을 파고난 반송(盤松)이 거울 속 같은 물에 비치어 물속의 해송(海松)이 절벽에 비치엇는지 절벽의 반송이 물속에 비친 것인지 분간키 어려울만하다. 아람드리 노송에 등을 기대고 가마니 물가에 앉앗으려니 세상만사는 잊히는 듯 물러가고 조름만 포옥포옥 쏟아지네. 구렝이도 십년에 용되엇다 하거늘 용연에 몸 닦고도 지은 죄 못 벗으랴. 잉어인지 꼬리로 물살 지을 때야 현긔가 나네, 이 몸도 용되어 오르는가 하엿소.

산지포구(山地浦口) 여관으로 돌아온 것은 한시, 간단한 오찬을 마치고 자동차를 달리어 삼사석비(三射石碑)를 찾앗다. 이 삼사석비는 탐라국의 시조 고을나 부을나, 양을나 세분이 서로 도읍을 다투다가 이 삼사석비가 선 곳에서 활을 쏘아 자긔의 화살이 떠러진 곳에 자긔의 도읍을 정하기로 하고 활을 쏜 바로 그 지점이라 한다. 삼사석비를 지나니 왼편에는 바다요, 오른편에는 편한 평야다.

사긔(史記)에 의한다면 피란 다니든 몽고족(蒙古族)이 제주도에 와서 영주(永住)하게 된 일이 잇다고 한다. 그래 그럼인지 제주도 농민들의 밭갈이 광경은 그게 통이 몽고족과 같은 데가 만타. 수십필의 말을 몰아서 조밭 밟이를 하는 것도 일즉이 보지 못한 광경이려니와 고삐도 없는 말의 떼가 편한 들판을 어슬렁거리는 풍경은 제주도 아니고는 찾아볼 수 없을 것이다.

해가 어스름만 하여도 마소(馬牛)를 오양 속에 가두고 대문을 첩첩히 닫는 것이 오늘날의 우리 농촌이오 세계 각국의 풍속이다. 그러나 제주도의 농민들은 이와 꼭 반대다. 해가

질 무렵이면 마소를 집에서 몰아 들과 산으로 내보낸다. 들이나 산에 가서 자고 해 뜨거던 다시 들어오라는 것이다. 호박닢 한나를 가지고도 네 것이니 내 것이니 싸우는 것이 세상의 상태거늘 마소에 굴레도 안 씨우고 고삐도 매지 안흔 나라가 어디 잇을 것인가? 물론 이것은 이십사만의 도민 중에 거지는 또 한사람도 없다는 제주도민들의 생활안정에서 온 미풍(美風)이겟지마는 그 천성이 그만큼 아름답지 못하다면 이때껏 말목에 고삐가 매어지지 안핫을리가 만무할 것이다(이무영 李無影, 동아일보, 1935.8.4.).

제주도는 물의 나라, 폭포의 나라다. 한라산맥에서 흘러 나린 백사십여개의 고고만외, 그 뫼를 흘른 수천 골작, 옛날의 분화구엿던 산상의 백녹담(白鹿潭)에서 새어 나린 물줄기는 혹은 계류가 되어 섬처녀들의 목욕터가 되고 혹은 모디어 수심 수백척의 호수가 되엇다. 직경 삼사십척이 물확을 채운 옥수는 지세따라 폭포가 되어 산채캐던 처녀들의 목말도 시켜준다.

● 천지연폭포(天地淵瀑布)

이 허다한 폭포 중에서도 천지연(天池淵)은 폭포의 나라 제주도에서도 이름난 폭포다. 서귀포(西歸浦) 어촌에서 런넬 처럼된 산골을 타고 □□으로 이삼정 들어가면 벌서 획을 내려 패는 물소리가 산뿌리를 잡아 흔든다. 골작에 들어서니 때 아닌 안개가 자옥하여 십여척 거리에 선 사람이 얼굴까지 몽롱하고 금시에 옷이 눅눅하게 적어버린다.

물확의 주위는 한 백척 가량이나 될까? 확안에 솟은 바위도 물에 못 견디는 듯 잠겻다 솟앗다 담방구질을 한다. 인가에서 육, 칠정이고 보니 인축(人畜)의 소리를 들을 길도 없거니와 그 울창한 밀림 속이건만 새소리 한마디 안들린다. 천지연은 사람에 따라서는 비련폭포(悲戀瀑布)라고 부르는 사람까지도 생기게까지

산채캐던 섬처녀와 편발의 초동
들이 애틋한 연정을 정산한 사건
이 한두번이 아니라 한다(이무영
李無影, 동아일보, 1935.8.5.).

해녀로 유명하여 장가만 들면

해녀(海女)로 유명하야 장가만 들면 사내는 놀고먹는다는 남해의 거도(巨島) 제주도는 이번의 국세조사 결과 인구 이십만 팔천 삼백 이십오인 중 남자는 구만 육천 이백 십사인에 불과한데 여자는 십일만 이천 일백 십일인으로 넘치기가 일만 오천 팔백 구십칠이다(동아 일보, 1930.12.19.).

1911년 제주지역 총호수는 37,130호, 총인구는 156,778명이다. 이 중 남자는 83,801명, 여자는 72,977명이다. 그러나 1912년은 총인구 17,0568명으로 이 중 남자는 84,112명이며 여자는 86,456명으로 여초(女招)현상이 나타났다(1911년 인구조사 결과에 의문이 재기하는 주장도 있음). 30년이 흐른 1941년 제주지역 총인구는 216,081명으로 30년간 59,303명이 증가한 것으로 나타났다. 이후 1946년 총인구는 271,379명이다. 불과 5년 만에 55,298명이 증가했던 것이다. 이는 해방 이후 일본 등 타지에서 거주하다 고향으로 귀환한 제주 도민이 급격히 늘어났기 때문이다(해방 이후 추자도가 제주도로 편입되는 등 행정구역 조정이 부분 원인이라고 주장하는 견해도 있음). 이를 종합하면, 45년 동안 제주지역 인구는 총 114,601명이 증가했는데 이는 연평균 1.4% 증가한 것이다.

인구 밀도는 일반 인구 111명, 농업 인구 117명으로 다도해(多島海) 지역 207명에 비해 인구 밀도가 낮은 편이다. 인구 세대별 구성을 보면 1917년 5.0명으로 육지지역 5.4명과 비교해 별 차이 없다. 하지만 이후 점차 감소하여 1934년 3.9명, 1936년 4.0명으로 줄어들었다.

성별 인구를 살펴보면, 여자가 많다. 남녀 인구 차이는 1920년까지 일정하다가 1921년부터 1923년까지 줄어들었고 1925년 이후 다시 벌어졌다. 이러한 현상은 제주 도민의 도일(渡日)과 밀접한 관련이 있다. 도일 초기에는 남자들이 많았기 때문에 성별 차이가 급격히 벌어졌다. 그러나 도일이 심화될수록 가족 단위나 여성이 많아졌기 때문에 남녀 인구 차이가 유지되었던 것으로 보인다.

1928년부터 1936년 사이 세대 인구 지역별 추이를 보면 제주, 한림, 모슬포, 서귀포, 성산포 등 항구를 가진 신흥 읍지역 인구는 증가했지만 농촌지역 인구는 감소하고 있다. 신흥 읍지역으로 인구가 집중되고 이로 인해 농촌지역 인구는 감소했다.

〈제주도의 인구변화〉

연도	호수(戶數)	인구수		
		남	여	계
1911	37,130	83,801	72,977	156,778
1912	37,156	84,112	86,456	170,568
1913	39,867	93,331	95,591	188,922
1914	39,876	96,731	97,170	193,901
1915	40,573	99,330	101,514	200,844
1916	40,524	99,457	102,615	202,072
1917	40,617	101,374	103,041	204,415
1918	40,656	99,762	103,647	203,409
1920	42,531	97,999	102,585	200,584
1921	41,893	97,834	101,843	199,677
1922	40,432	96,953	101,046	197,999
1923	41,238	104,044	104,974	209,018
1924	42,734	106,429	108,115	214,584
1925	48,865	95,280	109,034	204,314
1926	45,394	101,033	108,808	209,518
1927	44,822	100,840	109,668	210,508
1928	42,462	98,956	105,464	204,420
1931	47,258	91,410	102,200	193,610
1935	48,124	91,412	106,131	197,543

연도	호수(戶數)	인구수		
		남	여	계
1936	47,682	91,308	103,970	195,278
1937	48,499	93,759	105,983	199,742
1938	49,264	94,817	107,424	202,241
1939	49,988	95,909	108,741	204,650
1941	51,580	99,983	116,098	216,081
1946	54,041	127,701	143,678	271,379

자료: 濟州道(1995), 「朝鮮總督府官報中 濟州錄」, pp. 481~489.

　　　전라남도내의 인구를 지난 십월 일일 국세조사에 의하면 인구수 이백오십만 육천여명이
라는 바 이것을 남녀별로 보면 남자 일백이십오만 사천명이라고 하며 여자 일백이십오만
이천명이라는데 이것을 소화 오년의 국세조사 당시에 비하여 보면 실로 십칠만 사천여명이
증가되엇으므로 매 일년에 평균 삼만 사천명씩이 증가되엇다고 한다. 그리고 이것을 다시
부군도별로 보면 목포부(木浦府) 육만여 명 광주부(光州府) 오만 삼천여 명이라고 하며
제주도의 이십여 만 명이 제일수이며 구례군(求禮郡)의 오만여 명이 가장 소수이라고 한다
(동아일보, 1935.11.15.).

　　한반도 전체로 보면, 근대적 위생관리법 도입 이래 사망률이 크게 하락하여 20세기
초 연평균 인구증가율이 1%를 넘어섰다. 제주지역은 육지지역보다 낮은 인구증가율을
보이고 있다.

〈제주도와 전국의 인구증가율 비교(1913~1943)〉　　　　　　　　　　　　　　　　(단위 : %)

기간	제주	전국	기간	제주	전국
1913~1918	8.11	10.07	1928~1933	-7.62	8.24
1918~1923	2.78	4.49	1933~1938	7.22	7.31
1923~1928	-2.06	6.99	1938~1943	9.60	11.17

　　일제 강점기 제주지역 인구변동은 일본으로 노동력 이동, 즉 제주 도민의 도일(渡日)과
밀접한 관련이 있다. 1927년 이후 인구 감소와 1937년 이후 인구증가 현상이 이를 말해준

다. 1926년부터 1936년에 걸쳐 제주지역 인구는 8,835명 감소하였다. 이는 도일 제주 도민이 증가했기 때문인 것으로 보아진다. 그러나 일본 도항억제(渡航抑制)정책으로 도항자가 줄고 제주로 귀환하는 인구가 증가하여 1936년 제주지역 총인구는 다소 증가했다. 이처럼 제주지역 인구변동 폭은 1922년부터 시작된 제주 도민의 도일 규모에 의해 결정되었다. 일반적으로 제국주의시대 식민지와 본국 간 경제적 관계는 생산요소(노동력)의 지역적 이동이라 할 수 있다. 소득이 높은 본국으로부터 소득이 낮은 식민지로 자본유입이 나타나고 역으로 소득이 낮은 식민지에서 본국으로 노동력이 이동한다.

  방금 일본 대판(大阪)에 거주하는 조선인의 수효는 무려 십만명에 달한다 함은 류차 보도되어 이미 다 아는 바이지 만은 그 십만명 속에는 근 팔만명이란 동포가 모가 제주도로서부터 온 사람들인대 매월 이만이나 되는 다수한 조선인이 제주도에서 대판까지 왕래(조선일보, 1929.9.14.).

이를 1930년대 제주지역 농촌경제에 적용시켜 보면 어떤 해석이 나올까?

당시 대대적으로 이루어졌던 농촌 노동력 이동은 제주 도내 임금 상승을 자극하였을 가능성이 있다. 이에 대한 증거들은 많지 않다. 이것은 당시 제주지역 농촌 임고(賃雇)가 활발하지 않았고 도일한 농촌 노동력 대부분이 유휴 노동력이기 때문이다(유휴 노동력이란 그 노동력 부재로 인해 광범위한 생산력 저하 현상이 나타나지 않는 경우를 말함). 오히려 제주 도민의 도일이 활발했던 1930년대 제주지역 농촌 농업생산력이 증가했음을 입증시켜 주는 근거 자료들을 쉽게 찾을 수 있다. 이것은 당시 제주지역 농촌에 부분적으로 나타났던 광작(廣作)현상과 수확기에 불어 닥치는 태풍 피해를 덜 받는 뿌리작물(고구마) 재배 확대에 기인한 것이라 여겨진다.

1946년 인구가 급격히 증가한 것은 해방이 되자 일본에서 많은 제주 도민이 귀향한데에서 비롯된다. 그리고 여기에 나타나지 않지만 1943년 이후 인구증가는 일본군이 대거 내도했던 것에서 비롯된 것으로 전쟁 패색이 짙어진 일본이 제주도를 최종 방어기지로 정하고 대규모 병력을 제주도로 이주했기 때문이다.

감태

감태(甘苔)는 제주도 청정 바다 일대 수심 5~10m 내외 깊은 곳에 서식하는 다년생 해조류로 소라와 전복의 먹이다. 감태는 요오드, 칼슘, 비타민 B1, B2가 풍부하며, 인체에 해로운 산(酸)을 없애주고 니코틴을 해독, 중화시키는 효과가 있다. 또한 후코이단과 폴리페놀 성분을 함유하고 있다. 항산화, 항암, 항염, 노화억제 및 고혈압 억제, 자외선 차단 및 미백효과가 있어 요즘 새롭게 각광 받고 있다. 일제 강점기 때 감태는 화약 원료로 사용되는 중요한 군수물자였으며 간식인 양갱을 만드는 데 필요한 해조류였다. 이 때문에 감태 구입과 가공을 위해 많은 일본인들이 제주에 진출했다.

감태(甘苔)는 수심 2미터에서 10미터 사이 암초에서 군락을 이루며 자라는 갈조류로 남해안과 제주도, 일본 규슈 북부와 혼슈 중부 태평양 연안에 분포한다. 특히 한류와 난류가 교차하는 지역에서 잘 자라며 전복의 최고 먹이로 치는 해초이다.

감태는 전도 연안 어디에나 자라는데 동해안에 특히 많고, 그 생산량이 많은 것은 우도 (牛島)이며 품질이 양호한 것은 가파도(加波島)이다. 본디 도민들은 이를 채취하지 않았지만 일본인들이 건너와서 사들이면서부터 이를 다소 캐게 되었고 그 뒤에 성산포(城山浦)에 한국물산회사(韓國物産會社)가 설립되어서 옥도(沃度) 제조업을 시작, 당시 목사에게 그 채취를 장려한 결과 한때는 그 채취가 매우 왕성했다(한국수산지 제3집, 1911).

감태는 보통 7월에 작업한다. 제주에서는 춘궁기 때 식량이 모자라 잡곡끼리 혼합하거나 잡곡과 채소 혹은 잡곡과 해조류 등을 같이 섞어 밥을 지어 먹었다. 예를 들면 보리와 조, 보리와 팥과 조, 조와 고구마, 보리와 채소(무, 쑥 등), 보리와 해조류(톳, 감태, 너패) 등이다.

제주도 마을 해녀들은 바다로 헤엄쳐 나가 감태를 딴다. 해녀들은 약 4m에서 10m 까지 물속으로 들어가 따낸다. 우량(優良) 감태는 수심 12~13m 까지 들어가 따내기도 한다. 1척의 테우에 남자 1명, 해녀 2~3인이 동승한다. 남자는 배의 진퇴를 조절한다. 해녀들은 '망사리'가 달린 '테왁'을 짚고 나가 '눈(水鏡)'을 쓰고 잠수해 '정게호미'로 '감태'를 딴다. 이것을 테우에 싣는다. 배에 가득 차면 육상으로 올려놓고 말린다. 테우는 물론 풍선으로도 감태를 딴다. 1개월에 해녀 한 사람당 채취량은 약 100관 정도다〔코가네마루히로요시(小金丸汎愛),「해조생산조사(海藻生産調査)」,『조선휘보(朝鮮彙報)』, 1916.12.).

일제가 이처럼 감태를 적극적으로 이용한 데는 태평양 전쟁과 관련이 깊다. 감태를 원료로 가공한 일부는 의약품으로 쓰고, 나머지는 칼륨으로 가공했다. 칼륨은 염산칼륨으로 화약 원료가 된다. 산화력이 세고, 유기물, 붉은인, 황 등과 함께 가열시키면 폭발하는 것으로 알려지고 있다. 성냥, 불꽃놀이용 화약, 폭약 원료로 쓰일 뿐 아니라 표백제, 염료, 의약품 제조에도 쓰인다.

감태는 제주도 특유의 것으로 켈프(kelp, 불에 태운 재로 도포탄 搗布炭)라고도 하며 옥소(沃素의 원료)로 해서 연산(年産) 1백2만7백90근, 감태는 제주 연안에 있어서 가장 풍부한 해조류인데 수요와 시장의 시세에 따라 생산은 신축자재(伸縮自在)이다. 최우량품을 내는 곳은 우뭇가사리와 거의 일치하여 구좌면 하도리로부터 정의~동중면 표선리에 이르는 관내이며 그 밖은 표착(漂着)감태이다.

켈프는 1백근 80전 정도로 옥소(沃素)회사가 사들인다. 표착 감태의 제품비율은 이틀째가 59%, 사흘째 39%, 나흘째 28%, 닷새째 27%, 엿새째 26%, 이레째 25%, 여드렛째 19%, 아흐렛째는 현저히 감소하여 8%, 열흘째는 7%라는 비율로 감소한다.

제품비율(保留, 가공했을 때의 원료에 대한 제품의 비율)은 계절에 따라 달라지며 3월부터 8월에 이르는 봄, 여름 때가 비율이 높다. 정제옥소(精製沃素)는 조선옥도주식회사(朝鮮沃度株式會社)의 손으로 만들어진 것은 일본옥도주식회사(日本沃度株式會社), 홍영옥도

주식회사(興永沃度株式會社)의 것은 대판지점이나 기후(岐阜)의 대환제약회사(大桓製藥株式會社) 등으로 이송된다. 근간 제주해녀조합에서 옥소제조공장(沃素製造工場)의 설립을 계획하고 있다(마스다 이치지, 제주도의 지리적 연구, 1930년대).

1894년 청일전쟁과 1905년 러일전쟁 즈음 일제는 감태 증산(增産)을 적극 장려했다. 이 때문에 일본 내 대량 생산이 이루어 졌다. 그러다 유럽으로부터의 수입이 줄어들어 일본 내 생산량이 한계에 봉착하자 일제는 감태 생산을 위해 제주도 성산포와 서귀포에 공장을 설립했다. 육군성과 농상무성 하달을 받은 일본인 이시하라(石原)는 4,000톤의 감태 납입량을 채우기 위해 제주에 공장을 세웠던 것이다. 이때부터 제주에 '감태물에'라는 말이 생겨났다. '구젱기물에' 역시 마찬가지이다. '구젱기(소라)'는 일본 국방성이 군수물자를 안정적으로 확보하려고 제주에 소라 통조림 공장을 세우기 시작하면서 등장한 말이다.

1916년 유럽대전 덕택에 지금까지 비료로 밖에 써먹지 못했던 감태 시세가 점점 상승해 반출액(搬出額)이 십 수만 원을 웃돌았다. 거기다가 전년의 보리, 조 농사도 먹고 남을 만큼 풍작이었기에 거지는 아주 자취를 감췄다. 1917년, 차츰 경기가 좋아진 제주도는 새해에 접어들면서 감태 시세가 더욱 상승, 해녀들이 해산물을 채취하려고 바닷물에 드는 것을 '물에'라고 한다(미개의 보고 제주도 未開의 寶庫 濟州島, 1924).

일제 강점기 성산포 제1감태공장과 더불어 옹포리 감태공장이 유명하다. 해녀들이 감태를 작업해 말린 후 불에 태운 재를 공장으로 가져오면, 그 재를 물에 담가 원액을 뺀 후 다시 끓인다. 계속 끓이면 물이 누렇게 되는데 이 물에는 소금, 염화가리, 요드가 들어있다. 처음은 소금 염화가리가 나오고, 계속해 이틀 정도 더 끓이면 요드가 나온다. 이 요드가루를 알콜에 풀면 옥도정기가 되는데 이것을 일본이나 제약회사에 판매하였던 것이다.

감태는 본도 도처에서 산출되지만 해류의 속도가 빠른 가파도, 우도 방면이 가장 많다. 대정 4년(1915년)에서 8년(1919년)까지 내지인 옥도(沃度) 제조업자가 경쟁적으로 매수해서 연액(年額) 30만엔(円)이나 산출된 적이 있었다(미개의 보고 제주도, 1924).

당시 한림읍 옹포리에 있던 다케나카 통조림공장에서 화약 원료가 되는 감태와 정어리를 강제로 공출(供出)했다. 우에무라 제약회사(감태공장)는 해조류인 감태를 화학적으로 분해해 군수용 염화가리와 의약품인 요오드(옥도정기)를 생산했다.

1938년부터 일제는 중일(中日)전쟁을 위한 전시체제에 돌입하자, 전쟁 수행에 필요한 각종 군수물자 징발 즉, 공출에 혈안이 되었다. 당시 제주지역 공출 품목은 감태를 비롯해 20여 종으로, 보리, 벼, 절간고구마, 면화, 잠사(蠶絲) 등과 목탄(木炭), 장작, 우마(牛馬) 목초(牧草), 미역, 야생(野生) 저마(苧麻), 백동(白銅), 청동(靑銅), 화루, 유기(鍮器)그릇 등이다. 이조차 부족했던지, 1944년 일제는 감태 채취를 위해 제주 해녀를 동원하기에 이르렀다. 2017년 KBS제주방송에서 이를 역사 다큐멘터리로 제작 방송한 바 있다.

• 제주해녀와 감태, 제주특별자치도

월정리 멸치 풍산

1930년대 소화(昭和) 대공황으로 인해 일본 경제 전체가 송두리째 휘청거리고 있었다. 미국을 중심으로 한 세계경제 역시 '블랙 먼데이'를 기점으로 경제 대공황(大恐慌) 소용돌이에서 허우적거렸다. 그런 와중에 제주도 어느 한 마을에서는 멸치 풍년으로 호경기를 누리고 있었다.

경제공황으로 방방곡곡에서 별별 참극이 연출되는 이때에 구좌면 월정리(舊左面 月汀里)에는 멸치(鰯) 풍산(豊産)으로 외지로부터 약 삼만원의 돈이 드러와서 전무후무한 호경긔를 이루웟다고 한다(동아일보, 1932.11.11.).

예전부터 멸치어업은 제주지역 수산업 중 중요한 부분을 차지했다. 19세기 이전 제주에서는 연안에 석제(石堤, 원담)을 쌓아 밀물 때 바닷물과 함께 들어왔다가 썰물 때 미처 빠져나가지 못해 원담 안에 남아 있던 멸치를 당망(攩網)으로 건져 올리는 방식으로 멸치를 어획했다. 원담은 고기가 올라 올만한 곳에 높이 5~6척(尺), 너비 2~3척, 직경(直徑) 1척 가량 돌을 올려 쌓아 담으로 둘러싼 것이다. 원담 안에 멸치가 들었을 때 마을 남녀노소 모두 구물을 어깨에 지고 원담 안에 들어가 직경 1장(丈) 2척, 깊이 5~6척, 자루길이 2장2척 가량 당망으로 멸치를 건지거나, 표주박으로 구물 속 멸치를 건져 올렸다.

원담은 개인이 쌓는 경우도 있었으나('모(某)생원원'이라 불리는 원담) 대개는 3~4명이 공동으로 쌓고 공동으로 소유하였다. 원담 안에 고기가 많이 들었을 때 소유자 혼자 이를 어획했지만 보통 때는 누구나 자유롭게 잡게 하고 그 어획고 중 1/3만을 징수했다. 원담 한쪽에 작은 입구를 트고 혹은 암석이 돌출하여 소만(小灣)을 이루고 있는 곳에 멸치가 들 때를 노려 그 입구를 구물로 막아 당망으로 어획했다. 구물은 면사(綿絲)로 만들고 너비 5~6심(尋, 1심은 여덟자), 길이는 장소에 따라 일정하지 않다. 주로 암초가 많은 연안에 이 어법(漁法)이 행해졌다.

제주도에서 생산되는 멸치는 정어리, 샛줄멸, 눈퉁멸이다. 그 중에서 정어리가 가장 많이 잡힌다. 매년 무리를 지어 섬 동쪽으로 들어와 여기서 다시 두 갈래로 나뉘어 하나는 북안(北岸)으로 가고 다른 하나는 남안(南岸)을 따라 서하(西下)해 간다. 샛줄멸은 4, 5월, 눈퉁멸은 6, 7, 8월, 정어리는 8, 9, 10월에 잡힌다. 치어(稚魚) 포획이 가장 적고 중간치 멸치는 가장 많다. 자주 큰 멸치 풍어를 이룬다.

도민들은 연안에 석재(石堤, 원담)를 구축, 만조 시 들어온 것들을 미명(未明)에 횃불을 밝혀 '족바지'로 건져 올렸는데, 내지인이 들어와서 마른 멸치를 사들이게 됨에 따라 차츰 규모가 큰 어구를 사용하게 되고 마침내는 상당한 발달을 가져와 본도 어업의 으뜸을 점하

• 원담

게 되었다.

가장 성대했던 시기는 명치 40년(1907년)경에서 5,6년간으로 연안 곳곳에 내선인(內鮮人)이 멸치 착박공장(搾粕工場)을 건설했었으며 대지예망(大地曳網) 대형 방진망(防陳網), 선진망(旋陳網)등을 보기에 이르렀다.

일본인 자본가는 조선인 어업자에게 자금을 빌려주고 어업을 하도록 해서 어획물 대신 취득, 이것을 착박(搾粕)비료로 제조해서 일본으로 이송했다. 추자도민들은 젓갈류를 제조해서 육지로 다량 판매했으며 당시 제주어장에서 가장 유명한 어장은 곽지, 함덕, 김녕, 월정 등이다(미개의 보고 제주도, 1924).

1907년 이후 제주로 멸치를 구매하러 오는 일본인들이 늘어났다. 이에 따라 도민들은 원담 내 어획에서 벗어나 예망(曳網), 지예망(地曳網), 휘라망(揮羅網), 방진망(防陳網), 장망(帳網) 등을 이용하여 더 많은 멸치를 어획하기 시작했다.

휘라망은 주머니를 갖지 않는 지예망이다. 작은 것은 길이 20심으로부터 큰 것은 100심, 너비는 양끝에 있어 1심, 중앙에 이르러서는 약 5심, 이에 길이 150심 예승을 양쪽 끝에 달아 어군을 둘러싸 바닷가로 멸치를 끌어들였다.

제주 도내 어장은 대부분 모래사장이며 너비가 좁다. 대개 5~6정보(町步) 이내이고 10정보를 넘는 곳은 드물다. 이렇게 좁은 어장은 1조(組)가 1개소(開所)를 독점하는 곳도 있고 여러 조합이 공유하는 곳도 있다. 이런 곳은 일시에 여러 구물을 동시에 사용할 수 없다. 이 때문에 미리 협의하여 순서를 정해 작업했으며, 순서 없이 투망하는 것을 허용하지 않았다.

방진망 구조는 휘망과 다르지 않다. 단지 예망이 없을 뿐으로 연안에 바위가 많아 휘망을 사용할 수 없는 곳에 쓴다. 고기떼를 확인한 다음 구물을 던져 물속에 원형(円形)을 만들어 이를 둘러싼 다음 서서히 조여 고기를 건져 올린다. 풍어 때 구물 안쪽을 풀어 고기떼를 나누어 싸고 서서히 바닷가로 끌고 가 처리했다. 이때 반쪽은 여전히 물속에 방치에 두고 있어 마치 활어조(活魚槽)를 수중에 두고 있는 것처럼 보였다.

장망은 부망(敷網) 일종으로 구조는 깊이 15심, 너비 10심 장방형 구물 네 귀에 길이

10심 예승을 붙인 것이다. 방법은 4~5인승 어선 4척이 어장에 이르러 투망한다. 그 상단은 항시 수면에 뜨고 하단은 물에 가라앉혀 고기떼를 쫓아 구물을 조정, 때를 봐 구물 한쪽 끝을 들어 올린다.

휘망이나 방진망은 개인이 사용하지는 않고 대개 수십명으로 구성되는 조합에서 한다. 대부분 조합은 평상시 어업에 종사하는 것이 아니라 멸치잡이 때만 참여한다. 어획물은 '도가'라고 불리는 조장 지시에 따라 조합원에게 분배하거나 또는 건조 후 상인에게 팔아 그 소득을 조합원에게 균등하게 나누어 준다. 도가와 부조장인 '소임'은 조합원 몫 소득과 1인 반 몫을 추가로 얻는다.

1명 또는 2명이 소유하는 구물은 망자(網子, 일종의 구물 契員)를 쓴다. 망자들 사이에 조장을 두고 그 지휘 하에 작업한다. 그런데 망주(網主)는 단지 어획물 판매 일만을 관장할 뿐 분배 방법은 망주와 망자 간에 반분(半分)하고 망자 사이는 조합과 같다.

멸치 망대(網代)(망주에게 배당되는 수익금)는 도민 독점 어장으로 10명 내지, 20명 주식 조직이다. 1910년대 1개소 1어기(漁期)의 수확은 8만근(斤)을 밑돌지 않았다. 제주군

• 맬그물 막

자포, 곽지포, 금성포, 귀덕포, 협재포, 배령포, 별방포, 무주포, 김녕포, 함덕포, 대정군 모슬포, 정의군 표선포 등은 1어기 20만근 이상 수확지로 유명하다.

일제 강점기 제주지역 멸치 어획물은 일부만 젓갈 등 부식(副食)으로 충당되고 대부분 마른 멸치로 가공되어 목포 등으로 수송하거나 마관(馬關)으로 수출했다. 일본인이 경영한 성산포 한국물산회사(韓國物産會社)에서 도민들로부터 원료를 사들여 착박(搾粕)을 제조했다. 일본인 아라카와(荒天)도 곽지를 본거지로 협재 및 함덕에 지장(支場)을 마련하여 마른 멸치와 착박을 제조했다.

화학비료가 없었던 제주지역 전통농업시대는 주로 '돗거름'과 '재'를 거름으로 사용하거나 감태나 몰망 등 해조류와 멸치, 정어리 등을 어비(魚肥)로 사용했다. 월정리는 도내에서 멸치가 가장 많이 잡이는 지역으로 유명하다. 많이 잡힐 때는 180고리 정도 어획했다고 한다. 한 고리가 보통 40말 기준이며 한 고리면 삼백 평 땅에 시비(施肥)할 수 있다. 월정리 멸치잡이는 구접(40명)이나 신접(38명) 신설망으로 조직되었다. 보통 그물배 2척, 당선(唐船) 2척 태우 6척이 바다에 나가 방진망을 펼쳐 잡았다.

멸치잡이는 대개 5월에 이루어 졌다. 젓갈로 자가(自家) 소비하거나 상인에게 판매하고 난 나머지 멸치는 건조시켜 어비(魚肥)로 사용했다. 밭 빌려주면 "밭에 거름 허쿠다" 해야 다른 사람 밭을 임대해 농사지을 수 있던 시절 이야기다.

출가 해녀가 고향에 보내온 돈

    1911년 6월 29일, '광주농공은행(光州農工銀行) 제주도지점'이 제주 성내에 설치되었다. 제주지역 금융의 시초다. 이후 1918년, 제령(制令)에 의해 분리되어 있던 농공은행을 합병(合倂)하고 그 권리와 의무를 승계하여 같은 해 10월 '조선식산은행(朝鮮殖産銀行)'으로 개칭, 새롭게 금융 업무를 시작했다. 이에 따라 조선식산은행 제주지점이 광주농공은행 제주도지점으로부터 기존 일체 영업 업무를 인수받고 제주지역 일반금융 및 농업금

• 조선식산은행 제주지점 모슬포지소 건물, 대정읍 하모리(고영철 사진)

융 업무를 개시했다.

　　제주금융조합(濟州金融組合) 감사 급 평의원 중 김시진(金時晉) 문창숙(文昌淑) 강해진(姜海晉) 삼씨(三氏)의게 오월 중 전남 광주에서 개최된 전선금융조합연합회(全鮮金融組合聯合會)에서 포상금 육십원 식(式)과 포상장(褒賞狀)을 수여하얏슴으로 본월 삼일 하오 일시에 제주금융조합에서 동 수여식을 개최하얏다더라(동아일보, 1922.7.13.).

　　1912년 6월 29일 '제주금융조합'이 허가되고, 같은 해 7월 20일 등기 완료되어 제주지역에서 금융 업무를 개시했다. '금융조합(金融組合)'은 1907년 5월 30일 칙령 제23호로 제정·공포된 지방금융조합령(地方金融組合令)에 의거, 조직된 지방금융조합 기관이다.

　　금융조합은 일제 강점기 수탈 최전방을 담당했던 금융기관으로 전국 각지에 설립되어 농민들에게 단기 영농 자금을 공급했다. 제주금융조합은 설립 당시 4개 본소(本所)(제주, 서귀포, 모슬포, 성산포)로 출발했다. 이후 2개 본소(성산포, 모슬포)로 개편되어 일제 강점기 제주지역의 일반금융 및 농업금융 업무를 독점했다.

　　제주지역에서 우편 업무는 1903년 현재 제주우체국 전신인 제주우편취급소가 설치되

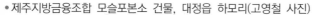

• 제주지방금융조합 모슬포본소 건물, 대정읍 하모리(고영철 사진)

면서부터 시작되었다. 1905년 6월 6일, 제주우편취급소가 목포우체국 제주출장소로 변경되었고, 1907년 1월 1일 제주우편국으로 승격됐다. 이후 김녕, 모슬포, 성산포, 추자도, 서귀, 한림, 애월, 조천, 고산, 표선 등 10개소 별정국이 설치되었다.

제주도 한림리(翰林里)에셔는 팔구년간으로 계속하야 우편소를 운동(運動)한다. 당국으로부터 설립인가되야 거(去)십일일부터 우편 전신 전화 일반우편소의 사무를 취급한다더라(조선일보, 1923.12.14.).

제주도 신좌면 조천리(朝天里)는 제주 일류의 상업지로 통신기관이 불편함을 일반(一般)히 유감으로 사(思)하는 바 면장(面長) 김두식(金斗植)씨의 진력(盡力)으로 면리(面里) 인사와 협의하야 기세비(基細費)를 분(分)케 하고 사설 우편인가를 수(受)하야 래(來) 오월 일일부터 개통하리라고(동아일보, 1925.4.26.).

제주도 신좌면 조천리(朝天里)는 칠백호가 넘는 대촌(大村)이나 간금(干今)것 통신기관이 업서 일반 인사는 다대(多大)한 곤난(困難)을 바다 심히 유감으로 덕여 대정 십일년도 이래 지방 인사는 그 설치를 운동(運動)하야 금번 조천우편소 설치인가가 나왓슴으로 거(去) 이십일일부터 통신사무를 취급 하엿다 하며 성대한 축하식도 불원(不遠)에 거행하리라고(동아일보, 1926.6.24.).

전라남도 제주도 애월(涯月)은 기선편(汽船便) 기항지(寄航地)로 근일(近日) 현저한 발전을 축(逐)하야 통신기관의 설치를 요망하엿슴으로 체신국(遞信局)에서는 동소(同所)에 우편소를 설치할 계획을 수립하고 준비 완료와 공(共)히 본월 십육일부터 사무를 개시키로 결정하엿다더라(조선일보, 1927.6.5.).

당시 제주우편국은 우편과 통신뿐 아니라 도외로 물질 나간 출가 해녀들과 도일(渡日) 제주 도민들의 고향 송금 관련 업무도 취급했다. 출가 해녀들이 우편국을 통해 고향으로 송금한 송금액 추이를 살펴보면, 1930년 3,860명, 908,000엔, 1931년 3,950명, 687,350엔, 1932년 5,078명(국내 3,478명, 일본 1,600명), 110만엔, 1936년 3,360명, 77만엔이다.

도일 제주 도민들이 우편국을 통해 고향 제주에 송금한 송금액은, 1926년 774,784엔,

1927년 956,571엔, 1928년 1,289,714엔, 1929년 1,243,714엔, 1930년 799,180엔, 1931년 715,012엔, 1932년 685,155엔, 1933년 857,919엔, 1934년 1,053,940엔, 1935년 1,006,985엔, 1937년 1,087,518엔이다. 이에서 보면, 일본 내 경기 상황이나 도항증(渡航證) 발행 정책에 따라 송금액이 달라졌음을 알 수 있다.

> 본도의 금융경제는 대체로 해륙산물(海陸産物)의 풍흉이나 가격의 등락에 따라 좌우된다. 그러나 단순히 이것만이 아닌 노동자의 내지(內地)로부터의 송금이나 소위 제주명물(濟州名物)인 해녀의 도외 출가(出稼)등도 일년에 30만 엔 내외에 달할 것이므로 섬의 금융경제를 논하는 데는 역시 이것들을 경시할 수가 없다[미개의 보고, 제주도, 1925].

출가 해녀와 도일 제주 도민의 송금액이 증가함에 따라 제주지역 가계 현금 보유량이 늘어났다. 이에 따라 소비 수준이 변화하고 소비 규모도 커졌다. 이를 계기로 송금은 일제 강점기 제주지역 토착자본 형성의 근간이 되었으며 당시 제주지역 경제변동의 핵심 요인으로 작용했다.

제주우편국은 출가 해녀들과 도일 제주 도민 송금 관련 업무를 취급할 뿐 아니라 도내 도민의 저축의식을 고취하고 저축을 장려하기 위한 다양한 노력을 병행했다.

> 제주우편국에서는 예년(例年)과 여(如)히 일반의게 저축사상을 선전(宣戰)코저 국원(局員) 일동을 선전에 대한 준비에 노력 중인터 선전 일시는 래(來) 이십육칠팔 삼일간 인바 당지는 타처(他處)에 비하면 저축 금액과 인원이 소수임으로 국원중 오규삼(吳奎三) 오기두(吳琪斗) 김병화(金秉化) 삼씨(三氏)는 차기회(此期會)를 응용(應用)하야 우리 형제의게 저축을 장려코자 매호(每戶)에 방문 선전할 예정이라더라(조선일보, 1923.11. 25.).

성산지역에서는 자발적으로 '공익저축조합(共益貯蓄組合)'을 조직하고 저축심을 장려하는 저축조합운동이 생겨났다. 주로 여자들을 대상으로 곡식이나 농작물이나 곡식들을 매일 한 묶음, 한 홉씩 저축하고 이를 모아 월말에 공동 판매하여 현금화하려 했던 것으로 보인다.

제주도 성산리(城山里) 현재성(玄才性) 장태혁(張泰奕) 양씨(兩氏)가 여자의 저축심을 양성하기 위하야 거(去) 십이월 십오일 오후 육시부터 한재준(韓才準)씨 댁에서 공익저축 조합창립회(共益貯蓄組合創立會)를 개최하얏는데 정각 전부터 십오육세 이상 소년 여자 사십명이 집합하야 장태혁군의 취지 설명이 잇슨 후 고봉이(高鳳伊)양이 조합 정관을 낭독 통과하얏스며 조합장 고봉이 부조합장 한정연(韓丁涓) 이사 정산옥(鄭山玉) 강기선(康己善) 서기 고봉련(高鳳蓮) 홍정순(洪丁順) 제양(諸讓)이 당선되고 오후 십시에 폐회되얏는 대 조합원은 매일 속(束) 일합식(一合式) 저축하얏다가 월말에 방매(放賣)하야 대부식리(貸付殖利)하기로 하얏다더라(동아일보, 1922.1.4.).

남선의 유수한 상업지대

　　본도는 교통 불편의 관계상 자연 상업도 미비부진(微微不振)하더니 근래 해륙교통기관
이 완비와 대판직항로(大阪直航路)가 개통된 이래 제주성내(濟州城內)를 중심으로 각지에
상업이 점차 은성(殷盛)하야 활기를 정(呈)하고 남선(南鮮)의 유수(有數)한 상업지대로
굴지(屈指)케 되엿다. 이출품(利出品)은 수산물을 위주로 면화(棉花) 관물(冠物) 추용(椎

革) 우피(牛皮) 양말(洋襪)등인바 연액(年額) 백만원 내외에 달하며 이입품(移入品)은 백미 (白米) 맥분(麥粉) 면사포(綿紗布) 인촌(燐寸) 석유 기타 잡화 등인바 연액(年額)이 약백만 원에 달한다고 한다(동아일보 1926.10.27.).

1915년 경성지역에서 정미(精米) 1석(石) 가격은 상 12.68엔, 중 12.19엔, 하 11.67엔이다[3]. 목포는 상 12.35엔, 중 12.04엔, 하 11.60엔으로 제주도는 이보다 30% 정도 비쌌다. 그 이유는 제주도산 쌀(水稻) 생산량이 아주 적어 대부분 타 지역으로부터 수입했기 때문이다.

1918년 정미 1석 가격은 다르다. 경성은 상 31.42엔, 중 30.27엔 하 28.99엔이고 목포는 상 31.45엔, 중 30.05엔, 하 30.58엔으로 제주도 31엔과 별 차이 없다. 1915년과 1918년을 비교하였을 때 불과 3년 사이 2배 가까이 미가(米價)가 상승하였다. 하지만 1918년에 와서 목포와 별 차이 없다. 이것은 유통 비용이 3년 사이 대폭 감소하였기 때문으로 풀이된다.

유통 비용 감소는 운반 선박 즉 해상교통 발달과 소비 증가로 인한 물동량 증가에 기인한다. 1923년 경성 정미 1석가는 상 38.6엔, 하 35.25엔 이고 목포는 상 38.66엔, 중 38.21엔, 하 36.86엔이다. 제주도는 33엔으로 낮은 것으로 나타났지만 그 이유는 확실치 않다.

대맥(大麥)인 경우는 정미와 다르다. 1915년 경성 상 3.91엔, 중 3.60엔, 하 3.31엔, 목포 상 3.14엔, 중 2.87엔, 하 2.66엔이다. 제주도는 4.80엔으로 정미에 비해 차이가 적지만 여전히 비싸다.

1918년 대맥 가격은 경성 상 9.30엔 중 8.55엔, 하 7.82엔 목포 상 8.13엔, 중 7.59엔 하 7.09엔이다. 제주도는 11엔으로 1915년 보다 2.5배 가량 증가했고 여전히 비싸다. 1925 년 경성 10.06엔 목포 상 10.80엔, 중 9.64엔, 하 8.71엔으로 제주 15.50엔과 차이가 더욱 벌어졌다. 대맥은 제주 농업에서 주요 재배작물이다. 그럼에도 불구하고 제주에서 더 비쌌던 이유는 다른 정치적 상황과 연관되어 있을 것으로 추측된다.

---

3) 당시 1엔(円)과 1원(圓)의 환율은 1:1 이었음.

대두(大豆)는 1915년 경성 5.87엔 목포 6.41엔, 제주 7엔으로 제주도가 다소 비싸다. 그러나 1918년은 경성 14.50, 목포 14.00, 제주 8엔으로 제주지역이 대폭 저렴하다. 이 현상은 1923년에도 이어진다. 1923년 경성 18.72엔, 목포 17.91엔 제주 12.50엔으로 30% 가량 제주도가 저렴하다. 이상에서 볼 때 농산물 중 수입품은 육지지역 가격 변화와 비례했고 농산물은 제주지역 농사의 풍흉(豊凶)에 기인했다고 할 수 있다.

소비가 늘 초과하는 도민의 경제생활이 대단비참(大端悲慘)하게 될 날이 잇슬것입니다. 불경기 시기이니까 물가감하운동(物價減下運動)을 이르킵시다(동아일보 1931.1.28.).

연도별 물가를 비교하여 보면 대두를 제외하고 1915년과 1918년 사이 2배 이상 올랐다. 1918년과 1923년 전보다 상승폭이 작았다. 다만 공산품인 일본주(酒) 가격은 대폭 상승했다. 전반적으로 제주도 물가는 육지지역에 비해 대부분 높았으며 매년 상승폭이 컸다. 쌀 소비 현황을 보면, 1933년 도내 쌀 생산량 24,810석(그 중 10,234석은 水稻)에 이입미 11,234석을 합치면 36,044석을 도내에서 소비한 것으로 보인다.

〈물가 변동 현황〉

(단위 : 円)

품목	단위	연 도 별		
		1915년	1918년	1923년
精米	1석	18	31	33
대맥	1석	4.8	11	15.50
조	1석	6,5	11.5	15.50
면화	10근	0.79	1.90	2.80
대두	1석	7	8	12.5
소	1두	13	48	60
말	1두	10	25	35
계란	1타	2.70	4.15	5.2
일본주	1升1打	7.70	18.5	27

제주도 농촌 임노동은 일시 고용과 연고용으로 나눌 수 있다. 연고(年雇)는 무전민(無田民) 자녀 중 미혼 성인 남자를 대상으로 일년에서 수년(數年) 동안 고용에 의해 일정

대가를 지불하는 것이다. 일고(日雇)는 제초, 수확 등의 농경작업과 가사 노동 필요시 이루어지며 주로 중간지대에서 발생한다. 이외 수공업자를 일시적으로 고용하여 생활용구를 제작하는 경우도 있다.

제주지역 농촌 1일 기준 품삯은 수공업자 전문직일 경우 현물로 대맥(大麥), 조 2되 그 외 조곡 1되 기준이다. 제주 농업은 자가(自家)노동으로 이루어졌다. 그러나 그 과정에서 부족한 노동력은 현물로 주는 형태의 일시 고용으로 보충했다.

현금으로 지급할 경우 남녀 간 차이를 보인다. 예를 들면 1930년대 중반 남자는 60전과 식사와 주류가 제공되고 여자는 40~50전과 식사를 제공한다. 이에 반해 일반 노동자 임금은 1929년을 기준으로 대공(大工)은 1원, 석공(石工)과 토공(土工)은 1원 20전, 잡역부(雜役夫)는 60전이며 지역마다 20전 정도 차이 난다.

<제주인과 일본인 노임>

(1914)

직종	일본인	제주인	직종	일본인	제주인	직종	일본인	제주인
大工	1,500	500	靴職	-	500	어부	800	400
左官	1,500	500	활판식자	-	500	仲仕	-	350
석공	1,500	600	이발	1,000	600	하남	500	220
木挽	1,500	400	철력직	1,500		하녀	330	120
家根職	-	400	세탁	1,000	200	鍛冶	-	600
양복재단	2,000	-	농작부[남]	-	300	憺軍[1리]	-	120
조선복재봉	-	300	여	-	250	-	-	-

위 표에서 보면, 전문직이 아닌 단순직인 경우 일본인과 제주 도민 임금은 보통 2~3배 정도 차이 난다. 세탁이나 양복은 4~5배 차이 난다. 이 시기가 일제 강점기 초기였기 때문에 그 격차는 더욱 컸다.

육지지역에서도 일제 강점기 중반까지 이 격차는 좀처럼 해소되지 않았다. 육지지역은 1931년 기준으로 볼 때 조선인 대부분이 미숙련 노동자로 숙련 노동자에 비해 2배 정도 저임금을 받았고 동일 직종 간에도 2배 이상 임금격차가 났다.

일반적으로 자본 투입 증가에 따라 노동 생산성이 증가하고 이에 따라 실질 임금이 증가하며, 실질 임금 증가는 식민지 본국과 임금 격차를 해소시켜 생활수준 향상에 어느 정도 기여 할 수 있는 가능성조차 원천 봉쇄한다. 그러나 후자 문제, 즉 노동력 해외 유출에 의한 노동력 공급 감소로 임금이 상승하고, 이는 실질 임금 상승으로 이어질 수 있다는 점은 좀 더 고민할 필요가 있다.

당시 대대적으로 이루어 졌던 농촌 노동력 이동은 제주 도내 임금 상승을 자극하였을 가능성이 있다. 그러나 그에 대한 증거는 많지 않다. 이것은 당시 제주도 농촌에 임고(任雇)가 그리 활발하게 발생하지 않았고 도일(渡日) 농촌 노동력 대부분이 유휴 노동력이기 때문이다. 당시 제주읍과 같은 도회지역 임금 상승이 나타났다. 하지만 그 규모가 아주 작다. 따라서 노동력 이주로 인한 제주 도내 임금 상승과 그로 인한 실질 임금 상승 및 생활수준의 변화 가능성은 미약하다. 오히려 일제 강점기 제주 농촌에서 생겨난 생활 수준 변화는 도일 증가에 따른 송금 증가와 환금작물 재배 확산으로 인한 농촌지역 현금 보유량 증가에서 그 원인을 찾을 수 있다.

민요의 나라, 제주도

제주도야 말로 참으로 민요의 나라이다 고랫노래라고 하야 방애찌흘 때에 부르는 노래도 잇고 바다 우에 배를 띄워 노코 저허가며 노에 맞추와서 부르는 뱃노래도 잇스며 들에서

김을 맬 때에 그 힘들고 괴로움을 조곰이라도 더러 볼가 하야 이 고랑에서 멕이고 저 고랑에서 밧는 엄부가(嚴父歌)도 잇다(조선일보, 1938.6.7.).

　　이어도 호라 이어도 호라
　　이어 이어 이어도 호라
　　이어 홈민 나 눈물 난다
　　어어 말난 말아근 가라
　　이어도 하라 이어도 하라
　　이어 이어 이어도 호라
　　강남(江南)가건 해남을 보라
　　이어도가 반이라 혼다
　　(이어도 노래)

이 섬의 노래 가운데서 가장 대표되고 특징을 나타내는 것은 '이어도'의 노래가 첫재일 것이다. 이와 가티 이어도가 늘 부터 다니니 그러면 이 이어도라는 것은 무엇일가? 이것은 한 전설(傳說)의 섬이니 이허도(離虛島)라고 까지 쓰는 사람이 잇서서 본도(本島)와 지나(支那)와의 사이에 위치를 둔 섬이지마는 본도에서는 퍽 먼 곳에 잇스므로 보이지도 안코 또 일즉 한사람도 가본 일이라고는 업는 그런 신비스럽고 허무한 전설의 섬으로 알아오는 이가 만타 그리하야 이 도녀(島女)들은 그가 사랑하는 남편이 지나(支那)에 공물(貢物)을 싯고 한번 배를 타고 바다로 나간 후에 한번도 그 배가 다시 돌아온 일은 업섭다고 하니 이 여자들이 얼마나 이 이허도(離虛島)가 원망스러웟스랴(조선일보, 1938.6.7.).

　　검질 짓국 굴 너른 바테
　　압멍에야 들어를 오라
　　뒷멍에야 나아를 오라
　　(검질매는 노래)

　　방아귀낭 시왕댄갓난
　　심어서난 설운 말한다.
　　지을방이 다지여가도

불을 노래 수만일너라
(방아 찧는 노래)

　제주도에서는 주로 여자가 일하고 여자에 의해 민요가 불리워지는 것 같았다. 그녀들이
언제 어떤 일을 할 때 노래를 불으냐면 그것은 주로 집안의 일, 즉 맷돌, 절구를 찧는다던
가 말총으로 망건(網巾), 탕건(宕巾) 등을 짜는 이른바 힘이 든다든가 그렇잖으면 심심해서
일할 때 하는 노래이다. 이 밖에 야외에 나가 농업을 한다든지 바다에서 전복을 딸 때도
물론, 불으지만 농가(農歌)란 것은 육지부와 마찬가지로 별로 그 수가 많지 않고 해녀의
노래로 바닷 속에서 작업하면서 불을 수도 없으므로, 있어도 난바다에 나갈 때까지 배를
저으면서 노래하는 정도의 것이다[조윤제(趙潤濟), 1942.7.].

다리송당(松堂) 큰아기덜은
되방이 짓기로 다 나간다.
함덕(咸德)근방 큰아기덜은
신짝부비기로 다 나간다.
조천(朝天)근방 큰아기덜은
망건(網巾)틀기로 다 나간다.
신촌(新村)근방 큰아기덜은
양태(凉太)틀기로 다 나간다.
별도(別刀)근방 큰아기덜은
탕건(宕巾)틀기로 다 나간다.
도두(道頭)근방 큰아기덜은
모자(帽子)틀기로 다 나간다.
고내(高內), 애월(涯月) 큰아기덜은
기름장사로 다 나간다.
대정(大靜)근방 큰아기덜은
자리짜기로 다 나간다.
김녕(金寧), 갈막 큰아기덜은
태악장사로 다 나간다.
어등, 무주 큰아기덜은

푸나무장사로 다 나간다.
종달(終達)근방 큰아기덜은
소곰장사로 다 나간다.
정의산(旌義山)압 큰아기덜은
질삼틀기로 다 나간다.

이 노래는 선가(船歌) 즉 어부가이다. 여기에서 큰아기는 십대 후반에서 이십대 초반 시집가기 전까지 여자를 말한다. 송당 되방이 짓기, 함덕 신짝 부비기, 조천 망건틀기, 신촌 양태틀기, 별도 탕건틀기, 도두 모자틀기, 고내, 애월 기름장사, 대정 자리짜기, 김녕, 갈막 태악장사, 어등(행원), 무주(월정) 푸나무장사, 종달 소금장사, 정의 질삼틀기 등 마을마다 지역 특성에 맞는 가내 수공업이나 부업활동에 이 큰아기들이 종사해 소득을 올렸다.

나동침아 도라가라
서울놈의 술잔돌듯
어서 속(速)히 도라가라
이 양태(凉太)로 큰밧 사곡
늙은 부모 공양(供養) 하곡
어린 동생(同生) 공부(工夫) 하곡
일가방상(一家房床) 고족(顧族) 하곡
이웃사촌(四寸) 부조(扶助)허게
[양태가(凉太歌)]

나 망건아 나 망건아
한간에는 옷믿은 망건
한간에는 밥믿은 망건
정의(旌義) 좁쌀 나 믿은 망건
함덕(咸德) 집석 나 믿은 망건
일천(一千) 시름 다 믿은 망건
[망건가(網巾歌)]

이렇게 벌어드린 돈으로 부모 공양하고 동생 공부시키고 일가친척이나 이웃사촌들과
나눠 쓰겠다는 것이다.

총각차라 물에 들게
양식싸라 섬에 가게.
명지바당 씰바람 불라
갈치바당 갈바람 불라.
전복 조흔 엉덩개로
메역 조흔 여곳으로
내몸으로 배를 삼고
욕심으로 사공을 사망
설음설음 저서나가라
어린 자식 버려두고
늙은 부모 버려두고
돈일러라 돈일러라
원(願)진 것이 돈일러라
한푼 두푼 메운 돈을
가부(家夫)님의 갑자골로
[해녀가(海女歌)]

이 노래는 해녀가이다. 바당밭에 가서 전복, 미역 등 해산물을 채취하여 한푼 두푼 돈을 모아 집도 사고, 밭도 사고 자식들 공부시켰다.

> 시어머니는 시어머니대루 또 며느리는 며느리대루 말 못할 속설운 사정을 하소하는 인정(人情)의 노래도 잇으며 또 밤이며 나즈로 보고지고 기다려지는 사상(思想)의 연가(戀歌)도 가지가지가 잇다(조선일보, 1936.6.8.).

제주 여성들은 신세를 한탄하거나 삶의 고달픔을 노래로 표현했다.

> 저 산골로 흘르는 물은
> 낭긔섭새 다 썩은 물이여
> 세월에서 흘르는 물은
> 고운정 미운정 다 썩은 물이여
> 하늘에서 내리는 물은
> 궁녀 신녀 발씻인 물이여
> 집집의서 흘르는 물은
> 개도새기 발 씻인 물이여
> 정녜에서 흘르는 물은
> 오장 간장 다 썩은 물이여
>
> 살젱하여도 살지 못하는 몸
> 혼저 죽엉 혼으로 가져
> 살젱하여도 어느 누게 살려나 주리
> 혼저 죽엉 저 싀상 가도
> 어느 누게 구덕해 눅정
> 저 쉬상 문을 두드려 주라
>
> 독은 울믄 날이나 샌다
> 정녜 울멍 어느 날 새리
> 설룬 어멍 날 날적의

놈은 울어도 정녜도 울랴

어린 신부(新婦) 역시 시집살이 고달픔을 노래로 표현했다. 비단옷 입으며 은가락지 끼고 가죽신 신던 귀한 집 처녀가 낯선 곳에 시집와 비단 대신 삼베옷 입고 시집 식구들 구박에 눈치 보며 서러운 신세 한탄을 한다.

산도 설고 강도 선 곳듸
누게 모레 이곳듸 와시니
느네 오라방 엇이믄
나든 무사 이곳듸 오리
청지에집 열다섯 칸을
구경허레 난 와시냐
비단치매 입단 허리에
삼베치매 입단 몸에
미녕저고리 웬말이냐
은가락지 찌단 손에
골갱이가 무신말고
가죽신 신단 발에
초신이 무신말고
가심썩은 물이나 뒈영
솟아나근 눈물이 됀다
정녜눈물은 여의주러라
떨어진 곳듸 복생기라

시어멍은 전복넋이
나를 보믄 언주젱 혼다
시아방은 소라의 넋이
나를 보믄 세돌각 혼다
시누이는 송사리의 넋이
나를 보면 도망을 간다

　　　　서방님은 물꾸럭넋이
　　　　나를 보민 안구정혼다

　돌아가신 친정어머니를 그리며 부른 노래도 있다. "만에 호나 나부모 보컹/어디 앚앙 울어니 호컹/삼도소도 거리에 앚앙/어멍 불르멍 울엄잰 호라"(새야! 저 세상에게 가서 만에 하나 우리 부모 보게 되걸랑, 우리 딸이 어디 앉아 울고 있더냐고 우리 부모 묻거든, 길거리에서 앉아 엄마 부르며 울고 있더라고 말해다오). 예나 지금이나 친정어머니를 생각하면 눈물부터 흐르는 게 인지상정인가 보다.

　　　　저 생이야 저 싀상 생이야
　　　　저 생이야 저 싀상 생이야
　　　　만에 호나 나 부모 보컹
　　　　어디 앚앙 울어니 호컹
　　　　삼도소도 거리에 앚앙
　　　　어멍 불르멍 울엄잰 호라

　　　　설룬 어멍 무덤 욜의
　　　　당배치는 어랑 어랑
　　　　호미어정 캐젠해도
　　　　눈물제완 못 캐여라

　고달픈 삶 속에서 남녀의 연분을 표현한 노래도 있다. 님에 대한 가슴 먹먹한 그리움을 은유와 비유를 통해 조심스레 나타내고 있다.

　　　　소나이광 밤나무 가진
　　　　펭관 좋으믄 살질 웃나
　　　　원님의 은덕도 싫다
　　　　판관님의 우세도 싫다

함박눈이 퍼붓는 말에
낭지게에 부림패 걸엉
섭낭지양 오는님 봅다

밤의 가곡 밤의 간 손님
어느 곳듸 누겐 중 알리
무바깟듸 청버드낭에
이름 셍명 써뒹 가라

임이 오려고 설심이든가
내가 가려고 설심이든가
좁은 질목에 고운님 만낭
뒈돌아사도 남 못살앙

질주멩천 곤룡포 장시
독이 운댕 질행을 말라
한밤중의 우는 독은 독이 아닌 인독의 소리
밤이 새경 떠나나지라

돌과 같이 밝은 님아
누룩과 같이 쎄기지나 맙서

　　예전 제주에는 축첩(蓄妾)제도가 있었다. 지금의 법적, 도덕적 잣대로 당시 상황을
왈가왈부 할 필요는 없다. 한 가지 확실한 것은 본처(本妻)는 본처대로 아픔이 있었고,
첩(妾)은 첩대로 사연이 많았다는 것이다.

것보리를 거죽차 먹은멸
시왓이사 혼집의 살랴
물이 엇엉 굿인 물먹은덜
시왕광 고든질로 가랴

질도 다시 새로나 빼믄
시왓질은 또로나 빼라

전처 소박 시첩혼 놈아
소나이광 돌진밤새라
대천바당 돌진밤새라

첩과는 한집에서 살기도 싫고, 심지어 같은 길을 가기도 싫다고 본처는 하소연 한다.
본의 아니게 후처로 들어온 첩(妾) 역시 또 다른 아픔이 있었다. 누구는 오고 싶어 왔나.

신엇임도 하도나 설란
갓쓰물에 여든님 드난
두번 싀번 물딜은 밥을
씹어 도랜 앙업이더라

호강 호젠 놈의 첩드난
어디 간간 놀아 졈시니
지네 어멍광 오름엣 돌은
둥글어 댕기당도 살을매 난다.

제 **3** 부
땅부자 일부자

'감자로드'를 찾아서

고구마는 학명을 lonmoesaBattas라 하야 선화과(旋花科) 다년생 초본이오. 원포(園圃)의 경작물인 것이니 그 원산지에 대하야 제설(諸說)이 잇스나 중앙아미리가(亞米利加)의 소산인 것을 콜롬보가 신세계 발견 후 토산(土産)으로 서반아(西斑亞)로 지래(持來)하야 구주(歐洲)로 아세아 제지(諸地)로 전파된 것이라.

고구마가 조선에 들어온 것은 무론 오래지 아니한 일이다. 본대 서반아인의 손에 인도양을 지나서 마닐라, 몰루카, 말레제도(諸島)로 전파되고 갱진(更進)하야 중국, 대만, 유구(琉球), 일본 등 차서(次序)로 동양에 전한 것이니까 이 다음에 조선으로 유입하엿슬 것은 분명하지마는 그것이 일본에게 선지 중국에게 선지는 아직 단언하기 어려운 일이다(동아일보, 1925.12.12.).

고구마는 감저(甘藷) 혹은 조저(趙藷), 남감저(南甘藷)라고 한다. 1763년 조엄(趙曮)이 일본 통신사로 가던 중 대마도에 들러 그 종자를 얻어와서 동래와 제주도에 시험 삼아 심게 한 데서 유래하였다는 설이 가장 유력하다.

감저는 영양 가치와 생산가격 기타 경제상으로 보드래도 미맥(米麥)에 다음되는 중요한 국민적 식량으로 곡류가 부족한 때에 응급 식곡(食穀)으로 극히 적당할 것이다(동아일보, 1924.12.8.)

고구마는 제주지역 기후 풍토가 재배에 적합하며 대용 식량은 물론 절량기(絶糧期)

구황(救荒) 작물로 인기가 많다. 또한 주정(酒精), 전분(澱粉) 원료로 판매할 수 있어 더욱 유용한 작물이다. 무엇보다 제주 도민들을 태풍 피해로 인한 절량 공포에서 벗어나게 해 준 매우 고마운 작물이다.

> 감저는 공업용 또는 식료용으로 전시 하에 잇어서 중요시되고 잇는데 특히 조선에 잇어서는 감저 재배에 천후적(天候的) 지질적 혜택이 만코 원래가 재배에 특별한 기술을 불요(不要)하고 생산비가 적은 점이 잇으므로 총독부 농촌진흥과에서는 내년부터 십오만원의 보조금을 교부하야 적극적으로 증산을 수행하기로 결정되엿다고 한다.
>
> 감저증산은 공업적으로는 말할 것도 없지마는 농가수지 관계로 보다 영양가치로 보나 퍽 유리한 작물로서 맥(麥) 일단 보작과 감저 일단 보작과를 비교하면 그 영양가에 잇어서는 카로리로 계산되야 사배나 감저가 만코 그 수지관계로 보면 일단보(段步)에 감저는 평균 이백관 생산으로 금액으로는 단당 십원이 되는데 반(反)하야 맥은 단당 구원 가량 밧게 아니 되여 양방으로 다 유리하다고 한다.
>
> 종저(種藷)에 잇어서는 종래 일본 내지에서 연 오백만관의 이입이 잇엇고 식료로 상당한 이입이 잇엇는데 일본 내지산(內池産)은 여러 가지 병해가 잇어서 만흔 지장이 잇을 뿐 아니라 제주도산 감저만 가지고도 조선내 종저 배급은 무난하다하며 현재 조선산량은 오천삼백만관에 달하고 잇으나 금후의 산액(産額)은 놀날 만한 바가 잇으리라 하야 자못 주목하고 잇다(동아일보, 1938.12.6.).

19세기 말부터 제주지역 고구마 재배가 이루어졌다. 1930년대 급속히 재배가 확산되었다. 재배 면적을 보면, 1913년 599.8ha에서 1938년 7,357ha로 늘어났고 생산량도 1913년 1,850,143관(단위 면적당 308.5관)에서 1938년 23,430,000관(단위 면적당 318관)으로 증산되었다.

고구마 증산은 단위 면적당 생산량 증가와 재배 면적 확산에 기인한다. 고구마는 타 작물에 비해 노동력 투입이 적은 편이고 전량 수매되었기 때문에 농민들이 자발적으로 고구마 재배를 확대할 수 있었다. 고구마는 수확기인 8월말 9월초 제주에 불어오는 태풍 피해를 다른 작물에 비해 덜 입어 어느 정도 생산량이 보장되었기 때문에 농가에 기여하는 바가 컸다. 또한 절간고구마로 가공되어 주정원료로 반출되는 등 소비와 판매 면에서 매우 고마운 작물이다.

전분으로 가공하고 난 잔여물은 축산 사료로 쓰거나 소량은 비료로 사용되었다. 이와 함께 주정 원료인 전분 공출을 늘려 군수물자를 확보하려는 일제의 의도가 있었기 때문에 이래저래 제주 농가에서는 고구마 재배를 확대된 것으로 여겨진다.

> 총독부의 제주도 개발정책에 기(基)한 감저를 원료로 하는 무수주정제조계획(無水酒精 製造計劃)에 대하여는... 원료인 감저는 제주도가 그 공급지로서 가장 적당하고 동도(同道) 의 맥작(麥作)을 감저 재배에 전환 시킬 것(동아일보, 1938.6.3.).

> 연액 이천만관의 원료 수확을 목표로 하고 잇는 본도에서는 거(去) 십사일부터 전도 관민 총동원하야 비상히 긴장한 기분 속에서 감저 식부(植付)를 일제히 시행하얏는데 무수 주정공장(無水酒精工場) 본도 설치 성부(成否)는 이십여만 도민의 생명선인 만큼 그 성적 이 매우 양호하고 월말까지는 전부 종료되리라고 예상되는바(동아일보, 1938. 7.1.).

일제는 고구마 증산을 위해 1937년부터 '고구마증산장려계획'을 수립하였다. 이를 위 해 정책적으로 제주지역 휴한지 등에 고구마 재배 면적을 확대했다. 이는 주정원료인 전분 공출을 늘려 군수물자를 확보하려는 의도이다. 이 때문에 총생산 중 40% 이상이 주정 원료가 되는 절간고구마로 가공되어 공출(供出)되었고 나머지는 도내에서 식용으로 소비되었던 것이다.

고구마는 일제 강점기 제주 농업에 많은 변화를 가져다 주었다. 제주 농업은 이전까지 식량 확보를 위한 주곡작물 위주 단작농업방식에서 벗어나지 못했다. 그러다가 고구마가 얼마간 식량으로 대체 가능함에 따라 그 대신 현금을 얻기가 용이한 상품작물이나 환금작 물 재배가 확대되는 등 재배작물 다각화가 가능해졌다.

앞서 언급하였던 것처럼, 고구마는 타 작물에 비해 태풍 피해가 적고 노동력 투입이 적은 편이어서 해녀경제와도 밀접한 관련이 있다. 제주 해녀들은 물질로 벌어들인 소득으 로 대부분 밭을 매입했다. 그러나 '땅부자 일부자'라는 속담처럼 도일(渡日)로 제주지역 남성 노동력이 대거 빠져나간 제주농촌에서 남아있는 여성 노동력(해녀노동력)으로 늘어난 밭을 농사짓기는 역부족이었다. 그런 문제를 조금이나마 해소할 수 있는 것이 고구마였다. 즉, 여성 노동력 강화로 노동력 부족분을 메꿀 수 있고 늘어난 땅에서 비교적 고소득

• 일본 아사히 신문기사, 2016.10.22.

을 올리며 경작 가능했던 작물이 바로 고구마였다는 것이다.

재작년에 일본 아사히신문 기자가 '고구마 로드'를 따라 제주를 찾아 왔다. 고구마 이동과 역사 연구를 위해 일본 고구마 원산지에서 출발하여 제주도를 거쳐 부산 등지에서 고구마 재배 유래와 역사, 농업사적 가치뿐 아니라 사회문화적 의미를 현장 조사하기 위해서였다. 고구마를 단순히 재배작물로만 보는 것이 아니라 고구마에 얽힌 다양한 이야기를 구술사적 방법으로 정리하고 기록하여 체계화하려는 것이다. 민족감정을 떠나 부러운 일이다.

지금은 다 사라졌지만 제주도 각 마을마다에 있던 전분공장, 감저 구덩이, 빼땍이(절간 고구마), 끈적거리던 구마 등은 아직까지도 손에 잡히는 향수이며 살아있는 장면이다. 우리도 이 기억을 쫓아 제주에서 출발하는 감저로드를 따라 어디론가 떠나야 할 때이다.

천혜의 면작 지대

본도의 산업장려 시책상 도민의 생활 향상과 함께 일용품의 반입이 격증하고 있는데
비해 섬 생산품의 도외(島外) 반출(搬出)액수가 그에 따라가지 못하기 때문에 자연히 도민

생활은 위협을 느끼게 된다. 이러한 점에서 보면 면화와 같이 가격이 높은 생산품을 낸다는 것은 장래 도민의 복리증진을 위해서 적극 장려해야 할 일이라고 생각된다[미개의 보고 제주도, 1924].

약 450년 전 제주 서남부지역에서 면화를 재배했다는 기록이 있다. 1913년 이전 동양면(東洋棉)이라는 재래면(在來棉)이 주로 재배되었다. 1905년 육지면(陸地棉, 미국면)이 처음 도입되어 식민정책에 의해 적극 보급되었다. 이와 함께 당시 육지면은 수량이나 품질 면에서 재래종보다 질적으로 우수하였고 판매도 유리했기 때문에 재배면적이 확대되었다. 육지면 주요 품종은 '113~4호', '목포 380호'이다.

1933년 면화 10개년 생산계획이 수립되었다. 이에 따라 재배면적 확장과 농법 개선에 따라 단위 면적 당 생산량이 증가했다. 이때부터 면은 대두, 조에 비해 소득이 높은 작물로 각광받았다. 이 결과 전통 작부체계에서 대두, 조가 밀려나고 면재배 지역이 확대되었다. 면작 재배 면적 확대로 특히 해안지역 농업생산력이 크게 증가했다.

> 제주도청 서귀포지회에서는 관내 각리(各里) 부인의 부업을 장려코자 각 촌리(村里) 부인 이십칠명을 모집하야 육지면작시찰단(陸地棉作視察團)을 조직하고 김상필(金商筆) 군의 인솔하에 육지면(陸地棉) 경작으로 도내에 유명한 구우면(舊右面)과 신우면(新右面)을 시찰하고 제주 성내(城內)에 와서 각 관아(官衙)을 시찰한 후 제주여관(濟州旅館)에 투숙하얏다가 익(益) 팔일 퇴성(退城) 해산하얏는 터 부인시찰단(婦人視察團)은 차(此)가 효시(嚆矢)라더라(조선일보, 1923.12.20.).

일제는 면화재배 장려를 위해 여러 가지 정책적 관심을 기우렸다. 제2기 확장계획을 세우는가 하면 1918년 제주에 도기수(道技手)를 주재시켜 시작(試作) 조사를 했고 일정 성과를 올렸다. 1919년 반당(反當) 160근(斤) 성과를 올리자 면작 조합 구역을 도 일원으로 확장하였다. 또한 각 면(面)을 통해 시작포(試作圃)와 모범작포(模範作圃)를 설치하고 기술원과 조합직원으로 하여금 현지 지도하도록 했다. 아울러 재배법 개선과 증수(增收)를 꾀하고 더불어 공동판매소를 증설했다. 육지면작 재배가 가능하다는 점과 다른 작물에 비해 여러 가지로 유리하다는 점을 제주 농민들에 인식시키고자 했다.

　　원래 육지면은 열대식물인데도 온대(溫帶)와 한대(寒帶)의 경계선까지 생육이 가능하다. 본도는 그 중간 위치에 처해 있기 때문에 기온에 있어서 하등 모자람이 없다. 또 경지면적으로 보아도 상당히 광대해서 농가 일호당 2정(町) 2-3반보(反步)이기 때문에 아무리 면작을 장려해도 타 작물과의 충돌은 없다고 할 것이다. 더욱이 토질(土質)에 있어서도 모암(母岩)은 화산암(火山岩)이기 때문에 양토(壤土) 사질양토(砂質壤土), 사토(砂土), 역토(礫土) 진토(塡土) 점토(粘土) 등 면작지대인 육지방면과 다른 점은 없다.
　　일반식물에 필요 불가결한 수분(水分)에 대해서도 육지 방면의 강수량에 비하여 큰 차는 없다(일년 평균 일천삼백-사백mm) 강수(降水)의 횟수는 본도가 육지보다 많다. 이 횟수가 많은 것이 본도 면작의 생명으로서 화산암(火山岩)은 물의 침투작용이 심해서 수분의 보급이 양호하기 때문에 한해(旱害)에 걸리지 않게 된다. 이와 같은 점으로 해서 본도는 면작의 천혜의 지대라고 말할 수 있다[미개의 보고 제주도, 1924].

일제는 육지면 증산에 대하여 각별한 관심을 보였다. 1933년 한림면 893町 9反, 애월면 99町 7反步, 1936년 대정, 남원, 중문, 안덕, 서귀 총 909町3反步, 1938년 제주, 구좌, 조천 594町步에 종자 갱신을 시도하였다. 또한 증산을 위해 육지면 공동 경작포를 설치하였으며 육지면 경작대회 개최함은 물론 개량농기구 및 금비 공동구입을 적극 장려하였다.

　　제주도 신우면(新右面)은 자래(自來)로 면화를 재배하야 토목을 다수히 조직하고 자작자급을 실행하던 중 근년에 와서는 면화재배업자(棉花栽培業者)가 일증(日增)함을 따라 수확고가 전년에 비하면 이삼배가 증가함으로 전년부터 목포 등지로 출매(出賣)하게 되얏는터 거십 십 십일일 양일에 신우면 일원의 면화를 애월리에셔 공동판매하얏는 터 가격은 일등 이십육전 이등 이십사전 삼등 이십이전 사등 십육전 오등 십전사리(十錢四厘)(조선일보, 1923.11.21.).

　　제주도 대정(大正) 십이년도 육지면(陸地綿) 판매 성적은 애월판매소 119,869근 28,264원 90 한림판매소 131,339근 30,879원 34 신창판매소 59,735근 14,052원 37 모슬포판매소 40,063근 9,736원 76 중문판매소 6,966근 1,673원 28 서귀포판매소 847근 198원 28 계 358,819근

84,925원 11 총수확고(受種高) 1,162,880근 반당(反當)수확고 152근 작인수(作人數) 6,908인 수확고에 판매고를 제(除)한 여재(餘在)는 도내에 소비(동아일보, 1924.3.3.).

1910년대 제주농가의 주요 재배작물은 미곡, 대맥, 소맥, 대두, 소두, 피, 조, 교맥, 고구마, 감자, 배추, 무, 오이 등이다. 이외 면화, 양잠, 양봉, 공예품 생산을 위한 대나무, 연초 등이 있었다. 여기에 일제 식민지 농업정책에 따라 육지면이 보급, 확대되었다. 이 영향으로 1930년대 이르러 재배작물이 변화하기 시작한다. 전작 주곡작물 중심에서 탈피하여 의식 확보에 필요한 작물로 재배작물이 전환되었다. 이는 1930년에 이르러 제주 농가에서 농업경영 다각화 현상이 나타나기 시작했음을 의미한다. 즉, 생존에 필수적인 식량작물 생산에서 벗어나 현금수입 증대를 위한 상품작물(商品作物)이나 환금작물(換金作物) 혹은 식량대체(代替)작물 재배로 전환되었다는 것이다. 대표 사례가 육지면 재배라 할 수 있다. 이들 작물 재배 확산은 당시 제주 농가의 경영구조와 수입구조를 변화시켰으며 1930년대 제주지역 농촌경제의 주요 변동요인으로 작용했다. 아울러 감저(고구마) 증산과 함께 1930년대 제주농업의 변동을 초래하는 계기가 되었다.

제충국을 아십니까?

'제충국'을 얼른 떠올리는 사람은 많지 않다. 그러나 막상 실물을 보면 십중팔구 '아~ 이게 제충국이구나'며 옛 기억을 떠올릴 것이다. 예전 할머니집에 가면 여름밤 모기를 쫓기 위해 마당에 피웠던 풀이 제충국인 것 같다. 이 제충국은 일제가 군수 목적으로 제주 농촌에 대량 보급하였던 일제 강점기 대표적인 환금(還金)작물이다.

제충국(除蟲菊)은 국과(菊科)식물에 속하고 페루시아종과 다루마채종과의 이 종류가 있다. 제충국의 유효성분은 피레트론이라 칭하는 갈색의 산성유상(酸性油狀) 물질로 곤충 류에는 극히 유해한 것이다. 이것은 미소(微少)한 특유의 향기를 유(有)하고 비상히 분해하기 쉽고 주정(酒精)에 쿠로로호름, 휘발치(揮發治)에 잘 용해되는데 아루카리 우(又)는 산(酸)에는 불용해이다(동아일보, 1940.2.3.).

제충국은 아미리가(亞米利加) 과수원 등에서 절호(絕好)한 구제제(驅除劑)로 환영되는 것인바 일본시장에서는 매년 수출이 백만근에 달한다. 이것은 조선에도 재배에 적당할 뿐 아니라 농가의 항구 부업으로 가장 적당하다 하야 총독부에서도 그 재배장려정책을 세우고 오개년 계획안을 작성하야 일년간 백만원 가격의 미국 불화(弗貨)를 가져올 경기 조흔 이야기란다(동아일보, 1933.12.1.).

제충국은 발칸반도 달마티아 지방이 원산지다. 1840년경 달마티아 지방에서 재배가 시작된 이래 점차 유럽으로 전파되었다. 1860년 미국에 전해졌다. 일본은 1885~1886년경 미국과 호주에서 도입되었다. 2차 대전 이전 유고에서 대량 생산되었으나 전쟁으로 인해 생산이 감소하면서 일본 내 생산이 늘어났다. 급기야 1935년 일본이 세계 제1위 생산국으로 부상하였다.

> 아국(我國)은 제충국의 건조 급(及) 분말의 세계에 잇어서의 최대의 공급국으로서 알려저 잇고 수출선은 주로 북미, 영국 등으로 그 양은 일개년 약 칠백만근 가량이다(동아일보, 1938.8.17.).

> 제충국의 재배자는 채집한 꽃을 건조시켜 이것을 판매하는바 아직 조선에서는 본격적으로 재배하고 판매하지 못하는 중 금반 총독부에서 적극 재배장려 할 계획이라 하나 이때까지는 소량을 시험적으로 재배하야 그 생산품을 그 지방에서 구충제 기타에 판매하는데 불과하여...
> 조선은 제충국의 재배 조정에 가장 필요한 건조에 적당하다. 제충국은 곤충류 특히 농업용의 해충 구제 등으로 근년 더욱 그 수요를 증가하고 있음으로... 제충국은 중점토(重粘土) 우(又)는 배수불량한 음습한 지(地)는 불가하다. 배수가 양호하고 일광의 조사(照射)가 충분한 사질양토가 가장 적당하다(동아일보, 1934.4.25.).

제충국은 꽃을 수확 건조시켜 살충제의 원료로 쓰이는 작물로 태풍으로 인한 피해를 최소화시킬 수 있는 작물이다. 또한 휴한지를 이용하여 재배할 수 있고 성장 환경이 제주 기후에 적합하다. 일제가 의도한 군수물자 확보라는 조건에도 부합된다. 이 때문에 '제충국 재배조합'이 설립되는 등 제충국 재배가 본격적으로 장려되었다.

> 제충국의 용도를 상세히 말하면, 화급경엽(花及莖葉)을 분말로 한 것은 곤충류에 대하야 심히 유해한 것인바 인축(人畜)에는 해가 없으므로 화(花)우(又)는 경엽(莖葉)을 분말로 하고 혹은 여기에 혼합물을 가하야 선상(線狀) 우(又)는 액상(液狀)으로 살포, 연관주(煙灌注)하야 해충의 구제에 사용하는 등 실로 광범한 용도를 가지고 잇다(동아일보, 1934. 4.26.).

제충국 꽃에는 곤충 신경을 마비시키는 피레트로이드 성분이 들어 있다. 피레트로이드는 곤충에게 강력한 운동신경 마비작용을 일으킨다. 하지만 온혈동물에게는 독성이 아주 약하므로 사람과 가축은 아무런 해가 없다. 그래서 가정용 살충제 및 농업용 살충제로 활용되었다.

특용작물로 제충국 재배를 장려하는 가부에 대하야는 제충국이 아직 충분이 알려잇지 않은 것과 가격이 일정치 못하기 때문에 총독부 농림국에서 여러 가지로 연구 중인데 전라남도에서는 일본 내지의 제충국 재배가 불진하야 업자 등이 조선에 주의하고 잇는 사실에 감하야 금년부터 제주도에서 대대적으로 장려하기로 결정하엿다(동아일보, 1934.4.30.).

일제에 의해 전량 계약 재배되었으며 최저 가격(관당 1원40전)을 보장받을 수 있었다. 이 때문에 1938년 재배 면적이 398ha에 이를 정도로 제주지역 재배가 확대되었다. 제충국 생산 증대를 위해 1931년 우면 서호리, 신좌면 조천리, 제주공립농업학교 등에 시작지(試作地) 면적을 확보하고 새로운 품종을 시험 재배했다.

제주도에서 산출(産出)되는 제충국은 금년에 그 재배 성적이 양호하야 일만사천여관 수확을 예상한다는데 이것을 작년의 팔천여관에 비하여 보면 약 이배의 대증수(大增收)를 시(示)하엿을 뿐외라. 시세도 고등(高騰)하야 일관당 오원 가량이므로 제충국 재배자는 근년에 희유(稀有)의 만족을 느끼고 잇다고 한다(동아일보, 1938.6.19.).

〈1938년 제충국 판매상황〉

등급	판매수량	단가(円)	판매금액(円)
일등	1,585.170	516	8,183.85
이등	3,590.330	506	18,195.75
삼등	6,173.490	496	30,699.86
등외일등	2,409.880	486	2,718.39
등외이등	304.320	476	1,446.87
계	14,063.19	-	70,244.72

당시 반당(反當) 생화 수확량이 10관이다. 이로 인해 농가에서 10a당 50원 정도 소득을 얻을 수 있었다. 당시 공무원 월급이 20원 정도이었던 점을 고려하면 당시 제충국은 매우 고소득 작물이었다.

> 농산물 증식문제는 전시식량의 유지 확충을 위하야 브르짖게 된 만큼 그 정책은 중대 전기를 화(畵)하여 하고 있다. 농업정책은 종래의 소극주의에서 적극주의로 전환할 정세에 처하엿다.
> 농산물만으로써 적어도 일억원을 국제수지에 자(資)하기 위하야 다(茶), 제충국, 채종(菜種), 관힐용(罐詰用) 소채(蔬菜), 감귤류 등을 증식하려는 중이다. 이는 종내 생산력 유지로써 만족하고 가격 통제에만 시종(始終)하던 농산물을 금후는 생산력 확충, 농산물 증식을 위하야 계획 생산을 하려는 것이다(동아일보, 1939.9.3.).

1930년에 이르러 제주 농가들은 생존을 위한 식량 확보 목적인 곡물중심 경작에서 벗어나 점차 가계에 필요한 현금 수입 증대를 위해 상품작물, 환금작물 재배를 확대하였다. 또한 식량대체작물이나 지력 증진을 위한 두류 등과 같은 작물 재배를 확대하는 등 농업 경영 다각화 현상이 나타났다. 1930년대 주요 작물 생산현황을 보면, 단위 면적당 현금 수입이 가장 높은 제충국, 박하, 그리고 식량대체작물 겸 상품작물인 고구마와 육지면, 양잠 등이 있다.

제충국을 포함한 상품작물 보급 확대 및 재배 장려는 주로 일제 농업정책과 식민지 시장경제 상황과 밀접한 관련이 있다. 당시 제주지역 상품작물 대부분은 전매(專賣)되었고 판매가 보장되었다. 이로 인해 제주 농가의 의사 결정이나 생산 활동에 합리적이고 안정적인 기대를 주었다. 그래서 제주 농민들은 너도 나도 상품작물이나 환금작물 재배에 적극 동참했다.

한라산 초기왓

　한라산 삼림대의 수종은 표고 자목(資木)인 자작나무, 졸참나무의 번식으로 보충되고 바람에 꺾이고 난벌(亂伐)되는 수목에 자연 발생하는 표고는 극히 우수해서 본래 원주민들은 이것을 재취해 햇볕에 말려 시장에 반출하곤 했다. 제주 유일의 특산품으로서 유망하다는 데 착안, 1905년 이들에 의해 창립된 동영사(東瀛社)에 의해 착수된 것을 효시로 1939년 11월에는 이 사업에 노련한 田中長嶺 등을 초빙, 여러 가지 어려움과 싸우면서 시험을 거친 결과 매우 유망하다는 것을 확인하였다[미개의 보고 제주도, 1924].

　표고버섯(Lentinus edodes)은 민주름 버섯목 송이과에 속하는 식용버섯이다. 야생에서는 동남아지역 참나무 등 활엽수 고사목에 주로 발생한다.

버섯의 인공재배는 10세기경 중국에서 시작되었다. 현재 한국을 비롯, 일본, 중국 등 동양에서 재배되고 있다. Lentinus속 버섯은 전 세계적으로 분포되어 있으며 수십 종 기록되어 있다. 그중 표고와 잣버섯이 인공 재배되고 있다.

표고버섯은 항암성분인 렌티난을 함유하고 있으며 항바이러스 작용, 혈압 강하작용이 있다. 표고버섯은 색깔, 형태, 육질 크기에 따라 화고, 동고, 향고, 향신 등으로 나누어진다. 특히 갓이 오므라들고 육질이 두껍고 색깔이 선명하면 할수록 고급에 속한다. 버섯 골목 (榾木)을 2년 동안 재배하면 썩어 폐기되므로 과잉 생산 위험이 타 작목에 비하여 적다. 그리고 생표고, 건표고로 유통되기 때문에 과잉 생산했을 때 유연하게 대처할 수 있다.

제주지역 표고 재배는 1905년 이래 일본인들에 의해 한라산 동남부 화전(火田)마을 위쪽에서 처음 시작되었다. 예전 제주 도민들은 '바람에 꺾이고 난벌(亂伐)되는 수목에 자연발생하는 표고'를 채취해 햇볕에 말려 시장에 반출하는 수준이었다. 그러다 몇 몇 일본인들이 당시 제주 유일 특산업으로 표고업이 유망하다고 판단하여 표고 인공재배를 위한 표고업(椎茸業)을 시도하였는데 이때부터 제주지역 표고업이 본격화되었다.

한라산에서 나는 버섯 수입이 칠팔만 원이라 하며 목축은 자고로 유명한 곳이다(동아일보, 1922.12.29.).

1919년 조선 총독부는 한라산 표고버섯을 특산품으로 지정하고 재배를 장려했다. 처음 표고버섯 재배에 뛰어든 일본인들은 한라산 동남부 화전 위쪽 5,000㏊에 달하는 재배장을 경영했다. 당시 재배법을 보면, 벌목 후 3년째 가을부터 차츰 수확을 시작하여 3년 정도 생산한다. 이후 차츰 생산이 떨어져 10년 쯤 지나면 생산 할 수 없게 된다.

벌목은 매년 10월경 나무 영양 상태를 살펴 일제히 도끼질해야 한다. 그 해는 그냥 지나고 다음 해 4월경부터 장마철까지 입목, 즉 가지를 잘라 내고 높이 1척(尺) 7~8촌(寸) 정도 침목(枕木)을 세운다. 동시에 도끼로 거리 5촌 정도 나무 표피(表皮)에 선형(扇形)으로 깊은 홈을 낸다. 그리고 입목(笠木), 나뭇가지들을 상목(上木)위에 얹힌다. 이 갓 모양 입목은 가뭄이 심할 때 차양용(遮陽用)으로, 비가 많이 올 때 비막이로 서리나 눈을 막아 주기 때문에 골목(榾木)에 피복 역할도 한다.

벌목 후 3년째 골목 아래쪽 풀을 베어주고 또 입목을 알맞게 조절하면 가을에 자연 발생적으로 표고버섯이 소량 산출 된다. 4년째 되면 장목법을 쓰는데 벌목은 그냥 둔다. 단목법이란 그 긴 골목을 길이 3~4척 정도로 통나무 상태로 잘라내고 같은 크기 못을 파 빗물 담아 그 속에 넣은 뒤 하루 밤낮을 지내고 인부가 못 속에 들어가 나무토막으로 절구 부근을 4~5차례 두들겨준다. 이 같은 절목(折木) 과정이 끝나면 천연 입목, 즉 입목 밑으로 운반해서 우목이라고 하는 가로 뉘인 나무에 양쪽을 받쳐 세운다. 이 작업은 4년째 4월 상순부터 추자(秋子, 가을 표고) 발생 전 40일 사이 이루어진다.

장목법 골목 역시 이 무렵 비온 뒤 그 위치 그대로 타목 해준다. 타목 후 일주일이 되면 표고균(菌) 발아가 시작된다. 장목법(長木法)은 전적으로 기후에 따라 좌우된다 그 대신 표고가 오래 발생하는 장점이 있다. 단목법(短木法)은 강우를 기다리지 않고 못 속에 놓아두면 타목이 되기 때문에 인력으로 조절이 가능하다. 하지만 생산기간이 짧고 벌목 후 7~8년으로 끝나게 된다.

수확한 표고는 길이 너비 2간(間), 새로 8간 정도 건조실에서 뜨거운 숯불을 피워놓고 선반위에서 '에비라'라 불리는 기구에 넣어 불짐으로 말린다. 대략 1주야(夜) 정도 건조를 끝내고 상자 속에 넣어 판매한다. 표고재배 시 벌목시기를 놓치지 말아야 하며 건조할 때 불 조절을 가장 주의해야 한다.

현재 표고 재배법은 예전과 다르다. 현재 표고 재배법을 살펴보면, 표고버섯은 참나무 원목을 11월~2월까지 벌채 된 것으로 길이 1.2m, 직경 15cm 정도로 잘라 드릴로 원목을 뚫어 그곳에 종균 심기 한 다음 장마 전 뒤집기 1~2차례 하고 다음 해 수확한다. 수확 시기는 품종에 따라 다르다. 건표고는 봄은 보통 5~6월 가을은 9~10월 많이 수확한다. 품종에 따라 차이가 있으나 보통 5월부터 작업을 시작한다. 물주기 하며 표고목을 쓰러뜨리고 2~3일 충분히 물주고, 버섯 발아가 시작되면 세우기를 한 뒤 적기에 수확 한다. 수확 후 휴면기간은 20~30일 이상 충분한 기간을 두어야 충실한 버섯을 생산할 수 있다.

한라산에서 생산한 표고버섯은 1936년 2,800kg, 1937년 2,600kg, 1938년 3,500kg이다. 당시 현장에서 건조된 표고버섯은 포장돼 서귀포항 선박에 실어 대판으로 반출됐다. 다시 대판에서 위탁 판매를 거쳐 중국으로 수출됐다.

일제 강점기 표고 재배 적지(適地)는 고산(高山)지역 등 각종 자재 운반이 불편한 곳인 경우가 많았다. 일제는 한라산을 다용도로 이용하고 한라산 임산물을 자국으로 운반하기 위해 한라산 한 바퀴 도는 환상도(環狀道, 하찌마끼 도로 : 하찌마끼는 머리에 두르는 하얀 띠를 말함. 한라산 중간에 머리띠처럼 원형으로 만들었다는 의미임)를 160만원을 들여 만들었다. 한라산을 환상으로 둘러싼 하찌마끼 도로는 산북 산지항과 산남 서귀포항으로 이어졌다. 해방 이후 하찌마끼 도로는 주로 표고업자들에 의해 활용되어 오다가 지금은 한라산 둘레길로 이용되고 있다. 그런 연유로 한라산 둘레길을 탐방하다 보면 도중에 초기왓(표고버섯 재배장)을 만날 수 있다.

• 한라산 둘레길에서 볼 수 있는 표고버섯 재배장

한라산 꿀벌

　인류가 오래전부터 길들인 벌을 이용하여 채밀(採蜜)해오던 양봉(養蜂)은 동·서양 모두에서 성행했다. 우리나라에서 양봉은 고구려 동명성왕 때부터 시작되었고 한다. 이때 원산지 인도로부터 중국을 거쳐 재래종 벌인 동양꿀벌을 들여왔다. 이어 고구려·백제·신라 순으로 양봉이 시작되었다. 실제는 이보다 훨씬 이전인 것으로 추측된다. 처음에는 구석기시대부터 사냥을 하거나 나무열매를 따다가 바위틈 등에서 자연 꿀을 발견하고 채취하였다. 이후 농경시대에 이르러 사유재산 개념이 정착되면서 꿀벌 소유와 양봉으로 분리 발전되었을 것으로 추측한다.

643년 백제 태자 여풍에 의해, 일본에서 키우고 있는 벌이 전해졌다. 당시 꿀이 주요 수출품으로 기록되어 있는 것으로 보아 한국에서 자생한 것으로 짐작되는 양봉이 계속 존재하고 있었음을 짐작할 수 있다.

고려시대·조선시대 꿀은 아주 중요하게 취급되었다. 특히 고려시대에 유밀과(油蜜果)를 만들어 먹는 등 용도가 다양했으며 소비도 늘어났다. 공급을 넘어설 만큼 꿀 수요가 급증하자, 1192년 궁중 이외 일반 가정이나 사찰에서는 꿀을 사용하지 못하도록 하는 금령(禁令)이 내려지기도 했다.

조선시대 세종 때 편찬된 '향약집성방(鄕藥集成方, 1433)', 선조 때 편찬된 '동의보감(1613)' 등에 꿀, 밀랍, 꿀벌 번데기 등이 영약(靈藥)으로 기록되어 있다. 또 다른 문헌에는 벌꿀 산지, 양봉기술에 관해 기록되어 있다. 숙종 때 홍만선(洪萬選)이 쓴 '산림경제(山林經濟)'에 호봉법(護蜂法)과 할밀법(割蜜法) 등에 대해 기술하고 있다. 이 시대 양봉기술은 대체로 원시적이었다. 벌집을 쥐어짜 걸러 내거나 불을 때어 꿀이 흘러나오면 걸러내는 채밀방법이다.

> 본도 양봉의 기원은 40~50년 전에 불과하다. 따라서 재래종의 사양수(飼養數)는 경우 오백여 군(群)에 지나지 않는다. 또 근자에는 개량종, 특히 이타리아종계(種系), 잡(雜)카니오랑종계(種系), 잡종(雜種)브리티수종계(種系) 등 잡종이 반입되어 현금(現今)에는 꽤 양봉이 왕성해 지고 있다. 그래서 거의 전문적으로 경영하는 이도 나타나고 있다.
> 본도가 양봉에 적합하느냐, 아니냐 하는 것이 선결문제이다. 첫째로 기후가 온화한 것, 둘째로 유밀기(流蜜期)가 긴 것, 셋째로 월동기가 짧고 월동이 용이하다는 점, 넷째로 밀원(蜜源)의 종류가 많은 것 등은 유리한 점이다. 바람이 센 것은 유일한 결점이다. 대체로 밀원(蜜源)이 많다고 볼 수는 없으나 양봉의 위험률 즉, 실패의 정도는 육지부보다 훨씬 유망하다. 주된 밀원식물(蜜源植物)은 봄의 운태(蕓苔) 기타 십자과(十字科)식물, 자운영(紫雲英), 먹구슬메, 밀, 면화, 감, 참깨 등인데 특히 메밀산액이 가장 많으므로 장차 어느 정도 장려 지도를 한다면 상당한 꿀의 산액을 볼 수 잇을 것이다[미개의 보고 제주도, 1924].

제주지역 양봉은 1910년 완도군(莞島郡)으로부터 정의면(旌義面)에 재래종 3군(群)을 옮긴 데에서 기원한다. 양종(洋種)벌은 1919년 서귀포 川岐某가 일본으로부터 사이프리안 및 이탈리안종계 잡종을 반입한 것이 시초이다. 이후 1923년부터 3년 동안 기후현(崎阜縣)에서 황금(黃金)종벌 146군(群)을 공동 구입했다.

한라산 양봉은 온난한 해양성기후 혜택을 받고 있어 특히 산남지역은 한라산 남사면에 위치해 있기 때문에 기온이 따뜻하여 사계절 모두 양봉에 적합하다. 또한 지형·지질 관계상 밭이나 목장이 많아 밀원식물(蜜源植物)이 풍부하여 양봉이 농가 부업으로 매우 적합한 것으로 여겨져 왔다.

꿀벌은 한라산 산남지역에 가장 많았다. 그 중 산남지역 중앙부 우면 및 좌면이 가장 탁월했고 산북지역은 적었다. 1920년 불과 15군에 불과했지만 1931년 2,959군으로 늘어났다. 산남지역은 본도 제일 온난기후로 겨울에도 완두(豌豆), 유채(油菜), 동백, 자호(紫胡) 등 밀원(蜜源)이 있다. 특히 동백은 방화림 목적으로 산남지역 가가호호 집주위에 심어졌다. 밀원이 되는 식물은 해안지대에 자운영(紫雲英), 유채(油菜), 먹구슬나무, 감귤나무, 복숭아, 벚나무, 면화 등이 있다. 중간지대에 메밀, 결명(決明), 크림송클로바, 콩, 팥 등이 있다. 밀원 분포는 해안에서 불과 15km 사이에 있다. 계절적으로 해안지대로부터 산간지대로 연중 계속 꿀을 딸 수 있어 가장 효율적인 밀봉(蜜蜂) 이동이 행해질 수 있었다.

한라산에 분포하는 밀원으로는 9월부터 12월 중순에 이르는 건조기에 양질의 꿀을 저장하는 향유(香薷)가 대표적이다. 그 밖에 삼림지대에 밤, 싸리, 덩굴풀 등이 있으며 삼림지대 상부에는 철쭉밭이 넓게 펼쳐져 있다.

양봉가(養蜂家)는 해안지대 개화기가 끝날 즈음 벌통을 한라산 고지대로 이전하여 10여 일간 천막생활을 하며 벌통을 관리한다. 예전에는 향유초로 부터 채밀을 위해 해발 600고지인 관음사(觀音寺)까지 이동했다고 한다. 12월말에 해안지대에 내려와 산남지역은 2월 말 북제주는 3월 말까지 월동한다. 서귀포는 따뜻했기 때문에 벌통 입구를 좁히는 조치만으로도 월동이 가능했다.

한라산 꿀벌 기르기 작업을 살펴보면, 1군 꿀벌수는 2만 마리 정도이며 정상 봉군인 경우 여왕벌이 1마리 있다. 그 외는 대부분 일벌로 봉군생활에 필요한 모든 일을 한다. 숫벌은 무정란으로부터 발달한 것이고 번식기만 생존하며 수백 수천마리이다. 이중 한

마리만이 처녀왕벌과 결혼 비행하며 교배하고 그 외 숫벌은 무위도식(無爲徒食)한다. 교배한 숫벌은 생식기(生殖器)가 이탈되어 교배 후 죽고 나머지 숫벌은 꿀이 적은 시기에는 일벌에 의하여 추방되거나 관리인이 없애 버린다.

벌 상자에는 소방(벌방) 집합체인 난소(卵巢) 대부분은 직경 약 6mm 일벌방으로 되어 있다. 봉군(蜂群) 세력은 꿀벌수, 육아수, 저밀량, 꽃가루 등을 종합하여 강군과 약군으로 분류된다. 봉군 증식은 봄이 되어 기온이 상승하고 밀원이 풍부해지면 산란, 육아가 촉진되며 이때에 분아가 나타나기 전에 빈벌통에 소비(巢脾) 2~4 정도를 넣어 분봉(分蜂)하고 있다. 양봉산업을 활성화하기 위해 도내에서 양봉강습회가 열렸다.

동양양봉회사(東洋養蜂會社) 사원 강면희(姜冕熙氏)씨는 금춘(今春)에 내도하야 지방 양봉(地方養蜂)의 적합흠을 시찰한 결과 전문강사를 청요(請邀)하야 본도 중앙인 도청 소재지 영구명신학교내(永久明新學校內)에 강습회를 개최흘 예정인대 기간은 약 이주 이상이며 청강생(聽講生)은 전도를 통하야 육십인 이상이라더라(매일신보, 1922.8.27.)

서울특별시 광진구는 도시농업 활성화사업으로 광장동 자투리 텃밭 뒤편에 도시양봉 체험학습장을 조성하고 체험프로그램을 운영하고 있다. 이 프로그램은 도심 속에서 친환경 꿀 수확과 함께 양봉에 대한 정보와 기술을 익히는 건전한 여가활동 등 구민의 건강한 삶을 돕고 나아가 친환경 생태도시 조성에 이바지하기 위해 마련됐다고 한다.

성남시 분당구청 역시 양봉 체험장을 운영하고 있다. 꿀을 맛보며 양봉과 자연환경에 대해 알 수 있는 도심 속 이색 체험장이 구청 옥상에 마련됐다. 분당구청은 별관 옥상에 벌통 3개를 설치해 양봉 체험장으로 운영하고 있는데, 벌통(50㎝ x 40㎝) 1개에 3만~5만 마리 일벌이 살고 벌통 1개에 5~6kg의 꿀을 생산할 수 있다는 등 도시 양봉에 대해 알려주고 있다.

아직 규모를 갖춘 사업화 단계는 아니지만 다행히, 제주지역에 '제주꿀 체험장'이 있다. 머지않아 제주 꿀 체험장이 본격적으로 사업화 된다고 하니 반갑다. 더욱이 그 주체가 묵묵히 제주지역 양봉업의 대(代)를 이어오는 젊은 양봉업자라니 더욱 기대가 된다. 이 대목에서 문득 생각나는 말이 있다. '만일 이 세상에서 벌이 사라지면 그로부터 3년 안에 인류도 사라지게 될 것이다'.

화전

30여 년 전 일이다. 한국사를 전공하던 선배가 '제주 근대사 연구는 화전 연구에서부터 시작 된다' 는 말을 들었을 만 해도 나는 화전의 존재와 의미, 무엇보다 화전 연구의 중요성을 전혀 몰랐다. 그러다 제주경제사에 관심을 갖다보니, 제주사 정립을 위해 가장 시급하고 중요한 분야가 화전(火田) 연구라는 걸 깨달았다. 제주지역 전통농업 역시 화전을 빼고 논하기 어렵다.

제주도는 신라시대 이전부터 화전농업이 이루어졌다. 김상호교수(1978)는 <동국여지승람(東國輿地勝覽) 제주목(濟州牧) 건치연혁조(建治沿革條)>를 근거로 제주도 개척이 화전농업을 중심축으로 이루어져 왔다고 주장한다. 제주 한라산 개척은 신라시대는 물론 그 이전에도 화전농업을 중심으로 이루어 왔다는 것이다.

'고려사고기(高麗史古記)'를 보면, 제주도 주민들이 농업 정주가 이루어지고 촌락이 형성되고 난 뒤 촌락 주변에는 농경 목축지가 분포하고 있었다고 한다. 촌락 주변 농경 목축지가 어떻게 경영되었는지는 확실치 않다. 그러나 경목교체방식(耕牧交替方式)으로 이루어져 왔으며 당시 토지 이용 역시 경목교체 방식으로 진행되었을 가능성이 크다.

당시 농경을 이끈 생산 단위는 정주가구이며 씨족 단위로 기능하고 있었다. 나아가 정주지 주변 윤경(輪耕) 화전 확대를 가져오는 식의 화전 경영 단계에 앞서 1차적으로 이동에 의한 거주 정착과 경지 개간을 이루는 화전경영 단계가 있었으며 후자를 이끈 것은 씨족 단위 이상 촌락 단위였다. 그것은 지연적(地緣的) 공동체를 나타내는 것으로 근재형(根材形) 화경(火耕) 농업이 개척 당시 거주 단위였음을 시사한다.

이렇게 지연공동체에서 가족중심 단위로 분화되면서 거주지 주변에서 이루어져 간 개척이 제주도에 있던 개척형(開拓型) 화전농업이다. 이후 제주도 화전은 한라산 목장지대에 대한 농경지화(農耕地化) 정책의 일환으로 경목교체방식이 쓰였다.

제주도 화전의 기원은 경목교체방식과 아울러 고려시대 목장 설치인 것으로 보인다. 즉, 고려시대 중간 구목장지대가 설치된 후 중간 구목장지대 농경지화 과정을 고찰함으로써 제주지역 화전에 대한 폭넓은 역사적 설명이 가능하다는 것이다.

한편 탐라에서 삼별초군을 평정한 몽고는 충렬왕 2년 제주에 목장을 설치했다. 한라산 산요부(山腰部)를 돌며 국영목장이 설치됨으로서 목장지대가 형성되었다. 그러나 제주도를 통틀어 방목지를 경영하는 것은 그만큼 도민 식량에 확보에 대한 부담이 컸기 때문에 이에 대한 대책이 요구되었다. 급기야 조선 세종 때 한라산 목장과 구목장을 풀어 경작하도록 하는 방안이 모색되었다. 즉, 넓은 지역을 필요로 하는 방목중심 경영은 인구 증가와 그로 인한 식량 확보 차원에서 농경지화 정책이 긴요했다는 것이다.

19세기에 이르러 본격적으로 중산간 지대 목장전과 화전을 개간하기 시작했다. 원래 중산간 지대는 국마를 양성하는 목장으로 경작이 금지되었다. 그러나 이 시기에 이르러 공식적으로 목장전과 화전 경작이 허용되었다. 이로 인해 19세기 중반부터 화전을 개간하러 중산간 지대로 이주하는 주민들이 늘어갔고 화전동(火田洞)이 형성되기에 이르렀다.

<제주순무어사박천형서계(濟州巡撫御使朴天衡書啓)>에 의하면, "산둔(山屯) 3장(場)은 둘레가 90리이고 지세가 평탄하여 물은 6군데에 있고 간간이 숲이 있으나 백성들이(入耕者) 들어가 경작하는 곳도 많으니 마필이 살찌지 않고 수가 줄어 6백여 필 밖에 안된다고 하고 있으며 이어 목장 범경(犯境)은 국법으로 금하는 바 제멋대로 목장 안에 들어가 경작하는 폐단은 없을 것"이라고 건의하였다.

당시 제주 도민들은 제주지역 전체 목장화로 인한 토지 부족과 그로 인한 농업 생산 감소 문제를 해결하기 위해 중산간 구목장지대 토지를 불법적으로 개간하여 경작했다. 목장 안에서 불법적으로 경작하는 토지를 목장전(牧場田, 장전)이라 부르고 공한지나 황무지를 다시 개간, 경작하는 토지를 가경전(加耕田)이라 한다.

1894년 공마제도가 폐지되면서 목장토 개간이 더욱 활발해지면서 제주도 전 중산간 지역에 머리띠를 두르듯(이를 말발굽형이라 함) 화전이 확대되어 간다. 1899년 5월에 전국 읍지 편찬 일환으로 작성된 <제주군읍지(濟州郡邑誌)> 중 <제주지도(濟州地圖>에 목장 상잣성 위쪽으로 여섯 군데에 화전동(火田洞)이 표시되어 있다. 아울러 지도 뒤 읍지 본문에 화전세를 수세하던 기록이 있어 산장(山場)이 있던 곳에 화전촌이 형성되었고 이들을 상대로 세금을 거두었음을 알 수 있다.

화전은 중산간 지대 숲이나 산목을 불태워 경작하는 토지로 만약 매년 경작된다면 정규 전세(田稅) 부과 대상이지만 부정기적으로 경작을 할 때에는 경작할 때마다 납세하는 수기수세(隨起隨稅)의 대상이다. 이 세목이 목장세(牧場稅), 가경세(加耕稅), 화전세(火田稅)이다. 구한말 대부분 제주지역 민란은 화전세와 밀접한 관련이 있다. 따라서 제주 근대사 설명을 위해 이 부분에 대한 정리가 선행되어야 한다.

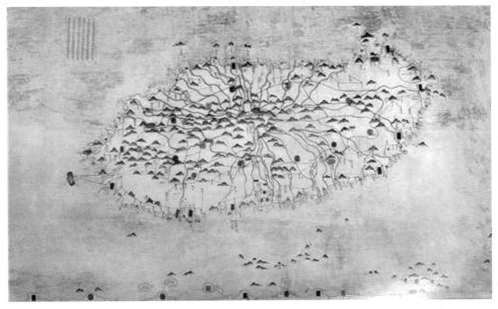

• 제주삼읍전도

일제 강점기 제주도 농업지대를 서술한 久間健一(1946)에 의하면, 산간지대는 삼림지대 하부에 있고 다음에 말하는 중간까지에 약 2~3리 폭으로 둘러싸인 지대로 옛날 화전지대가 있었다고 한다. 경작지 면적 1만6천 정보로 제주도 총경지 중 약 16.9%를 차지한다. 그러나 그 이용은 원시적으로 방목, 또는 모초체취(茅草採取)로 이용되는 것이 대부분이며, 경작에 이용되는 면적은 근소하다. 작물은 주로 대두, 조, 보리(제주도에서는 화전지역에 시비가 필요한 보리는 경작하지 않는다. 이는 착오로 보인다) 등인데 가장 이용도가 높은 밭이 10년 3경(耕), 심한 밭은 10년 1경, 보통 밭이 10년 2경 정도라 할 수 있다.

중간지대는 산간지대와 해안지대 중간지역으로 한라산록에 있는 폭 1~2리 위요지대(圍繞地帶)이다. 경지 면적 약 2만 7천 정보, 총경지 중 28.3%를 차지한다. 토지이용은 상당히 진행되었으나 전경지 5할 이상이 방목 또는 모초(茅草) 채취에 이용되었고 기타 경지는 5년에 2~3경이다. 경지는 돌이 많고 땅이 박하기 때문에 이용가치가 적다. 작물은 피, 교맥(蕎麥), 조, 대두, 밭벼류로 비료를 필요로 하는 맥작(麥作)은 거의 존재하지 않았다. 이 지대는 구목장지대에 해당하여 돌담을 쌓아 소나 말의 도망을 막았던 지역으로, 상부는 화전지대에 접하는 쪽 돌담을 상잣성(上場城), 하부 돌담을 하잣성(下場城)이 중간에 중잣성(中場城)이라 했다.

일제 강점기 한반도 화전은 토지조사사업으로 인한 농민층 분해로 화전민들이 급격히 증가한다. 이에 대해 일제는 산림을 보호하는 명목으로 삼림령과 화전금지정책을 실시하여 화전을 금지시켰다. 제주 도내 화전면적은 1919년 2,005단에서 1923년 1,708단, 1924년 1,413단으로 점차 축소되었다. 이처럼 제주지역 화전은 구한말 이후 점차 축소되었다. 이것은 토지조사사업으로 인한 농민층 분해, 유랑민 증가 등의 이유로 화전민이 급격히 증가한 육지부 경우와 많이 다르다.

그 이유는, 아직 단정하기 어렵지만, 제주지역 농촌사회 노동력과 깊은 연관이 있는 듯하다. 일제 강점기, 일본이라는 소비시장 확대로 해산물의 경제적 가치가 높아지고 그로 인해 제주 농촌 노동력이 해안마을로 집중되게 되었다. 또한 1920년대 이후 급격한 도일(渡日)로 인해 제주지역 노동시장에 커다란 지각 변동이 생겼다. 제주 도민 1/4 정도가 도일하게 됨으로써 생겨난 커다란 노동력 손실분을 화전지역 노동력으로 대체했던 것으로 보인다. 더 이상 화전 농사를 하지 않아도 제주 농촌에 다른 경제활동 기회가 충분히 있었고 일본 노동시장으로 진출이 가능함에 따라 화전민들이 생활이나 영농방식의 변화를 모색했던 것이라 생각된다.

강원지역은 1970년까지 화전이 존재했지만 제주도는 이보다 훨씬 먼저 사라졌다. 물론 지금도 봉성리 산간 산업도로 위쪽에 화전동이 있고 오라동이나 동홍동, 색달동, 영남리, 광평리 산간 곳곳에 화전마을 흔적이 남아 있다. 그러나 제주지역 화전은 토지조사사업과 도일(渡日)로 인한 노동시장 변화, 해산물의 시장 가치 증가, 농업경영 방식 변화 등 여러 가지 복합요인으로 인해 급격히 줄어들었고 급기야 '제주 4·3'으로 완전히 사라졌다.

연적골 살던 마지막 화전민

    강할머니 가족은 증조할아버지 자식 중 막내인 친할아버지가 애월 장전에서 연적골로 이주하면서 연적골에 살았다. 강할머니가 태여 날 당시 부모는 화전마을인 서귀포시 동홍동 연적골에 거주하였다. 강할머니는 어머니 친정인 서귀포시 서홍동 굴천동에서 태여 났다. 출생 이후 1942년(14세)까지 연적골에 거주하다 아버지가 돌아가시자 동홍동으로 내려왔다. 이후 연적골에 상시 거주하는 사람은 아무도 없다.

연적골에 가장 사람이 많았을 때 18가구 정도 살았다. 주로 보리, 조(맛시리), 피, 메밀, 감자, 토란 등을 경작했다. 무우, 배추, 참깨 수확량은 다른 마을보다 많았다. 살던 집은 초가 삼칸집으로 큰방(안쪽에 고팡), 마루(마루에 봉석), 작은방(작은방 안쪽에 부엌)으로 이루어 졌다. 방을 만들려면 우선 돌(평판석)로 밑을 깔고 그 위에 흙을 덮은 다음, 감을 으깨어 바르고 그 위에 초석이나 부드러운 풀을 깔았다.

벽은 돌로 벽을 쌓고(한 단 쌓고 흙으로 덮고 다시 한 단 올리는 식으로) 부드러운 흙으로 마무리 하였다. 주로 마당에서 수확물을 장만했다. 마당은 200~300평 정도로 넓은 편이었다. 작은방 옆쪽에 도통이 있었다. 도통에는 돼지 1~2마리가 있었고 여기에서 둣거름을 만들었다. 집 안쪽에 큰 쇠막이 있었다. 이 쇠막에 아버지 소유의 소와 아래 마을에서 위탁받아 키우던 소 10여 마리가 있었다. 쇠막 한쪽에는 방이 있어 가끔 찾아오는 손님이나 소를 돌보던 테우리들이 이곳에 머물렀다.

연적골 주변에 석수밭, 쇠물도, 시오름 옆 삼거리, 각수바위 근처, 종정굴(위미 다음) 생물도(강, 이씨 주거), 굴왓(오씨 주거) 등 크고 작은 화전마을이 있었다. 그러나 최후까지 남은 화전마을은 연적골 뿐이다.

1930년대 연적골에 몰고래 한 곳이 있었다(일반적으로 마을에 몰고래 한 곳당 12~15세대가 거주했던 것으로 본다. 이에서 보면 1930년대 연적골에 10여 농가가 있었고 그 정도 수확량이 있었던 것으로 추측된다). 강할머니 집에 도고방아가 한 대 있었는데 동네 사람들이 제사 때면 강할머니 집에 빌리러 오곤 했다. 또한 마을사람들이 소를 산으로 올리면 미악산 근처에서 말이나 소를 돌보는 일을 하였다. 이외에 농가 부업으로 숯을 구워 팔기도 했다.

연적골은 부업으로 아래 마을 소를 부탁받아 대신 기르기도 했다. 일제 강점기에는 허가 받은 일본인에게 구입한 나무만으로 숯을 구웠다. 숯 굽기는 우선 땅을 약간 파서 숯 굴(숯가마)을 만들고 방문(房門) 정도 입구를 만들었다. 숯 굽기에 쓸 나무는 일본인 요시모도상에게 구입했다. 그는 파는 나무마다 도장을 찍어 확인했다. 숯 굽기는 여러 사람이 한 번에 숯(백탄)을 굽거나 혹은 땅위에 흙을 쌓고 흙 위에 담(숯가마)을 쌓고 흑탄을 굽는다.

연적골 주위에는 표고 버섯밭을 운영하는 일본사람들이 있었다. 그들은 하지마께 도로를 만들고 한라산 고지대에 밭을 사서 한라산을 둘러싸며 담을 쌓고 그곳에서 표고 버섯밭을 운영했다. 그들에 대한 강할머니 기억은 긍정적이다. 감자나 고구마들을 그들에게 주면 그들 역시 반드시 예의를 갖추어 보답했다.

연적골에 '산물'이라는 나는 물이 있었다. 산물 수량(水量)이 풍부해 식수나 생활용수에 부족함이 없었다. 산물 근처에 본향당(本鄕堂)이 있어 일 년에 세 번 정도 다녔다.

밭에서 보통 일 년에 메밀 서른 섬을 수확했다. 그래서인지 마을 인심은 후한 편이었다. 농사 외에 고구마, 토란, 양애(양하), 산마 등이 많이 생산되어 생활에 큰 불편이 없었다. 제사 때면 아버지가 한 달 전에 솔라니(옥돔) 한 마리를 사다가, 새로 만든 도구에 소금 간을 많이 한 다음 싸서 천정에 매달아 두었다가 제사 때 사용했다. 저녁에는 대개 솔칵, 호롱불, 각지불 등을 켰고, 호야는 특별한 날만 켰다.

화전마을의 교육열은 대단했다. 강할머니 남동생은 6세 때부터 지금 서귀포에 있는 서당까지 강할머니 아버지가 말에 태워 남동생을 통학시켰다. 딸인 강할머니는 서당에 가는 대신 물로 연필을 적셔가며 동생 어깨 너머로 천자문을 습득하였다. 지금도 그때 익힌 한자들을 기억하고 있다.

이상은 1928년생 강할머니 기억을 통해 제주도 마지막 화전마을로 알려진 서귀포시 동홍동 연적골 생활을 살펴본 것이다(『동홍동마을지』에 강할머니를 소개하고 있다. 이 글은 강할머니가 80세이던 2008년 강할머니를 수차례 면담하여 작성한 것이다)

1841년 제주목사 이원조의 『탐라록』「삼천서당폐장가획절목서(三泉書堂幣場加劃節目序)」에 당시 화전세(火田稅)를 받아 서당 경비로 사용했다는 기록이 있다. 1899년 5월에 전국 읍지 편찬 일환으로 작성된 <제주 군읍지> 중 <제주 지도>에는 목장의 상잣성 위쪽으로 여섯 군데에 화전동(火田洞)이 표시되어 있다. 지도 뒤 읍지 본문에 화전세(火田稅)를 수세(收稅)하던 기록이 있는 것으로 미루어 보아 산장이 있던 곳에 화전촌이 형성되어 이들을 상대로 별도 세금을 징수하였음을 알 수 있다. 이에서 보면, 제주도에 마을 단위 집단거주 화전민들이 상당수 존재하였다는 것을 알 수 있다. 이후 1924년 9월 조선총독부 조사에 의하면, 제주도에 약 5,000명 화전민이 있었다고 한다.

1862년 '강제검(姜悌儉) 난', 1898년 '방성칠(房星七) 난', 1901년 이재수(李在守) 난, 남학당 사건들 모두 화전마을, 화전민과 밀접한 관련이 있다. '강제검 난' 주도자 였던 김석구(金錫九) 형제와 이재수는 화전동에 살았다. 그들은 화전세 징수로 인한 화전민 고통과 불만을 잘 알고 있었다. 방성칠은 전라도 동복군(同福郡) 출신으로 동학혁명 이후 1894년 제주도 대정군 광청리 일대로 남학교도 수백 명과 함께 집단 이주하여 화전동에 정착해 살았다. 당시 화전동 경작지는 둔전(屯田)인 국영목장 내 토지였다. 때문에 그곳에서 농사지으려면, 마장세(馬場稅)와 화전세(火田稅)를 내야 했다. 이로 인한 민관 갈등이 생겨났고 이로 인해 민중봉기가 발생했다는 설이 있다.

조선총독부 조사(1928)에 의하면, 다음과 같은 원인으로 화전민이 발생한다고 한다.

1) 평지에서 자산을 잃어도 용이하게 화전에 의하여 경작지를 무상으로 획득할 수 있다.

2) 대개 각종 세금·공과금이 거의 부과되지 않으며 부과된다고 하더라도 극히 낮은 과세부과로 그친다.

3) 벽지 화전민에 대한 행정관청 지휘 감독 내지 장려 지도 기회가 적음으로 안이하게 그리고 자유롭게 생활을 할 수 있으며 복잡한 사회와 격리되어 생활하기 쉽다.

4) 화전민 생활은 대부분 빈곤하며 이른 봄이면 저장하였던 농산물을 거의 소비하여 없어지고 신 곡물이 나올 때까지 초근목피로 연명하는 자가 많다. 그들은 삼림법 및 농산물 단속에 관한 법률에 의하여 처벌을 받아도 옥사 식생활이 오히려 자기 집에서 먹는 것보다 낫기 때문에 그 처벌은 화전민에게 그다지 고통이 되지 않는다.

5) 화전민들은 동계 연료문제는 식생활 이상으로 중요하기 때문에 그들 화전민이 산중에서 마음대로 연료 획득을 했고 이에 대한 죄책감이나 단속 문제가 없다.

6) 지방행정관이나 사법관리들 대부분은 화전민이 먹고 살기 위하여 부득불 화전을 경작하는 것이기 때문에 동정심을 가지고 있다. 이러한 사실을 알고 있는 화전민은 그들이 엄중히 처벌을 안 한다고 믿고 있어 태연히 화전을 모경(冒耕)한다.

제주지역 역시 용이하게 화전에 의하여 경작지를 무상으로 획득할 수 있었고 화전민에 대한 행정 관청 지휘 감독 내지 장려 지도 기회가 적었던 것으로 추측된다. 이 때문에 비교적 자유롭게 농사짓기가 가능했다. 농사짓는 화전 지력(地力)이 고갈되면 새로운 화전지를 찾아 이동하기 때문에 지력보전을 위한 추비(堆肥), 금비(金肥) 또는 토사 유출 및 토양 보존에 필요한 노력을 하지 않아도 된다. 그리고 삼림령 기타 임산물 단속에 관한 법률 등 강력한 규정이 있다. 하지만 일단 입산하여 가옥을 건축하고 토지를 개간하여 경작하게 되면 이에 대해 삼림감독관들의 강제 철거 및 단속이 곤란하였을 것이다.

화전민 유형은 경작지와 경작자와의 권리·소유관계 소유지 이용방법, 생활상태에 따라 여러 종류로 구분하여 분류할 수 있다.

□ 경영별 분류에 의한 화전민- 순(純)화전민과 겸(兼)화전민
순화전민은 화전만을 경작하여 의·식·주 등 생활 전부를 화전지에 의존하고 있는 자를 말한다. 순화전민은 정착농과 표류농이란 경작기간 중 일시적으로 화전 소재지에 거주하다가 지력이 소모되면 휴한(休閑) 또는 폐경(廢耕)하여 다른 지역으로 이전하는 화전민을 말한다. 겸화전민은 화전과 숙전을 병경작(併耕作)하는 자로 병작 화전민이라 한다. 그들은 자기 소유 토지만으로 생활할 수 없어 국유림에서 화전식 경작을 하는 경우가 많았다. 순화전민은 국유림에 경작하는 것이 금지되거나 퇴거명령이 내리면 당장 그 생계를 잃게 되는 경우가 많았다. 이 관점에서 볼 때 제주도 화전민은 겸화전민이 가장 많았고 순화전민도 화전마을에 상당수 존재했다고 보아진다.

□ 경작지 소재지별 분류에 의한 화전민
이 분류는 화전민들이 경작하는 거주지 소재지 여하에 의한 분류이며 국유림 거주 화전민과 민유림 거주 화전민으로 대별할 수 있다. 지역적으로 차이가 있으나 국유림에서 경작하는 자는 순화전민인 경우가 많다. 국유림 화전면적은 순화전민보다 겸화전민 면적이 많다. 이것은 자기 소유만으로 생활할 수 없어 국유림에서 화전 경작을 했기 때문이다.

국유림에 거주하는 화전민은 특히 북한지방에 널리 분포하고 있었다. 그러다 단속이 심해지자 점차 감소했다. 해방 이후 식량부족과 산림감시 체제 미비 등으로 인하여 국유림에 화전 경작을 시작하는 자가 늘어났다. 제주도 화전인 경우 국영목장에서 경작하던 자가 많았던 점을 미루어 보아 국유림 화전민이 다수였다고 여겨진다.

□ 생활수준별 분류에 의한 화전민

1) 지주 화전민

이 계층에 속하는 화전민은 50~60일 경작(1일 경작은 평균 약 1,200평) 이상 화전을 소유하여 수명 고용인까지 있으며 조·감자·연맥(燕麥) 등을 대량으로 생산하고 경작지를 소작시켰다. 이와 같은 화전 소작에 의하여 현저한 비교적 부유한 화전민을 지주 화전민이라 한다. 지주 화전민은 대부분 그 마을 개척자이며 입산 당시 풍부하고 비옥한 장소를 점유 경작하여 매년 수확을 증대해 왔다. 각자 사정에 따라 평지에 가옥·경작지·자산 등 생활 근거를 찾는다. 이후 화전 경작 시기에 전 가족 또는 일부가 국유림에 들어가 적당한 경작지를 고른 후 농막(農幕)을 세우고 화전식 경작을 하며 재산 증식을 꾀하는 사람이 있었다. 화전민 사회도 평지사회에서 볼 수 있는 부재지주나 기생지주가 존재하고 있었다. 제주 농업은 지주나 소작보다는 자작농 비율이 높다. 이는 토지생산성이 낮은 반면 개간 가능 경지가 비교적 많았기 때문이다. 따라서 지주 화전민은 생겨나지 않았다고 보아진다. 제주도 전설에 나오는 '막산이 밭'은 부농이 자기 소유 경지를 늘어가기 위해 고용한 일꾼으로 하여금 밭을 개간하게 하여 생겨난 것으로 보이는데, 이 종류와 맥을 같이 하는 사례로 이해된다.

2) 자작 화전민

이 계층 화전민은 평지 농민에 비유하면 자급 자작민에 해당한다. 그들은 대개 입산 후 4~5년을 경과한 자이다. 화전의 면적은 자기 가족 외 1명 정도 고용인을 고용하는 정도로 수확량은 자가수지경제(自家收支經濟, 독립가계)를 유지하는 수준이다. 제주도는 원래 자작농 중심이었던 점을 감안하면 자작 화전민이 대부분이었던 것으로 보인다. 아울러 개간 하려면 최소 소 2마리가 필요하다. 최소한 이 정도 축력을 소유하거나 동원할 능력을 가졌다면 자작농일 경우가 많았을 것이다.

3) 소작 화전민

이 계층 화전민 일상생활 수준은 자급 화전민 이상이며 대개 타인 화전을 소작한다. 그들은 자기가 개간한 화전만으로 부족하여 자급자족할 수 없었다. 이 때문에 춘궁민처럼 보릿고개가 되면 먹을 양식이 부족해져 고리대업자인 화전 지주에게 금전 또는 곡물 등을 차용했다. 다음 수확기가 되면 빌린 양식을 현금이나 곡물로 합산하여 갚는 것을 매년 되풀이했다. 그러나 제주도에는 이와 같은 현상이 보이지 않는다.

□ 마을구성별 분류에 의한 화전민

이 분류에 따르면 집단거주 화전민과 독립거주 화전민으로 나눌 수 있다. 집단거주 화전민은 수십가 또는 수 십호 화전민이 작은 마을을 구성한 후 상부상조하면서 사회생활을 영위하는 것을 말한다. 이에 속하는 화전민은 겸작 화전민이 많았다. 독주 화전민은 부득불 또는 고의로 마을사람과 함께 살지 않고 멀리 떨어져서 외딴 집을 짓고 사는 화전민을 말한다. 그들은 대부분 이동 화전민 또는 국유림에 거주하는 순화전민이다.

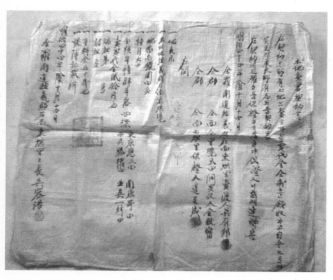

• 화전 매매문서

한라산 숯굽기

올해가 '세계자연유산 거문오름 국제 트레킹 10주년'인 걸로 보아 벌써 10년 전 일이다. 거문오름 트레킹 첫해 첫날, 지금은 군대 간 아들과 거문오름 탐방을 갔다 우연히 귀인(貴人)을 만났다. 거문오름 옆 백하마을에서 태어나 거문오름에서 생활한 적이 계시다는 이○○할머니(당시 81세)를 만난 것이다.

이할머니는 1940년부터 1960년 말까지 거문오름에서 소와 말을 키우며 농사지었다. 숯 구워 팔고 양애, 드릅, 늘굽 등을 경작하며 살았다. 이 할머니가 '우리오름' 이라고 부르는 거문오름에는 사람들이 거주하던 움막터(농와 숯 구울 때 혹은 소나 말을 방목했

•거문오름 숯가마

을 때 임시 거처지, 종가시나무와 붉가시나무 등으로 숯 굽던 숯 가마터(돌가마)와 화전민 거주터가 지금도 남아 있다.

이할머니가 이 오름에서 농사짓고 숯 굽게 된 것은 1940년경 이할머니 시아버지가 현금 100만원을 주고 이 거문오름을 구입한 후부터다. 1960년대 말 시아버지가 돌아가시고 난 후 거문오름 소유자가 몇 번 재판 과정을 거친 뒤 다른 사람에게 넘어가기 전까지, 이할머니는 숯을 구어 성안 가서 숯 열가마니에 좁쌀 서말 받고 팔아 생활하였다고 한다. 제주마을들을 답사하다보면, 도내 전 지역에 숯을 구웠던 흔적으로 찾을 수 있다. 많이 훼손됐기는 했지만 지금도 곳곳에 숯가마가 남아 있다.

우리나라는 오래 전부터 숯을 구워왔다. 일반 용도인 연료용부터 취사 난방용, 건조, 탈취 등 여러 가지 용도로 사용되었다. 제주지역도 예외가 아니다. 한라산부터 해안마을까지 판매 혹은 자급용으로 사용하기 위해 숯을 구웠다.

• 관음사 등반길에 남아있는 숯가마

한라산 숯굽기는 겨울철 부업으로 삼림에서 잘려 나온 활엽수를 길이 1척 정도로 잘라 모양 반듯하고 별로 굵지 않은(직경 3~10cm) 것으로 조종(弔鐘)모양의 외곽을 쌓는다(직경 1.8m, 높이 1.5m). 그 속에 되도록 규칙적으로 바르게 통나무를 쌓아올려 물로 반죽한 찰흙을 밑으로 발라오려 정상부에 직경 30cm 정도 굴뚝과 하부에 60cm에 30cm 정도 화입구를 열어 거기에 점화한다. 연기 나오는 것을 점검하여 우선 정상부 굴뚝을 다음 화입구를 진흙으로 막아 하루 정도 방치하고 흙벽을 부순다. 그들은 고정된 숯 굽기 아궁이를 만들지 않고 수시로 숯 굽기 아궁이를 만든다[泉晴一, 1966].

제주의 전형적인 숯가마는 지름 3~4m, 1.5m 깊이로 땅을 판 뒤 계곡 등에서 흔히 볼 수 있는 보통 크기 돌을 이용해 울타리가 만들어져 있었고, 불을 지피는 화구와 연기가 배출되는 굴뚝 구멍을 가마의 머리 부분에 낼 만큼 머리를 쓴 과학적인 숯가마였다. 그 속에 벌목한 나무를 쌓아놓고 흙으로 덮여 불을 떼서 나무장작들이 타도록 한 것이다. 보통 숯가마는 흙으로 울타리와 지붕을 덮어 굽는데 쇠공장에서 보는 주물처럼 여러 번 반복해서 숯을 굽기 위해 돌로 울타리를 친 반영구적 가마를 만들었다고 추측된다(한라일보, 2004).

제주지역 숯 굽기는 보리나 조 수확 혹은 촐베기가 끝나면 시작된다. 숯을 만드는 일을 '숯을 굽는다', 또는 '숯 묻는다'고 하였다. 숯 묻을 철이 되면 산에 오른다. 작은 솥이나 냄비 등 간단한 취사도구를 가지고 간다. 산에서 밥 지어 먹으며 노숙하는데, 기간은 대개 1박 2일이다. '숯 굽기'는 날씨가 흐리거나 안개 낀 날이 좋다. 이런 날은 연기 나는 걸 숨길 수 있어 들킬 염려가 없었기 때문이다.

낮에 나무를 준비해 두었다가 밤에 숯가마에 불을 지폈다. 숯을 굽는 절차는 먼저 숯 굽는데 필요한 나무를 준비하는 일부터 시작한다. 숯 재료는 낭과 밤나무, 쿤낭, 가시낭, 틀낭, 서어낭, 볼레낭, 소리낭 등이 쓰였다. 숯 굽는 나무는 목질이 질긴 것이 최상이다. 숯불 기운이 오래 가기 때문이다. 숯 묻을 나무가 준비되면 본격적인 숯 굽기 작업에 들어간다. 숯은 숯가마를 이용하지 않아도 만들 수 있지만 대체로 공기가 차단된 숯가마에서 구워낸다[고시홍, 수산리 마을조사, 1998].

• 사려니길 숯가마

제주지역 곳곳에서 이루어졌던 숯 굽기는 다음과 과정을 거치며 진행됐다.

□ 가마터 고르기

숯가마 만들 평지를 물색하여 평평하게 터 고르는 작업을 한다. 그런 다음 땅바닥에 나뭇잎이나 자잘한 나뭇가지를 깐다. 이것은 숯을 추려낼 때, 숯과 땅바닥을 구분 짓는 역할을 한다.

□ '덧돌' 만들기

숯 구을 가마터 면적을 가늠하여 그것에 맞게 네 군데 덕돌을 만든다. 숯가마에 불지피는 구멍을 '덕돌(화덕)' 또는 '숨골'이라 한다. '덕돌'은 솥덕에 앞쪽처럼 양쪽에 두개 돌을 세운다. 이것을 '어귓돌'이라 한다. 그리고 '어귓돌' 위에 가로 얹는 돌을 '덮돌'이라 한다. 숯가마는 보통 4개 '덕돌'을 만든다. 아주 큰 가마는 5~6개 '덕돌'을 만들었다.

□ 나무 쌓기

숯 굽기 위해 마련해 둔 나무를, '덕돌'을 경계로 한 가마터에 쌓는다. 나무 쌓는 형식에 따라 숯 굽는 방식을 '누운 숯(곰숯)', '눌 숯', '선 숯'으로 구분한다. 첫째 '누운 숯' 또는 '곰 숯'은 숯나무를 가마터 바닥에 눕혀 뜀틀처럼 쌓아올려 흙 덮는 형식을 말한다. 초보자들이 사용하는 숯굽기 방식이다. 이 방식은 숯을 많이 만들 수 없고 '냉발이'가 많이 나온다. 냉발이란 탄화가 덜 된 숯, 즉 숯이 되다 만 숯나무를 '냉발이'라 한다. 둘째 '눌 숯'은 숯나무를 '눌을 눌 듯' 피라미드형으로 쌓아 흙을 덮는 방식이다. 숯을 많이 구워 낼 수 있다. 셋째 '선 숯'은 숯나무를 지면에서 수직으로 곧추 세워 쌓아 흙 덮는 방식이다. 가장 고급기술이며 상설 숯가마에서 숯 만드는 것은 모두 '선 숯'이다. 숯나무를 가장 많이 쌓을 수 있고 '냉발이'가 가장 적어 많은 숯을 얻을 수 있다. 나무 쌓기할 때 숯나무 쌓은 겉면에 나뭇잎을 덮어 흙이 스며드는 것을 방지한다. 그리고 '눌 숯'이나 '선 숯'은 숯나무가 무너지지 않게 덩굴로 나무 더미를 빙빙 둘러 감은 다음 흙을 덮는다. 이 과정을 통해 숯나무 쌓고 흙을 덮어 돔 모양 숯가마가 완성된다.

□ 불 지피기

숯나무 위에 흙을 덮어 숯가마가 완성되면 '덕돌(화덕)' 구멍으로 불을 지핀다. 불길이 한꺼번에 골고루 돌아야 숯이 잘 만들어 진다.

□ '숨골' 막기

불길이 숯가마에 골고루 돌았다고 판단되면 '덕돌'을 빼내 '숨골(입구)'을 흙으로 막아 공기를 완전히 차단한다. 불길이 덜 돌았을 때 '화덕'을 막으면 '냉발이'가 많이 생긴다.

□ 숯가마 허물기

1박 2일 동안 산에서 노숙하며 숯 굽는 작업이 끝나면 귀가한다. 숯 굽기 하러 다닐 때 사람들 눈 피해 한적한 길을 이용한다. 2~3일 정도 지나 숯가마를 해체하여 숯을 골라낸다. 간혹 숯가마를 도둑맞는 경우도 있었다. 가마 허물어 숯을 골라내는 일은 밤에 한다.

□ 분배

'숯굴(숯가마)' 세는 단위는 '눌' 또는 '구뎅이'이다. '숯굴' 흔 눌에 2인 1조, 3인 1조로 숯 굽기를 한다. 숯 분량을 나타내는 단위는 '멩탱이'이다. 다른 사람과 한조가 되어 숯을 만들었을 때 '멩탱이'로 분배한다. '흔 눌에서 생산되는 숯 분량은 대중없다. 나무 쌓고, 불 지피고, 공기 차단하는 시간 등 기술적 상황과 비례하기 때문이다.

제주 마을을 탐방하다 보면, 집으로 숯을 옮기다 불이 나거나 다른 사람 숯을 몰래 훔쳐오다 엉덩이에 불이 붙었던 일화를 심심치 않게 듣는다. 화석연료에 밀려 지금은 고깃집 가야 볼 수 있지만, 불과 50~60년 전 까지만 해도 숯은 우리들 삶 가장자리에서 검게 피어나고 있었다.

땅부자 일부자

동네에서 땅 좀 많이 가졌다고 거들먹거리며 유세하기 어려웠던 시절이 있었다. 감귤 농사가 보편화되기 이전 제주에서 그랬다. 오히려 '땅부자 일부자'라고, 땅 많은 집에 시집가는 새색시에게 '시집가서 소처럼 일만 하겠네'라며 안타까워했다.

제주도 전통농업은 낮은 토지생산성을 노동생산성(특히 여성노동 강화)으로 보충하는 조방적 농업방식이다. 화학비료와 제초제가 나오기 전 제주지역 농지 대부분은 토질이 안 좋았다. 게다가 검질(잡초)이 많아 농사는 그야 말로 '검질과의 전쟁'이었다. 오죽했으면 며느리는 잡초가 많은 진밭을 주고 딸에게는 잡초가 덜한 뜬밭을 준다고 했을까.

제주 농가에서는 크기나 많음이 아니라 논(水田)과 촐왓(茅田)를 포함하여 5가지 형태 토지를 골고루 소유하고 있어야 진정한 땅 부자로 인정받았다.

일제 강점기 제주 농어촌 마을은 어느

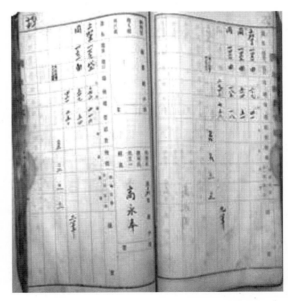

● 지세명기장 본문

정도 토지를 소유하고 있었을까. 일제 강점기 과세 기준이 되었던『地稅名寄帳』을 기초자료로 토지 소유 면적과 지가(地價)를 알아 볼 수 있다.

일제는 1912～1918년 토지조사사업을 실시하였다. 이때『토지조사부』,『토지대장』,『토지대장집계부』,『지세명기장』등을 작성하였다.『지세명기장』은 토지에 대한 세금을 징수하기 위해 토지대장 중 개인소유 과세지만 뽑아 각 면마다 소유자별 목록을 작성한 대장이다.『지세명기장』에 리동, 지번(地番), 지목(地目), 지적(地積), 지가(地價), 세액(稅額) 등이 기록되어 있다.

『지세명기장』각 개인별 기록 마지막 부분에 "大政5年10月 현재"라고 날인한 후 개인별 합계를 기록하였다. 이후 大政7年, 혹은 "大政8年" 수정 보완한 것으로 보아『지세명기장』작성 시기는 1916년에서 1919년 사이인 것으로 추정된다. 한편 일제는 임야대장규칙(林野臺帳規則)을 제정(府令, 제123호)하여 부(府), 군(君), 도(島)에 임야대장 및 임야도(林野圖)를 비치하게 하였다. 이 글에서 참고한 임야대장에는 제주지역 면·리 공유림과 학교림, 사찰림 등이 기록되어 있다.

1916년에서 1919년 사이 작성된 것으로 추정되는 제주 해안마을 한 곳과 중산간 마을 한 곳의『지세명기장』을 참고하여 그 당시 제주 농가 토지소유 현황을 살펴보았다. 해안마을은 일주도로변에 위치한 어촌마을로 분석 대상가구는 318가구이다. 중산간마을은 중산간에 위치한 농촌마을로 분석대상 가구는 218가구이다.

久間健一(1950)에 의하면 1930년대 제주도 농가는 자작농이 65.5%이고 겸소작농 19.4%, 소작농 15.1%로 구성되어 있다고 한다. 이를 근거로 보면 조사대상『지세명기장』에 기록된 해안마을 318가구, 중산간마을 218가구는 각 마을 85% 수준으로 각 마을 총 가구는 이에 15% 더한 477가구, 327가구 규모였던 것으로 추측된다.

토지 면적과 지가에 따라 세액이 결정되며 대부분 대지(垈地) 가격이 가장 높았다. 전(田), 답(畓), 잡종지(雜種地) 가격은 지역에 따라 다양하다. 대부분 논과 밭 가격은 토지생산성과 일치한다. 대지는 입지조건과 접근성을 반영한 것으로 여겨진다.

해안마을의 총 토지 면적은 1,713,313평이며 지가 총액은 566,850원이다. 가구당 평균 토지 소유 면적은 5,387평이며 평균 토지 소유액은 1,782원이다. 토지 종류별는, 전(田)이 가장 많은 1,630,593평이다. 그 다음 잡종지가 58,967평, 대지 21,844평순이며 답(논)과 지소(池沼)는 각각 1,532평과 377평으로 적은 편이다. 토지 가격은 대지가 4.12원으로 가장 비싸고 잡종지, 지소가 0.13원, 0.10원으로 낮다. 논은 0.96원으로 밭 0.28원에 비해 3.5배 정도 비싸게 거래되었다.

이 마을은 500평 미만 농가가 43가구로 가장 많다. 일 만평 이상 농가도 42가구나 된다. 이중 3만평 이상 토지 소유 농가는 3가구이다. 각각 31,414평, 31,334평, 30,438평으로 광작(廣作) 수준이다. 또한 일만평 이상 농가가 30가구, 이만평 이상 농가가 9가구이다. 그 당시 제주지역 평균 토지 소유보다 더 많은 토지를 가진 농가가 140여 가구이다. 이에서 보면, 이 마을은 제주 도내 타 지역에 비해 농가당 토지 소유 면적이 많았다고 보아진다.

〈해안마을 토지소유 현황〉

분류	전(田)	답(畓)	대(垈)	잡종지 (雜種地)	지소(池沼)	합계
지적(坪)	1,630,593	1,532	21,844	58,967	377	1,713,313
지가(圓)	467,380	1,480	90,117	7,833	40	566,850
평당지가(圓)	0.28	0.96	4.12	0.13	0.10	0.33

이 마을 개입별 소유 토지를 금액으로 환산하면, 500원 미만이 가장 많고 다음으로 501~1,000원 61명 1,501~2,000원 38명 순이다. 8,000원 이상은 6명이다. 평균 토지 소유 농가 금액(1,782원)보다 많은 농가가 110여 명이며 가장 많은 소유 토지 액수는 19,453원이다.

중산간 마을 총토지 면적은 1,001,498평, 지가 총액은 418,546원이다. 토지 소유가구 평균 토지 면적은 4,594평이고 평균 토지 소유액수는 1,919원이다. 토지 종류별로는 밭이 가장 많은 974,685평이다. 그 다음은 대지가 23,524평, 논 3,264평 순이며 잡종지와 지소는 각각 20평과 0평으로 미미하다. 토지 가격은 대지가 4.07원으로 가장 비싸고 논과 잡종지가 각각 2.53원, 1.36원으로 밭은 0.31원으로 답에 비해 8배 정도 싸게 거래되었다. 총토지 평균 지가는 0.41원으로 해안마을 토지에 비해 높고 밭의 평균 지가 보다 0.09원 많다.

〈중산간마을 토지소유 현황〉

분류	전(田)	답(畓)	대(垈)	잡종지 (雜種地)	지소(池沼)	합계
지적(坪)	974,685	3,264	23,524	25	0	1,001,498
지가(圓)	31,5364	8,278	94,870	34	0	418,546
평당지가(圓)	0.32	2.53	4.07	1.36	0	0.41

이 마을 개인별 토지소유 현황을 살펴보면 1,000~1,500평 농가가 32가구로 가장 많다. 일만평 이상 농가는 17명이다. 가장 많은 토지를 소유한 농가는 18,095평을 소유했으며 2만평 이상 토지를 소유한 농가는 없다. 그 당시 제주지역 평균 토지 소유보다 더 많은 토지를 소유한 농가도 80여 가구로 나타난다. 이 마을은 도내 타 지역에 비해 토지 소유 면적이 크지 않았던 것으로 보인다.

이것은 이 마을이 제주지역 다른 농어촌 마을에 비해 토지생산성과 농업생산성이 높아 이 정도 토지 소유로도 충분히 생활을 영위할 수 있었기 때문으로 이해된다. 농업 부산물과 축산업 등 농가부업 소득이 상당 부분 보충되었을 것이다. 한편 개인별 소유 토지를 액수로 환산해 보면, 500원 미만이 가장 많고 다음으로 501~1,000원 36명 1,001~1,500원 33명 순이다. 그러나 8,000원 이상은 5명이며 평균 토지 소유 농가의 액수(1,919원)보다 많은 가구는 80여 호이며 가장 많은 소유 토지 농가는 13,180원이다.

1913년 제주지역 총 37,621호 농가 호당(戶當) 경지면적은 1.4ha이며 100ha 이상 1호, 5ha 이상 142호 1ha, 이상 7422호 1ha 이하 27,056호 토지 무소유 3,000호이다. 두마을 모두 호당 경지면적이 당시 제주지역 농가 호당 경지면적 4,200평보다 해안마을은 394평, 중산간마을은 394평이 더 많다. 이는 전국 호당 경지면적 4,550평과 비교해 적지 않은 규모이다.

이상을 근거로 제주지역 해안마을과 중산간마을 토지 소유 현황을 비교해 보면, 가구 당 토지 소유는 해안마을이 중산간마을 보다 높지만 평균 소유 지가는 중산간마을이 해안마을 보다 137원 많다. 토지생산성을 반영하는 지가가 높다는 것은 중산간마을 토지 생산성이 해안마을에 비해 높다는 것을 의미한다. 반면 대지 지가는 해안마을이 중산간마을에 비해 0.05원 높은 것으로 나타나 해안마을이 중산간마을에 비해 가구 수가 많고 상대적으로 토지 활용이 다양화되고 있음을 알 수 있다.

한 가지 흥미로운 것은 논의 가치인데, 중산간마을 논 가격은 해안마을 보다 2.5배가량 높으며 밭 가격보다 8배 정도 비싸다. 이는 중산간마을 논의 생산성과 현금가치가 밭에 비해 8배 높으며 해안마을 밭에 비해 토지생산성이 훨씬 높았음을 의미한다. 밭 가격도 마찬가지로 해안마을에 비해 중산간마을이 0.04원 정도 높다. 이러한 몇 가지 특성으로 볼 때 해안마을은 어촌 마을로 농사와 더불어 어업이 주를 이루는 생산구조를 가진 탓에 논이나 밭 가격이 농업 전업인 중산간마을에 비해 낮다는 것을 알 수 있다. 이는 토양이나 지질 영향도 있지만 농사만 집중하느냐 어업과 병행하느냐에 따른 토지생산성 차이, 농업 집중도의 차이로 이해된다.

아울러 흥미로운 사실은 해안마을 토지거래가 중산간마을에 비해 활발하다는 것이다. 중산간마을 『지세명기장』에 나타난 토지변동 사항은 매우 드문 반면 해안마을은 토지 소유 변동이 심하다. 토지 소유자도 인근 주변 마을까지 광범위하게 분포되어 있다. 이는 당시 신작로 개설과 함께 중산간지역에서 해안지역 마을로 취락 이동이 이루어진 점과 연관이 있을 것으로 여겨진다.

『제주도세요람』(1939)에 의하면 1939년 4월말 제주지역 민유과세지(民有課稅地) 평균 지가(평당)는 전(田) 4.56원, 답(畓) 36.34원 대(垈), 52.89원 평균 5.95원이다. 이와 비교해 보면, 20년 동안 제주지역 지가는 평균 150배가량 급격히 상승했다고 볼 수 있다. 이는 『지세명기장』에 기록된 지가는 과세를 위한 '공시지가(公示地價)'로 실제 매매가(賣買價)는 이보다 높았기 때문이다. 다른 측면으로 보면, 20년 사이 소득이 증가함에 따라 농가 현금 보유량이 비약적으로 늘어났다는 것을 말해 준다. 1922년 이후 도일 제주도민 증가와 해녀 출가물질 증가로 인한 늘어난 농어촌 소득, 보유 현금이 토지로 재투자되었다. 이 토지에 고구마, 제충국, 박하 등과 같은 환금작물을 재배한 결과 소득이 증가하고 현금 보유액이 늘어나 제주 농어촌 마을 경제성장이 이루어지는 선순환구조가 형성되었다고 할 수 있다.

해안마을에서 3만평 이상 대토지 소유자가 몇 년 사이 약간에 토지만 남기고 모두 매매한 사례가 있다. 이것은 개인적 상황이 아닌 정치적 사건과 깊이 연관된 개인사일 가능성이 높다. 이런 토지소유 변동 상황을 기억하고 있는 마을 어르신들의 증언을 구술사로 재현하여 사회·정치·경제사적 상황과 더불어 입체화한다면 당시 생활사를 더욱 가치 있게 하는 작업이 될 것이다.

검질과의 사투死鬪

그들은 이러한 노동은 물론 저 험(險)하고 박(薄)한 자연을 상대로 싸워가며 영위하는 그들의 원시적 자족적 경제에서 나오는 "부득기(不得己)"한 것임에 틀림이 없을 것이다. 저러한 노동을 하지 안코서는 저 소박한 원시적 생활조차도 할 수 없으리 만치 그들의 노동은 너무나 과하고 너무나 무거울 것이다. 그러나 그들에게는 아즉도 노동함으로써 그들 스스로를 부끄러워하는 역사적 조건은 없엇든 것이다.

인류가 원래 가첫 섯고 또 장래에 반드시 가지리라는 저러한 순진한 노동생활을 우리는 불완전하나마 그들의 현실에서 발견할 수 잇는 것이다. 다만 그들의 저러한 노동생활에 시민적 왜곡(歪曲)과 사위(邪僞)가 석기지 안은 채로 그들의 생활이 문화적으로 향상될 수 잇다면 하는 기원(祈願)을 마지 안는다. 지금의 그것은 비록 순진하나마 너무나 원시적이고 너무나 비문화적인 까닭이다 그들의 "노동"은 너무나 과하고 그들의 영양은 너무나 조박(粗朴)하며 그들의 생활은 너무나 비문화적이다. 그들의 노동이 문화생활을 영위하는 인류로서의 생활상 필요한 노동의 형태로서 향상된다면 그 얼마나 다행이랴!(동아일보 1937.9.1.).

1938년 제주지역 총 가구에 대한 농가 비율(농가비율)은 89.7%, 총인구에 대한 농가인구 비율은 87.0%이다. 제주 농가는 전업농보다 반농반어 혹은 반농반임(축) 비율이 높고 지역에 따라 조금씩 다르다.

비료(금비) 사용이 미진했고 토지가 척박했던 제주 농업에서 가장 중요한 생산요소는 노동력이다. 토지생산성보다 노동생산성에 의존하는 조방적 농업 성격을 가진 제주 전통

농업에서 노동력은 가장 중요한 생산요소라는 것이다.

　　'소가치 일한다' 이 말은 힘차게 일한다는 형용(形容)으로 우리가 항상 쓰는 말이다.
그러나 제주에서는 저 방목되어 잇는 우마는 오히려 한가하다. 남녀노소없이 남국(南國)의
쪼이는 폭양(曝陽)에는 적동색(赤銅色)으로 끄시른 그들의 얼굴은 스스로 그들의 노동생활
을 말하고 잇다.
　　우리의 도시에나 농촌엔들 과대한 노동을 하는 자가 얼마나 만흐랴 마는 이곳 제주에
잇어서는 그것이 오히려 전폭적(全幅的) 현상이다. 특히 부녀자의 노동은 한 개의 경이적
사실이다. 그들은 밭에서 김매고, 바다에 어렵(漁獵)하며 시장에 취인(取引)하고 출가노동
(出稼勞動)을 한다.
　　제주에 잇어의 부녀자의 노동은 원칙적으로 이러한 가정 내부의 그것에 한정되어 잇는
것이 아니고 또 단순히 가장을 도웁는 종속적(從屬的)인 노동이 아니며 가장과 나란이
하야 동격적(同格的)으로 노동생활을 영위한다. 그들은 감시(柿)물 드린 노동복을 입고
산(山)떰이 같은 짐을 지고 우마를 몰며 도로에 출몰한다. 구덕을 끼고 시장에 가며 노동복
을 벗어 노코 회석(會席)에도 나아간다(동아일보, 1937.9.1.).

　　제주 농촌에서 남성들이 하는 일은 기경(起耕), 진압(鎭壓), 부역, 토역, 건축, 어업,
기타 힘으로 하는 일이다. 여성이 하는 일은 맷돌, 절구, 잠수업, 기타 망건, 탕건, 갓
등을 짜는 것, 물 긷기, 세탁, 재봉, 요리 등이다. 남녀 공동으로 하는 일은 제초, 수확,
비료 운반, 가사 등이다.
　　제주 중산간지역 여성은 밭갈이 뒤 흙 부수기, 파종, 흙 밝기, 제초, 탈곡, 풍선(風選),
맷돌, 절구, 양돈, 양계, 물 긷기, 취사, 부역 등과 같은 육체적 노동과 육아, 부조, 친족
교제, 금전출납, 조상제(祖上祭) 등과 같은 가사노동을 겸했다. 비료 운반, 수확, 탈곡,
풍선(風扇) 작업도 했다.
　　제주 농업 노동에서 여성 노동비율은 57.5%를 차지한다. 제주 농업에 있어서 여성
노동 비율이 높았던 이유는 제주 농업방식이 비료 사용이 적은 전작(田作)중심이라는
데 있다. 주요 재배작물은 조, 보리, 육도, 메밀, 피 등과 같은 전작물이 대부분이다. 전작은
논(水田)에 비해 잡초가 많다. 따라서 금비(金肥) 보급 이전 제주 농업은 '잡초와의 전쟁'

이라고 해도 과언이 아니다. 조를 재배할 때도 마찬가지다. 조는 대맥(大麥)보다 제초작업 횟수가 더 많다. 특히 작물 성장기인 성하(盛夏)에 제초작업을 해야 하는 경우가 많아 조밭 일은 힘들고 위험했다. '조 검질 메다'가 질식사할 뻔한 경우도 종종 있었다. 이런 제초작업은 대부분 여성 노동 몫이었기 때문에 여성노동이 강화(強化)되는 결과를 낳게 되었다.

제주도 남자들은 '무엇을 했나?' 이를 두고 일부에서 '해녀를 아내로 둔 제주도 남자들은 여자 대신 아기나 보고, 술과 게으름, 방탕으로 일생을 보낸다'고 까지 했다. 그러나 이는 사실과 달랐다. 일반적으로 논농사지역 남성대 여성 노동 투입비율은 7:3이다. 이에 비해 밭농사지역은 4:6로 여성 밭일이 많다. 제주는 토양 특성상 자갈이 많고 수전(水田)지역에 비해 잡초가 많기 때문에 제주 여성 노동 투입 비율이 높았다. 하지만 화전(火田) 일구기, 밭 갈기, 진압(鎭壓), 농기구나 농작물 운반 등은 남성 노동력 몫이었다. 비료로 쓸 '듬북'을 채취할 경우 혹은 감태 등과 같은 해조류 채취 작업 때도 관행적으로 남녀 협업(協業)이 이루어 졌다.

> 나는 지금(只今) 부녀자의 노동에 대하야서만 말하엿으나 그것은 결코 부녀자의 노동에 한한 그것이 아니다. 남자들 역시 동일한 노동생활을 영위(營爲)하고 잇다. 혹은 제주에는 여자만이 노동하고 남자는 한거음수(閑居飮水)하는 듯이 말하는 사람이 잇다. 그러나 그것은 왜곡된 상식적 과장(誇張)이다. 여기의 남자도 여자 못지 안케 그리고 우리사회의 남자에게 못지안케 노동한다.
>
> 다만 우리사회의 노동생활과 제주의 그것이 가지고 잇는 차이가 부녀자에 잇서 가정 현저하게 표현되는 까닭으로 그것을 통하야 전체적으로 그들의 노동생활의 성질을 인식하려고 하는 것이다(동아일보 1937.9.1.).

이 신문기사에서 알 수 있듯이, 여성 일이 많다고 해서 그것이 곧 남성들이 노동을 기피하거나 방탕한 생활을 한다는 뜻은 아니다. 남자 일과 여자 일은 구분되어 있다. 기경(起耕)이나 진압(鎭壓), 밭 개간, 수확, 농작물 운반 등은 남성 노동의 몫이었고 여성은 검질4) 메기에 집중되었다.

이를 놓고 보면, 당시 제주사회는 남녀 분업과 협업이 자율적으로 잘 유지되고 있었음을 알 수 있다. 다만 제주 농업은 조방적 성격이 강해 남성들이 자기 노동력을 100% 발휘할 만큼 노동 기회가 좀체 주어지지 않아 계절적 실업상태에 놓였던 경우가 많았다고 보아진다.

당시 제주지역 '남녀 노동 분업'이란 노동 기회와 노동력 발휘에 관한 사회적 최적화 상태라고 판단된다. 노동력 발휘에 적합하고 경쟁력 우위를 가질 수 있는 작업현장에서 각자의 노동력을 십분 발휘하였던 것이다.

소득을 올릴 수 있는 노동 기회가 주어지면 거기에 적합한 남자 또는 여자 노동력이 분업 혹은 협업형태로 투입되어 효율적인 생산활동에 임하였다. 물론 가사 분담 차원에서 보면 이와 180도 다르다.

---

4) 잡초를 뜻하는 제주어

자갈이 많아 보리가 잘된다

　지질로 말하면 이 섬은 전체로 원래 화산이엿든 관계상 전도(全島) 지하에 용암(熔岩)이 첩적(疊積)되여 잇을 뿐 아니라 전면적으로 돌밭을 일우고 잇다고 하여 과언이 아니다. 제주에는 삼다(三多) 또는 사다(四多)라는 말이 잇다[석다(石多), 풍다(風多), 마다(馬多), 여다(女多)] 해안지대고 초생지대(草生地帶)고 할 것 없이 돌담은 이곳의 명물이다.

• 1930년대 도두동 밭 돌담(마스다 이치지 촬영)

인적이 간 곳, 돌담 없는 곳은 없나니 우리 육지인의 안목으로서는 이것은 자기의 집, 자기의 밭, 자기의 평원을 둘러 싸어 노은 한 개의 사유를 표시하는 경계선으로만 보여지는 것이다.

예로부터 제주도의 명물인 돌담은 단순히 사유를 표시하는 경계의 의미로만 사용된 것이 아니라 바람을 막고, 가축의 침입을 막기 위한 것이었다. 사실은 '경지'를 개간할 평원을 방목(放牧)에 이용하고 교통로를 만들기 위하여서 전면적으로 널여 잇는 돌덩이를 모아서 싸어 노흔 것이며 동시에 그것은 역시 이곳의 삼다를 형성하는 바람과 말의 침입을 막기 위한 것이다(동아일보, 1935.10.2.).

제주도 전역에서 볼 수 있는 돌담의 경관, 밭 가운데에 용암의 현무암(玄武岩)을 쌓아 올린 돌담은 연중 방목되는 가축의 피해를 막기 위한 울타리로서, 방풍용이기도 하다. 그 높이가 2m 이상 되는 것에는 바람의 저항을 적게 하기 위한 틈이 있어 제주도만의 독특한 기술이 엿보인다(마스다 이치지, 1934).

제주도의 돌담은 큰 돌 사이에 틈을 만들어 바람이 지나갈 수 있도록 하는 삶의 지혜를 고스란히 보여 준다. 그래서 제주도 돌담은 웬만한 태풍에도 끄떡없다. 취락안의 돌담은

• 1930년대 성내 농가 돌담벽(마스다 이치지 촬영)

높이 2~2.5m의 돌담에 둘러 싸여있다. 그것은 집집마다 둘러진 돌담이라고 할 수 도 있지만 가옥을 강풍으로부터 지키기 위해서 만들어진 것이다(마스다 이치지, 1934).

산지항(山地港)에 상륙하면 제일 처음 인상되는 것은 우선 방언(方言)과 기운차게 발랄(潑剌)한 여인군(女人群)이요 아울러 굵은 줄을 얽어 맨 지붕출입구도 분명치 안흔 석장(石墻)일 것이다. 제주속담에 삼다란 명물이 잇으니 여다 풍다 석다 마다라 한다. 이 과연 그럴 듯하다. 지붕과 담은 방풍으로 출입구난 방사(放飼)한 우마출입을 금한 관계이다. 지금도 월장월장(越墻越墻)으로 인가(隣家)에 가는 것을 흔히 볼 수 잇다(동아일보, 1935.10.2.).

•1935년 10월 동아일보 팔도풍광 제주도편 삽화

이러한 삼다의 삼위일체(三位一體)인 돌담이 경작지나 주택의 주위에서 경계선의 의미를 가지게 된 것은 그다지 머지 안흔 옛날의 일이라고 하겟다. 어쨌든 이러한 돌담의 거리가 연장 수만리에 달한다고 하니 얼마나 토박하고 바람이 강함을 알 수 잇는 동시에 이러한 자연에 대한 그들의 개척투쟁(開拓投爭)의 역사가 역력히 보여 진다(동아일보, 1937.8.29.).

석담(石垣)이야기가 낫스니 말이 제주도의 돌담은 유규열도(琉球列島)의 석원도(石垣

島)를 가보지 못햇스니 모르지만 타 지방에서 볼 수 업는 일대 경관이 안일가 한다. 산지에
는 목장의 석담 해안지대에는 경지 가옥 주위는 물론이요 분묘(墳墓)의 근처까지도 사오척
고(尺高)의 석담이 들여 싸혀 잇다.

　밭에 쌓으면 밭담, 집 울타리는 울담, 산에 쌓으면 산담, 올레길에는 쌓으면 올레담이다.
밭담은 한 줄로 쌓은 담은 '외담', 아랫부분에 작은 돌을 윗부분에 큰 돌을 올려놓은 담이
'잡 굽담'이다. 큰 돌을 아래에 놓거나 반대로 쌓는 잡굽담은 자기 밭과 인접한 다른 밭과의
높낮이 차이 때문에 생길 수 있는 토양 유실을 방지하려는 삶의 지혜에서 비롯된 것으로
보인다.

　제주도 사람들은 돌 사이에서 나서 돌을 줏고 돌담을 차코 한 평생 돌과 싸흐다가 맛참내
돌담속의 분묘에서 명목(瞑目)하는 것만 갓다. 안즈나 서나 누으나 께나 눈에 보이는 것은
돌담이다(동아일보, 1937.8.29.).

　제주도 사람들은 돌 사이에서 태어나서 돌을 줍고, 돌담을 차고 한평생 돌과 싸우다

●상잣성

마침내 돌담속의 분묘에서 명목(瞑目)한다. 맞는 말이다.

섬을 도는 환상도로(環狀道路) 양측에 연(連)해 싸인 석담은 맛치 소만리장성(小萬里長城)의 관(觀)이다. 이 환상도로에서 자동차를 달리자면 각금 부근 휴한지에서 불법 월경(越境)한 우마들이 경적에 놀내 갈 바를 모르고 수삼십분 동안이나 소동을 일으키며 석담간차로(石垣間車路)를 그대로 줄다름질 치는 양(樣)은 이 섬의 돌담으로 발생한 특이경(特異景)일 것이다.

상록삼림지대(上綠森林地帶)와의 경계에는 상장성(上場城)이라 칭하야 부근에 산재한 화산역(火山礫)을 주서 모아 석담을 성(城)처럼 둘러싸고 하부중간지대(下部中間地帶)와의 교계(交界)에도 하장성(下場城)이라 하야 역시 돌담을 둘너 싸고 방목우마(放牧牛馬)의 타 지역의 침입을 방지하던 것은 지금도 상존해 잇다(조선일보, 1937.9.5.).

•하잣성

일부 남아있는 상잣성과 하잣성을 복원하여 상잣성길, 혹은 하잣성길 걷기코스를 조성한곳이 도내 여러 군데 있다. 이 잣성길은 과거 제주지역의 목축문화를 대변하는 중요한 문화콘텐츠로 활용되고 있다.

> 방목의 자유를 엇는 것도 이 석담의 덕분이오, 삼림, 경지, 농작물의 보호도 이를 답이며, 황가옥(況家屋) 주위의 돌담이랴, 이 석담은 우마의 침입에만 이용한 것이 아니라 제주도는 위치적 관계로 전조선(全朝鮮)에서 바람이 제일 심한 곳임으로 이 바람을 막는데 더욱 긴요한 것이다(조선일보, 1937.9.7.).

제주도 흑룡만리 돌담밭이 '국가농어업유산'으로 지정되었다. 제주 밭담 역시 2014년 UN 세계중요농업유산에 등재되어 그 중요성이 높아지고 있다. 제주도 흑룡만리(黑龍萬里)는 22,000㎞가 넘는 현무암 밭담이 흑룡 모습과 닮았다 해서 붙여진 이름이다. 서귀포시는 제주도 전통 돌담집 가치를 재인식하여 돌담집 복원을 지원하고 있다고 한다. 바람

•하가리 돌담

직한 정책이다.

바람도 태풍의 통로가 됨으로 폭풍이 많다. 물론 연중을 두고 부는 것은 아니다 농절(農節)인 하(夏)~추간(秋間)이 제일 심하다. 제주도에 바람이 심하다는 사실은 동아줄 가튼 굴군 색기로 집응을 챈챈 얼거멘 것을 보와도 알 것이다. 만일 제주도에 돌이 이처럼 만치 못햇던 들 자유스러운 방목도 평화스러운 촌락도 발달하지 못해 슬 것이다(조선일보, 1937.9.7.).

40여 년 전, 처음 우리 감귤 과수원을 조성할 때 일이다. 아버지는 동네 어르신들과 함께 밭담을 쌓으셨고 어린 나는 '골체'에 자갈을 가득 담아 근처 작박으로 옮겨 날랐다. 당시만 해도 제주 바당은 '물반 고기반'이었다. 하지만 우리 밭은 자갈이 대부분이고 '흙먼지가 조금 있다' 싶을 정도로 흙은 드물었다. 아무리 주워도 좀체 줄어 들지 않아 미워도 했지만, 사실은 고마운 게 자갈이다. 자갈 많은 보리밭 보리가 잘되고, 자갈 많은 과수원 감귤이 더 달고 맛있다. 자갈은 토양 침수률이 높아 비가 많이 올 때 배수가 잘 된다. 자갈이 머금은 수분 함수량이 많기 때문에 비가 적게 내려도 토양 습도를 적절히 유지시킬 수 있다. 그래서 인지 우리 과수원 귤은 달고 맛있다.

감귤은 종묘제사와
빈객접대에 쓰임이 중요하다

조선에 감귤이 재배되고 있다는 것을 알고 있는 사람은 별로 없을 것이다. 그런데 본도는 예부터 이의 재배가 성행하여 제주십경(濟州十景)의 하나로 일거될 정도이다. 그 종류도 아주 많아 십이종 이상이나 되며 그 전래의 역사에 대해서는 확실한 고증의 재료가 없으므로 그 연대를 명확히 알 수 없지만 본도의 문헌에 비추어 보건대 오백년 이전부터 재배되고 있었다는 것은 분명하다.

종래의 종류로 영리적(營利的) 재배 가치가 있는 것은 하나 둘 있지만 내지(內地)의 우량종 온주(溫州), 네블, 하밀감(夏蜜柑)이 처음 재배된 것은 십삼년 전 미네모(某), 박영효(朴永孝) 양씨에 의해 시도되고 그 후 도(島) 기술원이 조사·연구 결과 좋은 성적을 올려 유리하다는 것을 확인해서 계획을 수립, 대정(大正) 구년(1920년)부터 매년 칠, 팔천본의 우량종을 내지로부터 끌어 들어서 재배하고 있는데, 성적이 매우 양호하다.

현재 일단보(段步) 이상의 우량종 재배자는 삼명이며 성내(城內)의 홍(洪)씨는 일단(段) 오묘보(畝步)로 순익(純益) 삼백엔을 올리고 있다. 그런데 현재 내지로부터 조선에 반입(搬入)되는 감귤(柑橘)은 농무국(農務局)의 조사에 따르면 연액(年額) 팔십팔만엔에 이르고 있으므로 이런 의미에서 조선의 토지에서 감귤을 생산하는 것은 중대한 것이라고 생각한다 (미개의 보고 제주도, 1924).

제주도는 감귤 자생지대권에 속한다. 선사시대부터 제주에 감귤이 자생했을 가능성이 높다. 남방 원생지에서 북적도 해류 타고 표류해온 과실 종자에 의해 번식되었거나 사람

들이 왕래하며 들어온 과실 종자에 의해 번식했을 수도 있다. 당시 제주 도내에 10여종 재래감귤이 있었다. 하지만 자생종과 도입종 구별이 힘들고 도입종 도입 경로와 연도를 정확히 알기 어렵다.

일본서기(日本書記)에 의하면 수인제(垂仁帝) 명에 의해 서기 70년에 田道間守라는 사람이 상세국(尚世國)에서 비시향과(非時香果)를 가져왔다고 한다. 여기서 말하는 비시 향과는 감귤 종류이며 상세국은 제주도를 지칭한 것이라 추측된다. 일본 구마모토현 전설에 의하면 신공황후(神功皇后)가 삼한(三韓)에서 귤을 가지고 와서 그것을 심게 하였다고 한다.

고려사에 의하면 백제 문주왕 2년(서기 476년) 4월 탐라에서 방물(方物)을 헌상(獻上)하였다는 기록이 있다. 고려 태조 천수 8년(서기 925년) 겨울에 '탐라에서 방물을 바치다'를 시작으로 '방물을 바쳤다', '토물(土物)을 바쳤다' 는 기록이 있다. 이에 근거하여 교역물품이나 방물에 감귤이 포함되었을 것으로 여겨진다.

고려사세가(高麗史世家) 권7 기록에 의하면 문종(文宗) 6년(1052년) 3월에 '탐라에서 세공하는 귤자의 수량을 일백포로 개정 결정한다'고 되어 있다. 이것으로 보아 그 이전부터 제주도 감귤이 세공으로 바쳐지고 있음을 알 수 있다. 세공(稅貢)이란 임시과세인 별공에 대하여 해마다 정례적으로 공납하던 상공(常貢)을 뜻한다. 이로 보아 탐라 감귤 세공 유래가 오래되었음을 짐작할 수 있다.

조선시대 태조 원년(1392년)부터 제주도 귤유(橘柚) 공물에 대한 기록이 있다. 세종 8년(1426년) 호조 게시(揭示)로 전라도와 경상도 남해안에 유자와 감자를 각 관서에 심게 하였다. 감귤(柑橘)이란 용어는 세조 원년(1456년)에 제주도 안무사에 내린 유지 '세조실록(世祖實錄) 권2'에 나온다.

"감귤은 종묘에 제사지내고 빈객을 접대함으로써 그 쓰임이 매우 중요하다."로 시작된 유지(諭旨)에는 감귤 종류간 우열(금귤, 유감, 동정귤이 상이고 감자와 청귤이 다음이고 유자와 산귤이 또 그 다음), 제주과원 관리 실태와 공납 충족을 위한 민폐, 사설 과수원에 대한 권장 방안, 번식 생리와 재식 확대, 진상방법 개선방안 등을 기록하고 있다.

탐라지(耽羅誌, 효종 4년, 1653년)에 실린 과원총설(果園總說)에 의하면 제주 3읍에 관과원은 36개소(제주 22, 정의 8, 대정 6), 12종, 3,600여 주였고 한다. 이때 공납과 진상을 위한 총물량은 생과 8종류 86,053여개와 약재가 116근 10량이다. 관과원 소산만으로 이 수량을 채우기 쉽지 않았다. 해난사고로 수송에 애로가 많았다. 1704년 이형상 제주목사 당시 관과원은 42개소(제주 29, 정의 7, 대정 6)로 점차 늘어났다.

당시 감귤재배는 지금과 사정이 많이 달랐다. 자발적이기 보다 지방 관리들이 농가에 강권하는 형태로 감귤농사가 행해지는 경우가 많았다. 더욱이 공납량이 매년 증가했으며 지방 관리 횡포도 가중되는 등 민폐가 심했다. 이 때문에 재배 주수(株數)가 점차 감소했다. 결국 고종 31년(1893년) 진상제도가 없어진 이후 대부분 과수원들은 황폐화 되었다.

> 굴과 밀감이 조흔 종류가 만코 이번에 개량종으로는 일본밀감이나 다름이 업는대 조선에
> 서 매년 수입되는 밀감만 삼백만원이 된다는바 제주 개량종을 장려하면 그만한 수입은
> 제주인민 의게로 도라 갈 것이라 한다(동아일보, 1922.12.29.).

제주도에 온주밀감(溫州蜜柑)을 최초 도입한 사람은 1911년 엄탁가(Emsile, J. Touguet, 프랑스 출신)신부이다. 엄신부는 일본에 있던 친구로부터 묘목 15주를 선물 받아 서귀포시 서홍동 소재 한국순교복자성직수도원 '면형의 집'에 심었다. 같은 해인 1911년 서홍동 출신인 김진려가 일본 구마모토(熊本) 지방에서 접목 강습을 받은 뒤 귀향하며 온주밀감과 워싱톤네블을 가지고 와 고향 마을에 심었다.

> 오늘날 호적지(好適地)인 본도가 감귤의 부업재배를 적극적으로 장려하기 시작한 것이
> 다. 여기에 안성맞춤인 것인 본도의 지리적 상태 및 경제적 요소는 경사지(傾斜地)의 이용
> 과 토지, 노력의 값싼 점에서 내지의 감귤 생산자와 경쟁할 수 있다는 점은 확실하다. 토성
> (土性)에 대해서 한마디 한다면, 내지의 저명한 산지(産地)는 모두가 경사진 역토(礫土)이
> 다. 본도는 화산탄(火山炭)으로 이뤄지고 있어 아무 적지(敵地)이다(미개의 보고 제주도,
> 1924).

1913년 전라남도 종묘장 제주지장에서 워싱톤 네블오렌지, 온주 밀감, 하귤 등 3종류 묘목 150본을 농가에 재배하게 하였다. 이후 서귀포 근처에 온주 밀감원을 조성하였다. 규모를 갖춘 농장을 개설한 첫 사례는 미네(峯)라는 사람이 1913년에 온주 밀감 2년생 묘목을 도입하여 서귀읍 서홍리(제주농원)에 심은 것이다. 이후 일본을 방문했던 한국인과 일본인에 의해 온주 밀감과 와싱톤네블 오렌지, 하귤 등이 도입되었다. 그러나 당시 식산진흥(殖産振興)정책 일환으로 각 농가에 감귤 묘목을 배포하였지만 일부 농가에서 감귤 심기를 회피했다. 일본산 감귤이 자유롭게 유입되어 감귤 판로 확보가 힘들었으며 기술 부족으로 정식(定植)하고 10~15년이 지난 후에야 수확할 수 있었기 때문이다.

금년산 제주밀감(濟州蜜柑)은 산미(酸味)가 절무(絶無)하야 일본산보다 우승(優勝)하다는 호평이 자자(藉藉)한데 금반(今般)에 부산으로 이백상(箱) 목포로 이백상이 수출되얏다더라(조선일보, 1924.12.21.).

　2017년 제주감귤 조수입이 사상 최대를 기록했다. 2017년산 조수입이 9,458억 원이다. 바야흐로 감귤 1조원 시대다.

말이 나거든 제주도로 보내라

　사람이 나면 서울로 보내고 말이 나거든 제주도로 보내라던 옛 조선 속어(俗語)에 잇는 바와 가티 제주도는 실로 조선 종량(種良) 마산지(馬産地)이다. 실지로 가보니 소도 다른데 못지안케 그 두수(頭數) 사만 구백 여로 전 조선 축우(畜牛)의 삼십퍼센트 강(强)을 점하엿스니 전국에 제 일위며 마필 두수는 이만 이천 여로 전 조선 총수(摠數)의 사십퍼센트 강이니 전국 제이위다.

　본도 목마 사우(飼牛)의 유래를 살펴보면 전설에서 본바와 가티 그 유래가 오랜 것은 사실일 것이다. 사승(史乘)에 의하면 고려 충렬왕 삼년 정축(丁丑)에 처음 목축을 시작하엿

●방목

다 하엿고 원(元)나라 달로화적(達魯花赤)이 우마 수십두를 다리고 조천(朝天)에 상륙하야 마우(馬牛) 목장 이십 여개를 설정하고 감목관(監牧官)을 두어 기하(基下)에 우감(牛監) 마감(馬監)의 별관(別官)으로 하야금 직접 목자(牧子)를 지도케 하야 관용(官用) 우마를 사육식혀 량우준마(良牛駿馬)를 다수 산출해 오다가 최근 육칠십년 전에 관유(官有) 우마는 민간에 배부하게 되어 현재에 일르럿다 한다.

일반적 방목식(放牧式)은 사사(舍飼) 계절적 방목, 종년(終年)방목 삼종(三種)이 유(有)한대 제주도는 대부분이 종년 방목이나 동계 북풍과 적설이 비교적 심한 북사면(北斜面)에서는 극한기(極寒期)만 사사(舍飼)를 하고 또 일부 승마 견용(駄用)에 사용하는 것은 촌락 부근에 두고 사사 방목을 겸하니 목축의 삼양식(三樣式)을 혼용하는 모양이다(조선일보, 1939.9.7.).

제주에 가장 대표적인 방목은 공동목장에서 이루어 졌던 계절적 방목이다. 지리학적으로 이목(移牧)에 해당된다. 겨울철 저지(해안마을)에서 목축을 하다 여름이 되면 중산간 지로 이동해 가축을 사육하는 형태이다.

제주도는 해안부터 한라산 정상까지 수직적 지형환경이다. 따라서 겨울철에 온난한 해안 취락지역에서 방목한 후 새로운 풀이 돋아나는 양력 4월부터 다시 중산간지역 공동목장으로 우마를 이동시켜 방목 한다. 일정 계절(여름~가을) 동안 공동목장에서 방목한 후 추석 지나면 겨울 지낼 '촐'(꼴)을 베어 건초로 만든다. 음력 9월경 공동목장 우마들을 해안 저지대 축사로 몰고 와 키운다. 공동목장에서 이루어진 이목은 일명 '번치기 목축'이라 한다. 번치기 목축은 마을 사람들끼리 일정한 차례로 순번을 정하여 들과 산이나 공동목장에서 방목시킨 우마를 관리하는 형태이다.

공동목장 방목과 관련하여 '방둔', '간목', '캐파장', '번곡' 이라는 용어들이 있다. 방둔은 우마를 공동목장으로 올려 여름 동안 방목하는 것이다. 그러다 겨울이 되어 우마가 공동목장 야산에서 생활하기 어렵게 되면 마을로 이끌고 와 사육하는 것을 '간목'이라 한다. 우마 수가 3~4마리인 경우 축사를 지어 간목하지만 그 수가 많으면 인근 자기 밭에 가둔 다음 '촐(건초)'을 주며 사육했다. 공동목장에 방목할 경우 별도 목감(牧監) 두고 우마를 관리하게 하였다. 목감(캐파장)에게 우마 두수에 따라 보리쌀로 그 품삯을 지급하였다. 이를 '번곡'이라 했다.

목축지 즉 목장으로 말하면 산간지대가 대부분으로 현재 한라산을 중심으로 이백미(米)~ 삼백미에서 경사 변환선(變換線) 지점인 육백미(米) 부근에 지(至)하는 산복대상(山腹臺狀) 토지 폭이 좁은 데는 사모(四耗), 광부(廣部) 팔모(耗)~십모(耗)의 대상(帶狀)이 목축 구역이다(조선일보, 1937.9.5.).

제주지역은 중산간 지대 방목이 널리 행해져 왔다. 주로 해발 200~300 미터에서 600미 터에 이르는 지역에 방목한다. 농번기는 여러 가족이 연합하여 우마를 만들어 가족 교대 로 책임 맡는다. 이 경우 종일 감시자를 둔다. 그러다 농번기가 지나면 감시 책임이 각자 가족에게 돌아간다. 이들은 매일 항상 옆에 붙어 감시하는 것이 아니라 망보러 가는 정도이며 우마를 자유롭게 방목했다.

겨울 되면 풀 따라 한라 산정 부근까지 올라갔던 우마들은 눈 때문에 움직이기 곤란해 하산할 수 없다. 이때 마소들을 모아 일정한 휴한지에 몰아넣었다. 산간지대 방목은 때때 로 살펴보는 정도이고, 대개 우마를 자유롭게 놔둔다. 한적한 산중, 특히 상잣성 위에 방목하는 우마는 점점 산위로 올라가 겨울에 큰 눈을 만나 죽는 경우가 있다. 하지만 늘 방목하던 훈련된 우마들은 산정 가까이 올라가지 않고 가을이 되면 스스로 내려와 얼어 죽지 않았다고 한다.

해안 농경지 휴한지까지도 이들 우마의 활천지(活天地)이다. 관목시대('官牧時代)에 설 정된 목장은 육만정보(町步)가 되엿다는데 이 구별은 상록삼림지대(上綠森林地帶)와의 경계에는 상장성(上場城)이라 칭하야 부근에 산재한 화산역(火山礫)을 주서 모아 석담(石垣)을 성(城)처럼 둘러싸고 하부 중간지대(中間地帶)와의 교계(交界)에도 하장성(下場城) 이라 하야 역시 돌담을 둘너싸고 방목 우마의 타 지역의 침입을 방지하던 것은 지금도 상존해 잇다.

최근에 와서는 이 석담을 높히도 두어 대규모적으로 개축(改築)하엿스며 각 등산로 출입 구에는 반다시 큰 재목으로 격자형(格子型)으로 짠 문을 만들어 큰 빗장을 거러 두어 통래 (通來)하는 사람은 자유로 출입하게 되엿스되 우마는 마음대로 못나가게 되어 잇다 동리(洞 里) 근처 휴한지 방목구(放牧區)에서도 이 우마의 침입을 방지하기 위야 석담은 물론 골목 어구(於口)마다 나무빗장을 맨드러 둔 것은 도처에 볼 수 잇다(조선일보, 1937.9.5.).

'테우리'는 목축에 종사하는 목자(牧者)를 의미하는 제주어다. 이들 테우리들은 관리하는 가축 종류에 따라 '소테우리', '말테우리'라 부른다. 테우리들은 자신 우마를 키우거나, 일정 보수를 받고 다른 사람 우마를 키웠다. 혹은 마을 공동목장에 고용되어 우마를 키우기도 했다.

테우리들은 대체로 음력 3월 청명(淸明)에 우마를 공동목장에 올린 다음 음력 9월 상강(霜降) 이후 하늬바람이 불어 공동목장 풀이 마를 때까지 우마를 관리한다. 인근 해안마을이나 중산간 마을에 거주하면서 공동목장으로 올라가 우마의 방목상태를 관찰하거나 공동목장 내에 만든 '테우리 막'에 일시 거주했다.

> 제주도 목축에는 어데까지 던지 목동(牧童)이 수종(隨從)치 안는 것이 특색이다. 우마 한 가지 한 장소에 혼입방목(混入放牧)한다. 문자 그대로 막 나아 먹이는 방목이다. 자타(自他) 우마의 소속을 명료히 하기 위해서는 소, 말귀에다 표식(標識)을 해두거나 몸에다 낙인(烙印)을 처 둔다. 구(駒), 독(犢)는 어미 우마의 수종(隨從)을 보아 그 소속을 구별한다(조선일보, 1939.9.7.).

낙인은 자형(字型)이나 도형(圖形)이 새겨진 쇠붙이를 달구어 가축에 찍는 쇠도장이다. 제주지역에서 낙인은 조선시대 십소장(十所場) 운영을 위한 마정(馬政)과 관련된 것으로 말 생산, 사육, 유통과정을 체계적으로 관리하기 위한 관행이다. 낙인 자형과 도형 표시는 국마(國馬)와 사마(私馬)로 구별하였고 국마를 사육하는 관설(국영)목장에서 천자문 순서인 천(天), 지(地), 현(玄), 황(黃) 등 자형을 낙인으로 이용하였다.

• 낙인도구(제주자연사박물관)

낙인을 찍는 위치는 대부분 대퇴부다. 간혹 귀에 하는 경우도 있다. 말은 대체로 귀를 자르는 방식으로 구별하지만 간혹 표를 차용하기도 했다. 새로 태어난 새끼를 자기 것으로 확인하는 일은 엉덩이에 낙인을 찍거나 귀표를 해놓는 것이다. 낙인은 무쇠를 가지고

자기 성이나 정해진 약자를 말에 새겨 넣는 표식방법을 말한다. 이 낙인을
불에 달구어서 짐승의 네발을 묶고 넘어 뜨린 다음 엉덩이를 지진다.
니켈 귀표를 하는것은 나중에 이루어진 방법으로 귀를 'V'
자나 'W'자로 잘라 내었으며 보통 시월 첫 자일(子
日)에 제를 지낸 다음 시행했다.

• 낙인도구(제주자연사박물관)

• 한라산 고수목마

제 **4** 부
제주도가 함몰되었다

산방산으로 간 모슬포 어린이들

　　1922년 3월 16일 동경에서 방정환(方定煥)선생이 어린이 고유문화와 예술 활동을 진작
시키며, 어린이 인권의식을 고취할 목적으로 색동회를 조직하였다. 이것이 1923년 '어린
이 날 선언'의 직접적 배경이 되었다. 1923년 우리나라 최초로 5월 5일을 '어린이 날'로
정하여 기념식 및 각종 행사가 열렸다.

　　오월 일일이 왔다. 조선에서 처음으로 어린이에게도 사람의 권리를 주는 동시에 사람의
대우를 하자고 떠느는 날이 도라 왔다. 조상적부터 아해나 어른이나 사람의 허물을 쓰고
사람으로 살지 못한 것은 우리의 골수에 박힌 원한이다.
　　지금에 우리 조선사람은 어른이나 아해나 누가 사람의 권리가 잇스며 사람의 대우를
밧는가 생각하면 실로 긔가 막히는 일이다. 첫재 먹을 것 입을 것이고 편안히 쉬일 집이
업는 터이라 사람 노릇을 하야 할지라도 할 수가 업는 것은 자연한 형세이라.
　　이에 뜻 잇는 몃 사람의 발기로 이러나게 된 소년운동협회(少年運動協會)라는 곳에서
졀믄이나 늘근이는 임의 희망이 업다. 우리는 오즉 남아지 힘을 다 하야 가련한 우리 후생
(後生)되는 어린이에게 희망을 주고 생명의 길을 열어주자 하는 취지로 오늘 오월 일일을
어린이 날로 작명하야 가지고 어린이를 위하야 힘을 합 하야 일을 하자고 선전하는 동시에
다만 하루의 짤분 시간이라도 그들에게 깃붐이 잇게 하고 복이 잇게 하자는 오늘 이란다.
　　조선의 어린이여 그대들에게 복이 잇스라 조선의 부형이여 그대들에게 정성이 잇스라(동
아일보, 1923.5.1.).

최초 '어린이 날'인 1923년 5월1일 어린이날 선언문이 발표됐다. 소년운동협회가 발표한 이 선언문에는 어린이를 종래 윤리적 압박으로부터 해방하여 완전한 인격적 대우를 허용하고, 어린이를 경제적 압박으로부터 해방하여 연소(年少)노동을 금지하며, 어린이가 배우고 즐겁게 놀 수 있는 가정과 사회시설을 보장할 것 등이 선언되었다.

소년운동(少年運動)이 선언

일. 어린이에게 재래(在來)의 윤리적 압박으로부터 해방하야 그들에게 대한 완전한 인격적 예우(禮遇)를 허(許)하게 하라.

이. 어린이를 재래의 경제적 압박으로부터 해방하야 만 십사세 이하의 그들에게 대한 무상 또는 유상(有償)의 노동을 폐(廢)하게 하라.

삼. 어린이 그들이 고요히 배우고 즐거히 놀기에 족(足)할 각양(各樣)의 가정 또는 사회적 시설을 행하게 하라.

계해(癸亥) 오월 일일 소년운동협회(少年運動協會)

어른에게 드리는 글

-. 어린이를 내려다보지 말고 치어다 보아 주시오.

-. 어린이를 갓가히 하사 자조 이야기 하여 주시오.

-. 어린이에게 경어를 쓰시되 늘 보드럽게 하여 주시오.

-. 이발이나 목욕 의복가튼 것 때 맞춰 하도록 하여 주시오.

-. 잠자는 것과 운동하는 것을 충분히 하게 하여 주시오.

-. 산보와 원족(遠足)가튼 것을 각금각금 식혀 주시오.

-. 어린이를 책망하실 때에는 쉽게 성만 내지 마시고 자세 자세히 타일러 주시오.

-. 대우주(大宇宙)의 뇌신경(腦神經)의 말초(末梢)는 늙은이에게 잇지 아니하고 절믄이에게도 잇지 아니하고 오즉 어린이 그들에게만 잇는 것을 생각하야 주시오.

어린동무들에게

-. 돗는 해와 지는 해를 바로 보기로 합시다.

-. 어른들에게는 물론이고 당신들끼리도 서로 존대하기로 합시다.

-. 뒷간이나 담벽에 글씨를 쓰거나 그림 가튼 것을 그리지 말기로 합시다.

-. 길가에서 떼를 지어 놀거나 류리 가튼 것을 버리지 말기로 합시다.

-. 꽃이나 풀을 꺽지 말고 동물을 사랑하기로 합시다.
-. 뎐차나 긔차에서는 어른에게 자리를 사양하기로 합시다.
-. 입은 꼭 다물고 몸은 바르게 가지기로 합시다.

그러나 일제 강점기 어린이 날 행사와 어린이 운동은 '무산 아동 해방론'과 같은 '계급적 항일적 성격' 운동으로 변모하면서 모든 행사가 금지되고 탄압 받게 되었다. 더구나 오월 일일은 '메이데이(노동자의 날)'이기도 하여 이래저래 일본 경찰로 부터 집중 감시와 탄압을 받았던 것이다.

• 조선과 오월일일 메이데이와 어린이날

'메이데이'는 세계덕으로 로동자들이 긔념하는 날이라 이날에 대하야 조선로동자들도 성대하게 긔념할 터이엇스며 더욱 로동 총연맹에서 여러 가지로 긔념하려 하엿스나... '메이데이'를 긔념하기 위하야 여러 가지로 준비를 하던 바 대구경찰서에서는 메이데이에 관한 집회를 엇더한 것을 물론하고 허락지 안을 방침이라 하야 아모 것도 못하게 되엿다더라.

'메이데이'에 대하야 평남 경찰부에서는 로동운동의 시위행렬은 물론 어린이의 시내행렬까지 절대 불허하기로 방침을 명하야 평양의 '어린이날'은 애닯으나마 선전 '비라' 배포와 밤의 강연 등으로 그날의 하로를 지내게 되엿다(동아일보, 1924.5.1.).

1926년 제주경찰서에서 확실한 이유나 별 다른 설명도 없이 제주소년연맹이 계획하고 준비하던 제주지역 어린이날 행사를 전면 금지시켰다.

제주소년련맹(濟州少年聯盟)에서는 오는 오월 일일 '어린이날'을 긔념하기 위하여 준비 중이더니 경찰서에서는 그날의 절차를 절대 금지함으로 지금 대책을 강구중이며 어린이에 관한 표어를 작성 인쇄하며 산포하리라고(동아일보, 1926.4.25.).

이러한 어린이날 회합 금지조치에 대해 모슬포 소년 소녀들은 크게 반발했다. 어린이 날 행사를 준비하던 모슬포 소년 소녀들은 단체는 전날 경찰에서 보낸 집회금지 통지를 받았으나 이에 반발하여 산방굴사(山房窟寺)[5]에서 비밀히 '어린이날' 기념집회를 개최하려 했다. 그러나 사전에 이를 알아 챈 모슬포 경찰관주재소는 집회를 방해하고 해산하려 했다. 그 과정에서 사십여 명이 검거되었다. 이를 목격한 주민들과 소년 소녀들이 격분하여 시위행렬에 나서게 된 것이다.

지난 오일 어린이날을 긔념하기 위하야 대정(大靜)각 소년 단례에서는 준비에 분망 중 그 전일인 사일에 돌연 당디 경찰은 이날에 대한 집회를 일체 금지하는 통지를 발하는 동시에 엄중히 경계하든바 이날을 당하야 대정읍내에서 미리 명하얏든 집회 장소인 산방산굴사(山房山窟寺)를 향하야 출발하려든 소년 소녀가 집합한 것을 해산시키고 딸하 각디에서 제지하야 출발치 못하든 바,

읍내 소년단은 데이차 비밀히 모여 산방굴까지 갓섯스나 다른 단례의 소식을 몰라 궁금히 잇든 중 의외에 경관 수명이 달려들어 또 해산을 시키는 동시에 수모자라 할 만한 신성만(申聖萬)외 두 명을 검거하야 모슬포경찰관주재소(慕瑟浦警察官駐在所)로 인치 취됴 중 이 소식을 들은 당디 소년 소녀 사오십명이 불긔 이회로 주재소 압헤 모여 대표 사오인을 선발하야 소촌(小村)부장에게 그 검거의 리유를 질문하며 석방을 요구하얏스나,

절대로 석방할 수 업다는 것을 모인 소년 소녀들에게 말하얏든바, 이 말을 들은 어린이들은 분개함을 참지 못하야 즉시 항렬을 정제하야 어린이 놀애를 고창하며 시내를 일주할 때에 경관 수명이 돌입하야 해산을 명하얏스나, 듯지 아니함으로 즉시 사오명을 검검하야 인치하얏스나, 여전히 시위 항렬을 끄칠 줄 모르매 오륙차에 삼십여명을 검거함으로, 시내는 살긔가 등등하고 동주재소 압헤는 수백군중이 쇄도하야 우리 동모들을 노하 주든지 못노하 주면 우리까지 가두라고 야단을 첫다(동아일보, 1929.5.14.).

---

5) 서귀포시 사계리 산방산 중턱에 있는 동굴

이 사건으로 모슬포 소년 소녀 십칠명이 검거되어 모슬포 경찰관주재소에서 취조를 받았고 이 중 세 명은 이십일 구류를 받았다. 이후 제주청년동맹(濟州靑年同盟) 모슬포지부원 네 사람도 검거되어 모슬포 경찰관주재소에서 조사받은 다음 다른 경찰서로 보내졌다.

1931년부터 일제는 '어린이 날'을 '유아애호주간(幼兒愛好週間)'으로 변경하여 어린이 권리가 아닌 육체적 건강을 강조하였다. 조선총독부 '조선사회사업협회'가 주도한 유아애호주간 행사는 어린이 건강 검진, 영양 강습회 같은 계몽사업 위주로 추진하였다. 날짜도 5월 5일을 따로 정하지 않은 채 그 무렵 일주일을 행사기간으로 정하여 진행했다. 광복 이후 5월 5일을 다시 어린이 날로 지정했으며, 1957년 대한민국 어린이 헌장이 정식으로 선포되었다.

신작로가 깔렸다 改輪

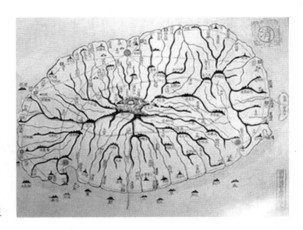

● 대동여지도

　대동여지도를 보면, 제주성내(城內)를 중심으로 남동으로 성산포 및 정의읍까지, 남서로 모슬포 그리고 한라산을 횡단하여 서귀포에 이르는 길과 기타 도로가 나와 있다. 이 도로들은 한라산의 경사면과 직각 또는 평행을 이루고 있다.

　1910년대 초 제주도 도로는 성내를 기점으로 해서 성산포 가는 길, 정의읍으로 가는 길, 대정읍 거쳐 모슬포 가는 길, 연안(沿岸) 각 마을을 거쳐 섬을 일주(一走)하는 길, 한라산 중턱을 횡단하여 서귀포 가는 길 등 4~5개 노선에 불과했다. 이 도로들은 배수시설이 없고 교량이 가설되어 있지 않아 비가 오면 마치 하천과 같이 도로를 따라 많은 빗물이 흘러내리기 때문에 사람은 물론 우마차 통행이 어려웠다.

신작로(新作路)가 생겼다. 1912년부터 1914년간 당시 도 당국과 경찰서가 협력해 일주도로 건설 계획을 세우고 지방비 보조와 도민 부역환산금(夫役換算金)으로 최초 제주 해안 일주도로인 신작로가 건설됐다. 노선이 지나가는 곳 전부 무조건 강제 기부(寄附)와 제주 도민 부역에 의존하여 도내 각 해안마을을 연결하는 도로를 건설한 것이다. 이어 1914년부터 3개년 계획으로 일주도로 181㎞를 노폭 6m로 확장하여 자동차가 다닐 수 있게 되었다.

그러나 개통 초기 만해도 도내 자동차가 충분하지 않아 정기적으로 운행하지 못했다. 또한 신작로 건설로 차마(車馬) 왕래가 다소 편리해 지기는 했으나 그때 가설한 교량이 2~3개에 불과해 호우로 인해 건천이 범람하면 매번 교통이 두절되고 도로가 훼손되기 일쑤였다.

자동차가 도내에 정기적으로 운행하게 된 것은 1924년 제주운송합자회사가 생겨나면서 부터이다. 1925년 최윤순(崔允淳)이 일본인과 합자해서 자본금 2만원으로 제주통운주식회사를 설립하여 제주 도내 자동차 운수사업 본격화 계기를 마련하였다.

초창기에는 특정 사람만이 자동차를 이용했기 때문에 교통 발달 파급 효과가 일반인에게 널리 확산되지 못했던 것으로 보인다. 초창기 자동차 회사들은 개업한지 5, 6년 동안

•도로 만들기 부역

적자를 면치 못했으나 그 후 이용자가 증가하여 점차 활성화되었다. 운송 노선은 대부분 모슬포, 성산포와 같은 해안지역을 경유하도록 편성되어 있었다. 요금은 60전 정도였다. 당시 노임이 1원 안팎이었던 점을 감안하면 다소 부담이 되었다고 보아진다.

1932년 신작로가 노폭 10m, 총연장 181㎞ 일주도로로 재단장되었다. 당시 제주 도내에는 제주통운회사, 남부운수회사, 동부자동차 등 3개 운송회사가 있었다. 이 회사들은 택시 2대, 12승 1대, 28인승과 35인승 28대를 운행하며 도내 운송을 담당하였다. 1936년 도내 운송수단으로 자동차 27대, 리어카 21대, 자동자전거 5대, 자전거 1,192대, 손수레차 76대, 짐마차 22대가 있었다.

자동차가 늘어나다 보니 이러 저런 사회문제가 생겨났다.

> 본도에 자동차가 통행한지 아직 일년 미만에 만인이 통행하는 공도(公道)를 맛치 자동차 전용도로가치 녁이고 통행하는 하축(荷畜)을 짐짓 경겁(驚劫)케 하야 하물(荷物)을 전복산란(轉復散亂)케 하고 노방(路傍)의 군축(群畜)을 감금 둔산망일(遁散亡逸)케 굴기를 희극(戱劇)으로 하며 행인을 무단(無端)히 구타(毆打)하고 심(甚)하야는 사형(私刑)까지 집행하는 등 언어도단(言語道斷)의 폭행과 법정(法定)한 서행(徐行) 구역 내에서 함부로 급구(急驅)하고 백주(白晝)에 음부(淫婦)을 만재(萬載)하야 자동차 불통행의 구역(區域)인 촌리(村里)의 세경(細徑)까지 심입정차(深入停車)하야 방약무인(傍若無人)한 음행(淫行)을 연(演)하야 촌리(村里)의 풍기(豊機)를 기란(棄亂)하며 인가간(隣家間) 교통까지 두절(杜絶)케 하는 등 난폭음행(亂暴淫行)을 함이 매거(枚擧)할 수 업스리 만치 심다(甚多)함으로 공명(公明)한 교통계(交通界)에 문명이기(文明利器)를 악용한다(동아일보, 1925.12.9.).

교통 발달과 신작로 개통으로 마을 간 교류가 활발히 이루어졌음은 물론 취락(聚落)이동이 전개되었다. 정의, 대정 등 고읍(古邑)들이 지니고 있던 행정적·경제적 기능이 점차 약화되었다. 더불어 행정 소재지 겸 생활 중심지 기능을 하던 중산간 마을들이 취락이동현상이 심화됨에 따라 그 기능과 역할을 해안지역에 넘겨주게 되었다.

전통적으로 제주도 해안지역은 농사지을 땅이 적다. 게다가 당시만 해도 해산물 시장 가치를 제대로 인정받지 못했기 때문에 이래저래 생활하기에 많은 어려움을 겪고 있었다.

이에 반해 중산간 지역은 비교적 넓은 경작지를 보유하고 있었기 때문에 농업이 안정적이 었고 목축 등 부업활동도 왕성해 경제적으로 양호한 편이었다. 그러다가 일제 토지조사사 업으로 이동 농지지대 경작지와 방목지가 줄어들어 생산 기반이 흔들리기 시작하였다. 이에 반해 해안지역은 외부 교역 증가와 해산물 가격 상승으로 이전에 비해 상당한 부의 축적이 이루어졌다. 이러한 요인들로 인해 제주지역 촌락 이동이 가속화되었다.

원래 중산간 지역은 유림(儒林)들이 많이 살았다. 해안지역은 한말, 일제 강점기 초기만 하더라도 주로 빈농(貧農)과 어민(漁民)들이 거주하였다. 더욱이 해녀 역시 천한 작업으 로 무시되었다. 해산물 시장 가치가 낮았고 작업환경 열악 등으로 인해 해녀 물질에 대한 사회·경제적 인식이 부정적이었다.

그러나 신작로가 개설되고 일본 왕래가 수월하여 제주 도민 도일(渡日)이 증가함에 따라 상대적으로 경제적 기회가 더 많은 해안지역으로 취락 이동이 시작되었다. 이 당시 해안마을은 육지부와 일본으로 가는 출가 출발지이며 어업 근거지였다. 일본을 포함한 외부 이동이 활발해 지면서 제주, 서귀포, 한림, 모슬포, 성산포, 김녕, 조천, 표선이 지정항 (指定航) 또는 지방항(地方航)을 지정되었고 해상교통 중심지로 탈바꿈하게 되었던 것이다.

오홍석(1974)에 의하면 제주도 취락 기원은 북서해안 용수대(湧水帶)를 중심으로 성립 하였다고 한다. 고려 이전 제주도 취락은 생활용수 확보가 가장 용이하며 해상교통 거점 지인 해안지대에 주로 분포하였다. 조선시대 잦은 왜구 침입과 인구 증가에 따라 생활터 전을 확대해야 했다. 이때 산간 개척이 많이 이루어지면서 중산간 지역으로 취락이 이동 한다. 중산간 지역은 왜구 침입에 대해 상대적으로 안전했고 넓은 경작지 확보에도 유리 한 장점을 가지고 있다.

1917년 신작로가 해안마을 중심으로 개설되었다. 또한 해안지역이 교통 발달과 도일 증가로 해상교통 거점지가 되었다. 이로 인해 중산간 마을에서 해안마을로 마을 이동이 진행되었다.

마쓰다 이츠즈는 제주도 취락 이동을 두 가지로 보았다. 구심적 이동과 원심적 이동이 다. 구심적(求心的) 이동은 해안지대에서 산간지대(삼림지대)로, 경지와 목야를 찾아 상 진(上進)이동하는 것을 말한다. 원심적(遠心的) 이동은 그 반대다. 높은 곳에서 낮은 해안지대로, 특히 임해지역으로 이동을 말한다. 역사적으로 보면 구심적 이동은 일제 강점기 이전에 이루어졌다. 이후 1917년 일주도로가 개설되면서 구심적 이동이 전개되었다.

1924년 면소재지 이전(移轉) 상황을 보면, 명월에서 한림, 평대에서 세화, 대정에서 모슬포, 홍로에서 서귀포, 의귀에서 남원, 정의에서 표선, 고성에서 성산포로 이전하였다.

남원면사무소 소재지는 남원 북쪽 의귀리(衣貴里)였다. 당시 의귀리는 300호로 융성한 마을이었다. 신작로가 생겨, 1915년 당시 주거가 뜸했던 샛길 연변으로 면사무소가 이전함에 따라 점차 남원리 사람들이 이곳으로 이주하게 되어 현재 이곳이 남원면 소재지가 되었다.

서귀면은 홍로(동홍, 서홍)에서 일주도로에 인접한 서귀포(솔동산지역)로 이동하였다. 대정면은 대정 군청 소재지 보성, 안성, 인성에서, 남서쪽 4km 지점인 모슬포로 면사무소를 이전함에 따라 보성 마을 주민들은 모슬포와 일과리로 인성, 안성 마을 주민들은 사계리와 상모리로 이주하였다.

• 1960년대 일주도로 상황

이처럼 해안마을은 신작로 개설과 일본 직항 개항 이후 도일(渡日)이 용이했고 어업 전진 기지였기 때문에 주변 취락 계층 분화와 직업 분화에 의한 신도시화 경향이 활발히 일어났다. 이들 지역 발달로 해당 지역은 물론 인근지역 상업활동과 시장경제 발달을 촉진시켰다. 아울러 오일장이 정기적으로 열렸기 때문에 주변 마을에 비해 생필품 구입에 용이했고, 정보 교환에도 유리했다. 이 점들이 복합적으로 작용하여 중산간 지역에서 해안지역으로 취락 이동이 가속화되었던 것이다.

산지항이 열렸다

제주에서 가장 오래된 항구는 산지천이 바다로 유입되는 산지천 하류 일대인 건입포
(建入浦)이다. 기원전 100년~기원후 500년경 건입포가 제주와 육지를 잇는 입출항 포구

●산지항 개발 이전 산지포 부근(사진으로 보는 제주 100년)

(浦口)로 외부 교역에 이용되었다. 제주에서 처음으로 항구가 건설된 것은 1735년 김정 목사가 부역으로 산지항 방파제 80간(間)과 내제(內堤)를 쌓은 것이다. 이후 일제 강점기 산지항 항만 개발이 본격적으로 착수되었다.

제주도 산지항(山池港)은 암초(暗礁)가 만코 수심(水深)이 천(淺)할뿐 아니라 방파(防派)할만 곳이 업슴으로 풍랑만 심하면 선박의 출입이 도저히 불가능하야 지방발전에 막대한 지장이 됨으로 일반은 차(此)를 유감으로 사(思)하던 바 당국자의 진력으로 래 칠월 초순부터 삼개월의 기간과 삼천만원의 예산으로 일만 칠천여평이나 매립하고 일백육십간(間)이나 되는 방파제를 축(築)하리라는데 공사는 제주면에서 직영하리라더라(동아일보, 1926.4.28.).

1920년 조선총독부령 제41호 의거, 산지항은 서귀포항 및 성산포항과 함께 2등급에 해당하는 지정항으로 지정됐다. 1926년 방파제 축조 공사가 시작되어 3여 년간 삼천만원 예산을 들여 일만 칠천여 평을 매립하고 일백 육십 간 규모 방파제를 축조했다. 또한 성산포항에 이천오만원, 서귀포항 십구만 팔천 원을 들여 삼개년 예정으로 축조공사에

• 산지항 개발 이전 산지포 부근(사진으로 보는 제주 100년)

• 1926년 산지항 축조공사 장면(사진으로 보는 제주 100년)

착수했다. 이후 1929년 산지항 서방파제가 준공되었다. 이때부터 건입포는 산지항으로 불려 지며 제주도 최대 규모 항만이 되었다.

전남 제주도는 전선(全鮮)에 무이(無二)한 대도(大島)로셔 인다물부(人多物富)하야 고래(古來)로부터 상업을 본위로 하는 일도회지(一都會地)인대 동도의 명문(命門)이 되는 산지포(山池浦) 성산포(城山浦) 서귀포(西歸浦) 차(此)삼항만(三港灣)으로 말하면 원래 지리가 위험함으로 선박출입이 심히 곤란함에 따라 지방발전상 막대한 영향이 유(有)하던 터인대 연래(年來)로 동도인민은 우삼항(右三港) 수축(修築)하기를 절망(切望)하던바...
삼항(三港)의 예정계산(豫定計算)을 말하건대 산지포 삼천 구만원 성산포 이천 오만원 서귀포 십구만 팔천원 합계 팔천삼만 팔천원인대 삼년간 계획으로 공사에 착수하리라더라 (조선일보, 1924.6.14.).

당시 산지항 축조공사는 단순히 내륙 연결이 용이해 졌다는 의미를 넘어 단절된 고도

(孤島)에서 열린 세계로 나간다는 역사적 의미를 지니고 있다. 당시 신문기사를 보면 산지항 축항공사 착수에 대해 도민 관심이 얼마나 많았는지를 알 수 있다.

제주도 산지포에 공비(工費) 삼천만원의 거액을 들여 축항(築港)에 착수하엿다는데 지난 이십이일 상오 십시에 산지부두(山池埠頭)에서 성대한 축항기공식을 전남 석지사(石知事) 임석하(臨席下)에 거행하엿는데 식을 맛친 후 연이일 시민 일동은 축하 행렬과 소인극(素人劇)을 행하야 동도 미증유(未曾有)의 성황을 일우엇는데 방파제의 연장이 일백육십간이라 하며 공사는 본년말까지 완성할 예정이라더라(동아일보, 1927.4.28.).

하지만 초기 산지항 축조공사가 제대로 진행되지 않아 산지항 기반시설 문제는 당시 제주사회 큰 고민거리였던 것으로 보인다.

수년전부터 총독부의 보조와 낙천면비(洛川面費)로 축항공사를 시작하야 지금 완료가 되엇스나 축항으로서는 넘우도 빈약하야 전보다 조금도 다름이 업습니다. 총독부에서도 좀 더 보조하고 도민이 더 분발하야 지금 축항을 아주 완전한 것으로 하는 것이 조흘 듯합니다(동아일보, 1931.1.28.).

제주 도민들은 당시 도민 최대 숙원사업이던 산지항 축항공사 비용을 전적으로 조선총독부 지원 예산에만 의존하지 않고 일정 부분 도민들도 부담하자는 자존의식을 보여주기도 했다.

토목공사에는 비용이 만히 드는 것이니 총독부의 보조도 넉넉하여야 할 것이지만 도민의 부담을 만히 요(要)하게 될 것입니다. 만일 공사비가 삼십 륙만원이라면 그 반액(半額)은 총독부에서 부담하고 나머지 반의 반액은 제주면 부담 또 반의 반액은 도민 전체의 부담이라야 할 것입니다. 다른 토목공사도 만히 잇지마는 위선(爲先) 급한 것이 이 축항공사입니다 (동아일보, 1931.1.28.).

해상 교통발달을 위한 선행 조건은 무엇보다 항만 개발이다. 산지항 개발이 제주지역

대표 사례다. 산지항 개발은 1926년부터 1929년까지 1차, 1931년부터 1934년까지 2차로 나누어 진행됐다. 공사비 57만원을 들여 서쪽 방파제 530m, 동쪽 선착장 150m를 건설하고 매립지 7만400㎡ 확장, 넓이 24만4526㎡, 수심 6m를 유지하기 위한 공사다. 이처럼 산지항 개발은 제주 최초의 항만 개발이다. 이와 함께 공사과정에서 중요한 문화재(중국화폐)가 많이 출토되었다. 이 유물들이 발굴됨으로 해서 고대 탐라와 외부 간 교류가 이루어졌음을 짐작할 수 있게 되었다.

서귀포항도 1926년 방파제를 구축하고 이어 1934년 개수공사를 실시하였다. 서귀포는 일제 강점기 일본인들이 가장 많이 거주했던 지역으로 일제가 산남지역 핵심기지로 삼았던 곳이다. 이 때문에 1937년 서귀포항 대규모 개발을 위한 측량조사가 이루어졌다. 1934년 한림항 방파제 구축이 이루어 졌으며 성산항, 추자항도 어항(漁港)으로 집중 개발되었다.

제주도 해상 교통 발달 과정에서 좀 더 살펴보아야 할 것은 도내 연안항로를 이용한 인적·물적 자원 이동이다. 해상 교통 발달은 제주도와 외부 간 왕래를 용이하게 하고, 선박과 항구를 이용한 제주 도내 이동에 효율성을 가져온다. 그로 인해 이용이 증가하였을 가능성이 있다. 이에 대한 근거는 미약하다. 제주 도내 연안 항로를 취항하는 선박이 없었고 어업 활동을 제외하고 도내 연안 선박 취항 역시 찾아볼 수 없다. 이는 도내 육상 교통만으로 도내 물자 이동이 충분하였거나 해상을 통한 거래 비용이 비쌌던 데에서 비롯되었을 것으로 추측할 뿐이다. 이에 대한 연구가 보충되어야 할 것이다.

곤밥 먹는 날

　일반적으로 어느 시기 특정사회의 생활수준을 알아보기 위해 가장 먼저 하는 일은 상식물(常食物) 현황 파악이다. 어떤 식품을 어느 정도 먹느냐가 가정 경제상태, 개인 건강, 영양 상태를 가늠하는 척도가 되기 때문이다. 우리나라는 전통적으로 미식국가(米食國家)이다. 제주지역은 보리, 조, 피 등 전작물(田作物)을 상식(常食)으로 하고 육류, 어류를 추가 섭취했다.

　일제 강점기 제주지역 영양 섭취는 거주지역과 경제수준에 따라 차이가 났다. 일반적으로 조, 보리를 주식으로 했고 육류, 어류 등과 같은 부식물 섭취는 특별한 날에만 쌀과 고기를 먹었다. 물론 지역에 따라 차이가 난다. 중산간마을 경제사정이 그나마 나은 편이고 산촌은 다소 어려웠던 편이던 것으로 보인다. 계절적으로 겨울이 가장 곤궁한 시기였다. 이때 식사횟수가 2회로 줄며 내용물은 밥 대신 죽으로 대체되었다. 소채류 중심 부식이 주를 이루었다. 겨울철이나 산간마을 같이 경제적 상황이 어려울 경우 피밥을 상용(常用)하였다. 이처럼 곤궁기 식사횟수를 2회로 줄이는 것은 중산간마을이나 해안마을도 마찬가지였다.

　이와 별도로 가족 경제상황에 따라 평소보다 특별히 더 먹는 날이 있었다. 정기적으로 정해진 것이 아니라 농번기에 공동 노동을 행한 날 저녁 육도(陸稻)와 생선을 섭취했다. 이외 마을행사나 혼례와 같은 가족행사 때 돼지를 추렴하여 나눠 먹었다. 평소보다 잘 먹는 날은 산촌인 경우 한 달에 1회, 중산간, 양촌(良村)은 5일에 1회, 해촌(海村)은 20일에

1회 정도이다.

<제주농촌의 상식물> (1930년)

		산간마을	중산간마을	해안마을
봄	주식물	아침, 저녁 : 소두, 대두, 콩죽, 낮 : 보리, 피밥	조밥(10일에 1회는 쌀죽)	조, 보리밥
	부식물	된장국, 날콩잎	된장국, 건어 및 김치, 야채절임	미역된장국, 자리젓
	식사회수	3	3	3
여름	주식물	보리밥	보리밥	조, 보리밥
	부식물	된장국, 날콩잎	된장국, 생선, 배추, 콩잎	된장국, 자리
	식사회수	3	3	3
가을	주식물	피에 건어, 야채를 섞은밥, 감자와 피를 섞은밥	팥과 콩을 놓은 조밥	조밥(사정이 허락하는 한 보리를 구한다)
	부식물	된장국, 야채절임, 마늘장아찌	된장국, 김치 등 야채절임	된장국, 야채, 해조류
	식사회수	3	3	3
겨울	주식물	피밥	조, 보리죽	조, 감자, 콩, 팥, 보리 등 있는 것을 섞은 죽
	부식물	된장국, 배추절임	된장국, 배추절임	자리젓, 멸치젓
	식사회수	2	2-3	2

1933년 쌀 소비 현황을 보면, 1933년 도내 쌀 생산량 24,810석(그 중 10,234석은 水稻)에 이입미(移入米) 11,234석 합쳐 36,044석을 도내에서 소비한 것으로 보인다. 1935년에 와서 제주지역 쌀 소비량이 전국 수준에 이른다. 이 시기부터 해안마을에 백미를 상식으로 하는 사람들이 늘어났다.

제주지역 마을조사를 다니며 '언제부터 매끼 쌀밥을 먹었는지'를 어르신들께 여쭤봤다. 쌀과 보리를 혼합한 '반지기밥'이나 잡곡밥이 아닌 하얀 곤밥[6]을, 명절 때나 '식게[7]'때만이 아니라 매일 먹기 시작한 때가 언제부터인지. 지역에 따라 다르고 개인 경험에 따라 다르다. 통일벼가 나오고 쌀로 막걸리를 만들어 마시기 시작한 1980년대 초반으로

---

6) 흰쌀밥을 뜻하는 제주어
7) 제삿날을 뜻하는 제주어

기억하는 분이 가장 많았다. 가장 정확한 대답은 '86 아시안게임'때 부터이다.

1930년대 고구마가 식량으로 추가되어 조와 보리를 보충하는 중요한 식량이 되었다(고구마는 1930년대 제주도 주요 재배작물이다. 또한 식량대체작물로 제주 농가를 절량공포에서 해방시킨 고마운 작물이다). 고구마는 저장 문제 때문에 1~5, 12월에 소비가 국한된다. 그런데 1~4월은 보리 수확 전으로 절량되기 쉬운 곤궁기였다. 따라서 고구마 확보는 농가 생존을 결정하는 중요한 사안이었다.

가장 만족스런 영양을 섭취하던 시기는 9~11월로 보리가 충분히 확보된 시기이다. 전체적으로 보리, 조 중심이고 백미를 약간 섞었다. 당시 백미 소비가 1, 2월과 6, 7월에 집중되어 있는 것으로 보아, 이 시기 특별한 날, 예를 들면 명절이나 농번기가 포함되었다고 보아진다.

당시 제주지역 생활비는 식료비 비중이 가장 많고, 다음으로 광열비, 피복비, 주거비 순이다. 문화비와 공과금은 아주 낮은 비율이다. 지역적으로 저지대와 해안지대가 높다. 이로 미루어 보아 이 시기(1930년대 중반) 경제적 중심지가 해안마을로 이전했음을 짐작케 한다.

식료비는 곡물류 소비가 절대적이며 해안마을일수록 해산물 소비가, 산간마을 일수록 소채류 소비 비율이 높다. 일인당 노동과 소비 차이가 가장 적은 지역은 중간지대로 이 지역 잉여부분이 가장 적다.

지역별에 따른 차이를 제주와 육지지역을 비교하여 생활비를 살펴보면, 전체적으로 볼 때 육지에서 가장 열악한 지역과 제주에서 가장 앞선 지역을 비교해 볼 때 제주도가 약간 낮다. 반대로 제주지역에서 가장 열악한 지역(산간지역)과 내륙에서 가장 좋은 지역(황해나 평안지역)을 비교했을 때 2.5배가량 제주도 산간지역이 부족하다.

평남지역을 제외하면 황해지역이 가장 앞선 지역으로 기준이 되는 지역이다. 이 지역과 제주도의 가장 앞선 해안지역을 비교할 때 식료비는 비슷하고 문화비, 광열비, 주거비는 차이가 난다. 문화비 중 보건 위생비에서 차이가 나는 것은 사회적 풍토의 차이라고 여겨진다.

종류		고지대		중간지대		저지대		해안지대	
		노동	소비	노동	소비	노동	소비	노동	소비
식료비	곡물류	65.38	38.14	58.93	50.09	77.16	60.01	70.55	57.78
	육류	.50	.29	1.50	1.27	4.64	3.61	1.88	1.54
	해산물	.75	.44	1.38	1.18	7.26	5.65	6.54	5.35
	소채류	6.14	3.58	1.81	1.54	2.69	2.09	2.42	1.98
	조미료	1.89	1.10	1.60	1.36	3.43	2.67	2.85	2.33
	기호품	3.76	2.19	2.55	2.17	5.48	4.26	6.33	5.19
	계	78.42	45.74	67.77	57.61	100.66	78.29	90.57	74.17
주거비		5.36	3.13	4.84	4.11	4.02	3.12	5.35	4.38
광열비		10.18	5.94	5.49	4.67	15.65	12.18	10.77	8.83
피복비	의복비	5.57	3.25	3.52	2.99	9.31	7.24	9.26	7.58
	기타	5.79	3.37	4.32	3.73	4.31	3.35	4.64	.80
	계	11.36	6.62	7.90	6.72	13.62	10.59	13.90	11.38
문화비	보건위생비	.54	.31	2.76	2.35	3.02	2.35	5.09	4.17
	육아교육비	.08	.05	2.67	2.26	1.32	1.03	4.76	3.90
	교통비	.14	.08			1.07	.83	2.77	2.27
	계	.76	.44	5.43	4.61	5.41	4.21	12.62	10.34
공과금		.21	.13	5.08	4.32	5.90	4.59	6.50	5.32
총계		106.29	62.00	96.51	82.04	145.26	112.98	139.71	114.42
1인당금액		29.1	17.0	26.4	22.5	39.8	31.0	38.3	31.3

    황해도를 기준으로 하여 각 지방을 비교했을 때 가장 높게 나타난 생활비는 교통비와 육아 교육비이다. 제주도 해안지역에서 교통비가 5배, 육아 교육비는 6배 정도 높게 나타나고 있다. 교통비는 일본으로 이동 비용을 의미하며 육아 교육비는 해안지역 여성들이 해녀활동으로 육아문제를 남에게 부탁하는 경우가 많았기 때문인 것으로 여겨진다.

    이외에 해산물, 조미료 비용이 높게 나타난다. 차이가 많이 나는 곳은 제주 산간지역인데, 보건 위생비, 육아 교육비, 교통비, 공과금, 육류 소비 면에서 큰 차이를 보이고 있다. 그 당시 산간지역은 해안지역 보다 고립적이고 폐쇄적인 생활을 하고 있었다.

제주읍 성인 키는 전국 평균 이상

•사라봉 쪽에서 찍은 제주읍의 전경

일반적으로 사회 구성원 건강상태와 영양상태를 살펴보기 위해 신장, 체중, 흉위 등에 대한 조사자료를 활용한다. 이 글에서도 1930년대 중반 제주지역과 서귀포지역 학생들을 대상으로 이루어진 신체검사 기록을 토대로 당시 제주 도민의 건강상태를 살펴보고자 한다.

이 기록은 제주읍 9,016호 중 600호, 서귀읍 400호 총 1,000호를 대상으로 하여 7, 8, 12, 13, 14, 18, 19, 21세에 해당하는 제주읍 남녀 502명, 서귀면 248명을 대상으로 이루어졌다.

〈해당 연령자 별 신장평균치〉

(제주읍, 479명)

연령별	7세		8세		12세		13세		14세		18세		19세		20세		21세	
성별	남	여	남	여	남	여	남	여	남	여	남	여	남	여	남	여	남	여
평균치	105.7	102.9	109.1	109.2	150.8	128.4	135.9	132.2	137	136.7	159.1	148.4	165.1	151.5	164.4	150.7	165.2	148.5
표준치	107.3	106.1	112.1	110.6	130.3	130.3	136.1	137.7	141.8	140.9	160.6	149.7	161.2	150.0	162.1	150.2	163.0	150.3
차	-1.6	-3.2	-3.0	-1.4	+20.5	-1.6	-0.2	-4.5	-4.8	-4.2	-1.3	-1.2	+2.9	+1.5	+2.3	+0.5	-1.1	-1.8

〈해당 연령자 별 신장평균치와 표준치〉

(서귀포 226명)

연령별	7세		8세		12세		13세		14세		18세		19세		20세		21세	
성별	남	여	남	여	남	여	남	여	남	여	남	여	남	여	남	여	남	여
평균치	100.6	97.0	104.5	108.7	125.7	122.6	136.1	125.7	141.9	131.9	154.8	145.5	154.9	148.4	164.7	149.2	161.0	152.2
표준치	107.3	106.1	112.1	110.6	130.3	130.3	136.1	136.7	141.8	140.9	160.6	149.7	161.2	150.0	162.1	150.2	163.0	150.3
차	-6.7	-8.1	-7.6	-1.9	-4.6	-7.4	0	-11.0	+0.1	+9.0	-5.8	-4.2	-6.3	-1.6	+2.6	-1.0	-2.0	-1.9

1930년대 조선인 남자 성년 평균 신장은 160~165cm, 여자는 148~149cm이다. 나이를 19세 이상으로 보고 제주도와 비교해 보면 제주읍은 남녀 모두 평균 이상이다. 서귀포 19세 남자만 전국 평균에 미달한 것으로 나타난다. 19세 이상 제주읍 남녀 모두 전국 표준치 보다 크다. 1937년에 19세면 1918년 출생인구로 생활수준 변화가 영양상태에 반영되었을 나이이다.

제주시 12세 남자 수치는 주변 나이와 비교하여 보았을 때 오류가 있는 것으로 판단된다. 제주읍은 19세 연령층을 제외하면 전체적으로 신장 열세에 있다. 그러나 서귀포는 전체적으로 제주읍 평균치, 한국인 학생 평균치에 미달한다. 특히 14세 미만 서귀포 지역 학생 신장 미달 정도가 심하다. 그리고 1922년생 이후 제주읍과 서귀포의 영양상태 차이가 확연히 나타나고 있다.

<해당 연령자 별 체중 평균치와 표준치>

(제주읍, 479명)

연령별	7세		8세		12세		13세		14세		18세		19세		20세		21세	
성별	남	여	남	여	남	여	남	여	남	여	남	여	남	여	남	여	남	여
평균치	17.6	15.8	17.81	18.0	24.8	20.6	28.8	28.2	31.8	31.4	51.7	44.2	57.01	47.1	59.0	48.4	62.5	49.9
표준치	17.5	16.9	19.3	18.5	27.3	27.3	30.9	30.9	33.9	35.1	51.1	47.0	52.84	48.1	53.8	48.7	54.2	48.7
차	+0.1	-1.1	-1.5	-0.5	-2.5	6.7	-2.7	-2.7	-2.1	-3.7	+0.6	-2.8	-4.2	-1.0	-5.2	-0.3	-8.2	-1.2

<해당 연령자 별 체중평균치와 표준치>

(서귀 226명)

연령별	7세		8세		12세		13세		14세		18세		19세		20세		21세	
성별	남	여	남	여	남	여	남	여	남	여	남	여	남	여	남	여	남	여
평균치	16.3	16.2	18.4	18.3	26.0	25.7	33.3	27.3	35.4	31.6	46.3	43.5	48.6	47.81	58.0	48.5	54.5	50.9
표준치	17.5	16.9	19.3	18.5	27.3	27.3	30.9	30.9	33.9	35.1	51.1	47.0	52.84	48.1	53.8	48.7	57.3	48.7
차	-1.2	-0.7	-1.9	-0.2	-1.3	-1.5	+3.2	-3.6	+1.5	-3.5	-3.8	-3.5	-4.2	-0.3	+4.2	-0.1	+0.2	+2.2

신장에 비해 체중 차이는 크지 않다. 18세 이상 제주시 남자는 우위에 있다. 그러나 13세에서 18세 사이 서귀포지역 학생 체중 열세가 두드러진다. 신장에서 서귀포 지역 18~19세 학생 열세보다 체중 차이는 덜하다. 제주읍 지역 학생 평균치와 표준치를 비교해 볼 때 여전히 열세가 나타난다. 그러나 18세 이상 제주시 남자는 신장, 체중과 마찬가지 우위에 있다. 흉위도 여전히 열세에 있다. 그 차이는 신장이나 체중에 비해 크지 않다.

<제주읍 영양상태 및 질병조사>

		7,8세		12,13,14세		18,19,20,21세		계	백분율(%)
		남	여	남	여	남	여		
영양 상태	갑	27	22	31	43	80	43	243	52.73
	을	64	39	41	41	59	20	221	46.13
	병	3	3	5	4	-	-	15	3.13
흉부질환		4	6	5	4	2	2	23	6.93

	7,8세		12,13,14세		18,19,20,21세		계	백분율(%)
	남	여	남	여	남	여		
트라코마	6	9	6	12	20	16	71	14.82
시력장애	2	-	8	-	-	-	11	0.42
충치	26	37	-	23	26	12	156	30.48
기호류 육류	11	15	21	44	34	13	139	29.02
어류	25	17	28	20	45	17	146	32.48
야채류	25	30	14	34	50	20	194	40.50
종두관계	완료	완료	완료	완료	완료	완료	-	-

제주읍 학생 영양상태는 전체적으로 양호한 것으로 보아진다. '갑'과 '을'이 주를 이루고 있다. 충치환자가 많이 나타나 있으며 야채류를 좋아하고 있는 것으로 나타났다.

〈서귀포 영양상태 및 질병조사〉

		7,8세		12,13,14세		18,19,20,21세		계	백분율(%)
		남	여	남	여	남	여		
영양 상태	갑	-	2	5	6	16	9	38	16.81
	을	64	33	42	46	23	14	187	82.97
	병	-	-	-	1	-	-	1	0.44
흉부질환		2	4	4	4	3	1	17	7.52
트라코마		7	8	8	12	4	3	43	19.02
시력장애		-	1	1	13	10	11	42	18.58
충치		22	22	14	14	3	2	77	34.07
기호류	육류	6	2	26	8	4	2	28	12.83
	어류	6	11	30	32	13	2	94	41.59
	야채류	16	19	20	20	22	17	102	45.13
종두관계		완료	완료	완료	완료	완료	완료	-	-

서귀포지역 학생 건강상태는 제주시 지역에 비하여 열등한 것으로 나타났다. 영양상태가 '을'이 대다수이다. 충치가 여전히 많고 기호류는 어류와 야채류가 비슷하게 나타난다. 서귀포지역이 어촌이라는 데에서 비롯된 차이라 생각된다.

• 1928년 당시의 서귀포 시가지와 문섬(사진=제주도청)

제주 도내 의료기관은 도립의원 1, 개업의 8, 한의업자(限醫業者) 9, 의생(醫生) 19명이다. 의사, 한의사 1명당 11,318명을 담당하고 있었다. 1943년 조선은 의사 1명당 7천명 꼴이었고 1개 병원당 16만명을 담당하였던 점과 비교해 볼 때 부족한 편이었다.

전체적인 질병 상황은 결핵 환자, 도일 제주 도민이 급증함에 따라 이들 대부분은 공장 노동자로서 불결한 생활을 영위하여 폐결핵에 걸려 돌아오는 사람이 많았다. 1934년 현재 조사 출가자 총수 중 5.7%(2,895명)가 걸린 질병의 종류는 11가지인 데, 각기병 906명, 폐결핵 601명, 위장병 293명, 소화기환자 283명, 늑막염 271명, 화류병 149명 순으로 파악되고 있다.

제주읍내 사망자수 530명 중 사산(死産) 5, 1년 이내 사망 172, 6년 이내 사망 250, 12년 이내 사망 36, 12년 이상 사망 67명으로 집계되었다. 한반도 전체 1925~1937년간 영아 사망률이 74%로 높은 편이다. 이에 비하면 제주도 영아 사망률은 높지 않다. 해당 연령자 기생충 검사 결과, 조사자 478명 중 회충 236명(49.3%), 십이지장충 21명(4.6%)으로 회충 보유자 비율이 높았다.

서귀면 지역 사망자수 353명으로 사산 34명, 1년 이내 55, 6년 이내 204, 12년 이내 사망 28, 12년 이상 32명이다. 서귀포 지역 기생충 조사대상 중 회충 34,4%, 편충 10.9%, 충란 보유자 131명, 양성률 49.8%로 나타났다.

우리 손으로 맨드러
놋치 아니하면 아니된다

• 서당 훈장과 학동들(사진=제주도청)

본도는 대륙과 원격(遠隔)하야 문물을 옴 길 기회가 적엇스나 유교(儒教)의 왕성과 지사(志士)의 본도로 교육이 광포(廣布)되엿는 바 타지방에 비하면 독서문필(讀書文筆)이 보급되엿다고 할 수 잇다. 근자 기미운동(己未運動) 이후 경향(京鄉)을 물론하고 교육열이 치성(熾盛)하엿슬때 부터 촌촌각리(村村各里)에 개량서당(改良西堂)을 설치 아니 한곳이 무(無)하엿다. 그러나 현하(現下) 중학기관(中學機關)으로 완전한 것이 일개도 무히야 일반 도민의 한탄불기(恨歎不己)하는 바이나 교육보급 상황은 타지방에 후하엿다 아니할 만큼 발달되야 타지방 유학생이 수백명에 달한다(동아일보, 1926.10.27.).

1925년 제주지역 보통학교 졸업자는 남자 5,262명 여자 1,208명이다. 중학교 졸업자는 남자 403명 여자 20명, 대학교와 전문학교 졸업자는 30명, 서당수업 22,000명이다. 1936년 기준 각종 학교는 공립 소학교 5개소, 공립 보통학교 14개소, 간이학교 4개소, 공립 실업보습학교 1개소, 사립학교 4개소, 사립 유치원 2개소, 공립 실업학교 1개소, 서당 69개소이다. 1939년 취학 연령 아동 중 취학 학생은 30% 정도이다.

전남 제주도 조천공립보통학교(朝天公立普通學校)는 거금(距今) 구년 전에 공립인가지령(公立認可指令)이 잇슨 후 지방인사가 다대한 열성과 노력을 다하야 교실 증축도 삼차나 하얏고 본교 학급칠 부설학교 학급이 계 구학급으로 이래 교수 중에 재작년 오육학년 연장인가(延長認可)를 득한 후로부터 타지방에서도 상급교 입학지원자가 연연증가(年年增加)함으로…

학급증설원(學級增設願)을 제주도 당국을 경유하야 전남도 학무과에 제출하얏든바 소원하는 학급증설은 수포화(水泡化)하고 다만 기설(既設)된 여자학급을 이유업시 축소하야 버렷슴으로 일반 인사는 당국의 기정(既定)한 일면일교제(一面一校制)를 실현하는 차제임에도 불구하고 조선교육시설책(朝鮮教育施設策)을 무리착각(無理錯覺)인 것을 비난하며 격분한다더라(동아일보, 1929.5.1.).

일제 강점기 초등교육은 4기로 나누어진다. 즉, 제1기(1918~1922) 삼면일교제 정책은 각 3개면 중 한 면(지정면)에 4년제 보통학교 1교를 설립하는 정책이다. 1928년부터 일면일교제(一面一校制) 정책이 실시되었다. 제2기(1929~1936) 일면일교제 정책은 당시까지 보통학교가 설치되어 있지 않은 모든 면에 4년제 보통학교 1교를 설립하는 것을 목표로

1936년까지 실시되었다. 그럼에도 불구하고 보통학교 입학난이 해소되지 않자 1937년부터 2차 계획이 실시되었다. 제3기(1937~1942) 일면일교제 2차 계획은 1936년 당시 보통학교 입학 지원자 전원을 수용할 수 있는 규모 보통학교를 증설하는 계획이다. 제4기(1942~1945)인 1942년 의무교육제 계획이 발표되었다. 1946년부터 의무교육제를 실시한다는 것이다.

제주 현하(現下)의 교육기관을 살펴볼 때 너무나 불비(不備)한 점이 만히 잇습니다. 공사립(公私立)의 보교(普校)도 부족하거니와 더욱 중등 정도의 학교가 농업학교 일개소 박게는 업고 일년 수용자수가 사오십명에 불과하니 학자(學資)관계로 타지에 유학할 수 업서서 놀고 잇는 보교졸업자(普校卒業者)가 연연(年年)히 증가되고 잇는 상태입니다. 그러므로 우선 중등교육기관의 증설이 현하(現下)의 급무(急務)일 것 입니다 이것을 증설하는데는 도당국에 요구도 해볼 것이나 우리가 자진(自進)하야 우리의 손으로 맨드러 놋치 아니하면 아니 될 줄 압니다.

현재 제주의 공사립보교가 십륙개소나 되어저 일면일교(一面一校)는 된다 하나 제주는 타지방에 비하야 면이 광대함으로 제주만은 일면삼교(一面三校)가 필요합니다. 현재 잇는 보교(普校)도 전부가 육년제가 아니고 이개소 외에는 사년제입니다 보통교육(普通敎育)도 학년으로 보아서 불비(不備)할뿐 아니라 각보교(各普校) 졸업생 오백명 가량 수용할만한 실천여학교(實踐女學校) 이년제를 설립하는 것이 부녀의 장래를 위하야 매우 긴요합니다 그리고 월사금(月謝金)은 폐지할 것을 전제로 하여야 합니다.

우선 현재 사년제를 육년제로 연장시키는 것이 필요하며 또 중등학교가 부족함으로 외출하는 학자(學資)가 거액에 달하니까 현재 사정으로는 중학교를 설립치 못할 것이니 설립에 노력하여야 하겠습니다(동아일보, 1931.1.27.).

이러한 초등교육 확대정책은 조선인 교육기회 확대 요구에 대한 응답 성격을 지닌 것이다. 따라서 항상 조선인의 기부금 조성을 전제로 하였다.

향자제주청년수양회(嚮者濟州靑年修養會)에서는 위선(爲先) 제일착(第一着)으로 거삼월 이십사일에 이백 오십여명의 학부형과 기타 유지자는 공보교(公普校)의 대강당에 초청하야 비문제(批問題)에 대하야 만장(滿場)의 백열적(白熱的) 여론을 환기한바 당일

여론은 공보교(公普校) 확장호(擴張乎) 사립학교 신축호(新築乎)의 이파(二波)에 분(分)하야 자못 논쟁이 되더니 결국『오인(吾人)의 사(事)는 오인의 수(手)로써 차(此)를 해결한다』는 주장 하에 사립학교를 설립하기로 낙착((落着)하야 곳 교육기성회(敎育期成會)의 성립 견(見)하게 되엿다(동아일보, 1921.4.7.).

한편 여성교육에 대한 관심과 지원도 그치지 않았다.

근래 제주도의 여러 가지 현상 중 가장 오인(吾人)의 희열(喜悅)의 정(精)을 금치 못하는 것은 본도 일반의 여자 교육열이라 현금(現今) 우리의개는 무엇보다도 교육이 급선무(急先務)이며 더욱 여자교육이 선미(選微)한 것은 수(誰)이나 뜻인는 자는 통절(痛切)히 늣기는 바 어니와 본도 청년은 차에 분연히 각오함이 잇서 작년에 제주여자장학회(濟州女子獎學會)를 조직하고 일반 유력자를 망라하야 여학교를 기성코자 분투노력(奮鬪勞力)하야 위선 미약(爲先微弱)하나마 제일착(第一着)으로 여수원(女修園)이란 사숙(私塾)을 설립하고 (동아일보, 1921.3.25.).

이뿐 아니라 마을 단위 야학(夜學)도 성행했다.

제주도 구좌면 상도리(舊左面 上道里)는 아동의 압길을 인도할만한 교육기관이 무하야 지방인사는 항상 유감으로 생각하여 오든바 거 일일에 그곳 청년회 발기로 부중학(夫仲鶴) 부인문(夫仁文) 양씨(兩氏)의 노력으로 거 삼일부터 야학을 개설하엿다(동아일보, 1925.11. 14.).

제주 추자도(楸子島)에서는 하도청년회(下島靑年會)와 어부단(漁夫團)이 협력(協力)하야 하도(下島) 사리(四里)에 사개소의 무산자야학회(無産者夜學會)를 설치하고 어민무산 아동(漁民無産兒童)을 교양식힌다는데 학생이 백여명에 달한다더라(동아일보, 1927.1.31.).

제주성산청년회(濟州城山靑年會)에서는 리중(里中) 청년이 연령과 재정관계(財政關係)로 취학할 처(處)가 무(無)하야 방황하는 자에게 보통상식(普通常識)을 계발(啓發)키 위하야 거 십일월 이십오일부터 야학을 개시한바(동아일보, 1922.1.4.).

마을 조기축구회

　　2000년대 초반 당시 서울대를 나와 일본 츠쿠바대학 대학원에서 체육학 박사과정을 다니던 연구원이 조사차 제주를 방문한 적이 있었다. 그 연구원 관심사는 일제 강점기 제주지역 마을 조기축구였다. 그는 마을 조기축구를 통해 일제 강점기 제주 도민 문화와 정서, 일제에 대한 저항 표현 등을 살펴보고 싶어 했다. '축구는 일제 강점기 제주 도민 모두를 하나로 뭉치게 하며 그들 스스로 살아있음을 깨닫게 하는 마을 공동체적 의식이다'. 그 연구원이 제시한 가설이다.

　　1925년 7월 21일 제주축구단이 조직되었다.

제주도에는 오육년 전부터 청년 소년단을 통하야 축구가 성행됨에 불구하고 청년 풋볼팀이 하나도 엄슴을 유감으로 사(思)한 사계(斯界)의 유지 이십여 명은 대표적 팀을 조직하야 축구시합에 응(應)하는 동시에 차(此)의 지도 발전을 목적하자고 지난 십이일 제주향교서 제주축구단(濟州蹴球團)을 조직하엿다는데 동단(同團)에서는 창립 기념 제일회 사업으로 팔월 초순을 기(期)하야 청년축구대회(靑年蹴球大會)를 개최하리라(동아일보, 1925.7.25.).

제주축구단을 조직하엿는데 임원은 강기찬(康箕贊) 김치용(金致鍾) 고원종(高遠鍾) 고창섭(高昌燮) 유성백(劉成伯)(조선일보, 1925.7.26.).

제주축구단이 결성되기 전 1923년 12월 23일 제주체육협회가 조직되었다. 그 산하에 야구, 정구, 국제경기부, 축구부를 두었다.

제주면 유지 제씨(諸氏)의 발기로 제주체육협회(濟州體育協會)를 조직코자 거월(去月) 이십삼일 오후 이시부터 제주부인야학회(濟州婦人夜學會)내에서 창립총회를 개최하고 제반 토의가 잇슨 후 임원을 선정하였다.
회장 김태민(金泰旼) 부회장 이한철(李漢哲) 총무 김철준(金哲埈) 서무부장 장태돌(張泰突) 부원 김평관(金平寬) 오규삼(吳奎三) 국제경기부장 김택수(金澤銖) 부원 양창보 송임생(宋壬生) 야구부장 한상호(韓相鎬) 부원 이동빈(李東彬) 홍순일(洪淳日) 정구부장 이창빈(李昶彬) 부원 박찬택(朴燦宅) 이남식(李南植) 축구부장 박교훈(朴喬燻) 부원 양원창(梁元昌) 조대수(趙大秀)(조선일보, 1924.1.5.).

당시 축구대회를 취재한 신문기사를 보면 '선거포고', '동원령', '개전', '회군' 등 엄숙하다 못해 비장한 느낌마저 드는 표현들이 많다.

거(去) 십이월 삼십일일에 조천군(朝天軍)으로부터 수양군(修養軍)에 대하야 선전포고가 유(有)하기로 수양군이 동원령을 발(發)하야 당지(當地) 사립명신학교(私立明新學校) 광정(廣庭)에서 개전(開戰)이 되얏는대 사오시에 긍(亘)하도록 승패를 미결(未決)하얏스나 수양군의 성적이 우량(優良)하얏고 후일을 기(期)한 후 각기 회군(回軍)하얏다더라(동아일보, 1923.1.10.).

• 제주지역 고등학생 응원열기(제주의 소리 사진)

한때 제주지역 고등학교 응원 문화가 유튜브를 강타했던 적이 있다. 매스게임, 카드섹션, 덤블링, 웃통 벗은 채 온 몸 내 던지며 쉬지 않고 함성 지르기 등 제주지역 고교생 응원 열기를 처음 본 사람들은 소름에 가까운 충격을 받았을 것이다.

2002년 월드컵 때 붉은 악마를 보며 전 세계가 경악했다. 응원가를 연속 200번 이상 부르고 쉴 틈 없는 파도타기와 격렬한 응원 동작을 눈 감고도 했던 나는 붉은 악마를 보며 그리 새삼스럽지 않았다. 다들 그 정도는 하는 거 아닌가?

전제주 소년축구대회는 거월(去月) 이십구일 삼십 양일간 제주공보운동장(濟州公普運動場)에서 개최 된 바 참가단체는 일구이삼(一九二三) 조천소년(朝天少年) 명신학교(明新

學校) 소년돈목(少年敦睦) 화북학교(禾北學校) 함덕전진(咸德前進) 소년용진(少年勇進) 신촌소년(新村少年) 소년탐흥(少年耽興) 영흥학교(永興學校) 조천학생축구(朝天學生蹴 球) 합 십일팀이엇다. 제이회 예선전은 명신학교 대 화북학교 간에 개최되엿는대 남녀 학생의 응원은 창가(唱歌) 혹은 박수 등으로 기세를 노도와 일진일퇴하는 광경은 지못 관광자(觀光者)를 긴장케 하얏스며 최후 승리는 명신학교군(明新學校軍)에 귀(歸)하엿다 (동아일보, 1923.8.8.).

모슬포에서 부근 마을 축구단끼리 축구대회가 열렸다. 상예, 중문 대정 등. 지금도 초등학교 축구부 활동이 활발한 지역이다.

제주도 모슬포 소년돈목회(敦睦會) 주최로 거(去) 일월 이십오일에 축구대회를 모슬포 친목회운동장에서 개(開)하얏는데 참가단은 대정공보단(大靜公普團) 대정소년단(大靜少 年團) 중문용진단(中文勇進團) 상모소년단(上慕少年團) 상예소년단(上猊少年團) 일과소 년단(日果少年團)이 필승을 상전(相戰)하다가 최후 승리는 중문용진단에 귀(歸)하얏다(동 아일보, 1924.2.2.).

제삼회 전제주축구대회는 예정대로 지난 칠팔 양일 남성외광장운동장(南城外廣場運動 場)에서 열니엿는데 정각전 팔시에 참가한 십칠개 단체가 영흥학교교장(永興學校校場)에 모히여 입장식을 거행하고 화북(禾北) 함덕악대(咸德樂隊)를 선두로 경기장까지 가는 길에 선수 응원단 관중은 오리(厘)이상 거리를 연(連)하엿섯는데(동아일보, 1925.8.22.).

당시 대회 규정을 보면, 소년부는 신장이 오척 이촌 이하, 즉 158cm 이하로 제한했음을 알 수 있다. 당시 지금처럼 학령층이 일정하지 않아 나이로 제한하기보다 신장(伸長)으로 제한했던 것으로 보인다.

제사회 전제주축구대회를 오는 삼십일부터 사일간 당지 광양운동장(光陽運動場)에서 개최하리라는데 벌서 인기는 비상(非常)히 비등(沸騰)하엿스며 선수는 염천(炎天)임을 불 구하고 맹렬(猛烈)한 연습을 하야 대성황을 정(呈)하리라 하며 참가 규정은 소년부 신장 오척 이촌까지(동아일보, 1926.7.27.).

축구경기 보러가서 정작 경기는 하나도 못 본체 응원가만 목 터지게 불렀던 적이 있다. 이런 경험은 제주에서는 흔한 일상이었다. 죽어라 응원하고 학교에 돌아갔는데 '목이 안 쉬었네', '애교심이 부족 하네', '응원 똑바로 안 했네' 라며 선배들에게 꾸중 들었던 기억들이 아직도 뇌리에 선하다. 반 친구들보다 성대가 좋아 목이 안 쉬었을 뿐인데.

> 제사회 전제주축구대회는 연사일간 폭염임에도 불구하고 관중은 무려 수천명에 달하야 열구(熱球)가 창공(蒼空)에 비(飛)하고 용사(勇士)의 건각(健脚)이 번적거릴 때 마다 응원 대와 관중이 열광함은 실로 형언키 난(難)하엿스며 예년과 여(如)히 『풋뽈타임쓰』는 이채를 정(呈)하엿는데
> 소년부는 최후로 소년선봉군(少年先鋒軍)과 소년탐흥군청년부(少年耽興軍靑年部)는 탐흥청년군용청년군(耽興靑年軍勇靑年軍)이 각기 필사의 력(力)을 다하야 진자웅(進雌雄)을 결(決)하다가 필경(畢竟) 승리의 영예는 선봉군 탐흥군에 귀(歸)하고 대회는 원만히 폐회하엿다더라(동아일보, 1926.8.7.).

앞서 소개했던 연구원과 유수암[8]을 찾아갔다. 당시 유수암은 지금처럼 변모하기 한참 전이었다. 유수암 자랑인 커다란 팽나무 군락 옆에 마을운동장이 있었는데 그 운동장에서 마을 청년들이 조기축구를 하고 있었다. 축구경기를 하는 청년들 전부 그 마을 출신들이 었다. 직장 관계상 제주시에 거주하고 있지만 주말에 고향 유수암에서 동네 선후배들과 조기축구를 즐긴다고 했다. 그 말을 들은 연구원은 무릎을 치며, '내가 제주에 조사하러 온 목적이 바로 이것이다'라며 흡족해 했다. 제주에서 축구는 단순한 운동 경기 이상으로 마을공동체적 의미와 상징이라는 것이다. 뿌듯했다.

> 제주학우회(濟州學友會) 주최 전 제주 청소년 축구대회는 거(巨) 사일 상오십시 제주청 년회운동장(濟州靑年會運動場)에서… 제일차로 소년팀 도두(道頭) 대 신명전(新明戰)으 로 시작되어 청소년팀의 일회 예선전은 당일에 끗을 내이고 익(翼) 오일륙일은 마츰 우천 (雨天)임으로 순연(順延)하엿다가 칠일에 재개하려는 차(次)에 당지(當地) 경찰서에서는

---

8) 제주시 애월읍 유수암리

경관(警官) 배포(配布)치 못하겟다는 구실로 일시 금지를 하얏스나 수차 교섭한 결과 재개하야 청소년 최후 결승전을 마치엇다더라(동아일보, 1928.8.14.).

이러한 의미를 알아차림 것인지, 일제는 축구경기마다 경관을 임석(袵席)시켜 관중들을 감시했다. 그러다가 1930년대 초반 아예 조기회를 포함한 제주지역 축구대회를 전면 금지시켰다. 무엇이 두려웠던 걸까?

제주도 성산포(城山浦)에서는 일반 소년게의 풍긔를 숙정하고 근면성을 배양시키려고 지난달부터 조긔회(早起會)를 조직하얏는데 그 성적이 자못 량호하야 일반부형도 크게 칭찬이든 중 성산포주재소(駐在所)에서 돌연히 본서의 명령이라 하야 조긔회를 금지하얏다는데 그 리유는 지도자가 불온하느니 또는 이와 가튼 단체생활은 사상이 악화하야 진다는 것인바 일반 부형은 경찰당국의 무리한 간섭에 대하야 분개하고 물의가 분분하다 한다(동아일보, 1931.9.23.).

•유수암 마을운동장(사진 출처: 네이버)

조선사람은 조선사람의 배로!
동아통항조합

동아통항조선(東亞通航組船) 교룡환(蛟龍丸) 출항(出航) 우리 도항은 우리배로 제주
도항(渡航) 로동자 단결(團結)[寫](동아일보, 1930.11.7.).

제주지역과 외부를 연결하던 최초의 해상교통은 1894년 이종문(李鍾文)이 인천 굴력상
회(堀力商會)와 교섭하여 연안기선(沿岸汽船)을 한 달에 한번 제주에 부정기 취항했던
것이다. 이 취항은 초기 하물 동량 부족과 승선 인원이 적었기 때문에 운영 수지가 떨어져
개통 3년 만에 폐지되었다. 이후 1908년 부산기선회사에서 부산~제주 간 월 1회 제주
노선을 운항하였다. 또한 목포에서 복전회조점(福田回漕店) 소유 소기선(小汽船)이 제
주~목포 간을 월 6회 왕복하였다. 1911년 조선총독부 명령에 의거, 정기 항로가 개설되었
다. 명령 항로인 목포~제주 간 항해(都丸, 3,387톤급) 운항 코스는 목포-추자-제주(산지
항)-조천항-제주(산지항)-추자-목포이다.

1913년 총독부 이토 해사 과장이 제주도를 시찰한 뒤 '도 일주 항로를 개설한다면
지역 발전에 크게 기여할 수 있다'고 발표했다. 이를 계기로 목포 기점으로 선박 2척,
부산을 거점으로 제주를 일주하는 선박 2척을 매월 8회 정기 운항하도록 하였다. 이
운영을 맡은 조선우선회사(朝鮮郵船會社)는 목포~제주 간 월 9회, 부산~제주 간 월 5회
운항하였다. 또한 일본 대판 기점으로 부산 경유 월 2회 제주 일주 운항과 목포 경유
월 3회 제주 일주 운항 항로를 개설했다.

◇ 「우리의 배」『鮫龍丸』의 出航하는 光景 ◇

1922년 12월 일본 직항로가 개설되었다. 처음으로 제주상선회사가 발족되었고 부산~
제주간 항로 개설에 이어 제주~대판 직항로가 개통되었다. 이때부터 제주와 일본 대판
직접 교류가 급증했다. 이 항로 기항지는 제주 도내 10개 크고 작은 항구였다. 접근이
용이한 도내 각 기항지에서 균일한 요금으로 비교적 수월하게 일본으로 갈 수 있었다.
이 때문에 도일 제주 도민이 증가했다. 이는 당시 일본 내 노동력 부족과 일본 내에서
제주 도민이 양질에 저렴한 노동력으로 인식되었다는 점이 복합적으로 작용하여 제주
도민의 일본 진출이 늘어났다.

일본 직항로 개설로 제주와 일본 왕래자가 늘어나고 상품 교역량이 증가했다. 이에
따라 운송 공급 능력 확장이 시급해 짐에 따라 해상운송 참여업체들이 더 생겨나기 시작
했다. 제주~대판 항로 활성화로 일본 직항은 3개 회사 경쟁 체제에 돌입하게 되었다.

1928년 고순흠은 기업 동맹을 결성하여 1,500톤급 순길환호를 대판~제주 항로에 취항

시켰다. 1930년 3월 김문준, 김달준, 문창래 등은 '조선 사람은 조선의 배로'를 슬로건으로 내세우고, 제주 도민의 오사카 도항(渡航)을 위해 '제주통항조합준비위원회'를 결성했다. 준비위원회는 '통항조합 뉴스'를 발행, 배포하였다. 이 소비조합 원칙은 제주 도민을 조합원으로 하며 조합이 직접 선박을 운영했다. 같은 해 4월 21일 오사카 거주 제주 출신 4,500명을 조합원으로 가입시키는 등 도민 참여를 확대시켰다. 또한 재정 확보를 목적으로 조합원들에게 조합비를 각출했다.

> 제주통항조합준비회(濟州通航組合準備會)가 작년 사월 일일에 구성되자 내외 항운계(航運界)에서는 일개년을 두고 동 준비회 간부 일동의 활약과 도민 이십사만의 열렬한 지지로써 백 륙십 이리 중에서 일백 십이리의 가담을 비롯하야 회원만 만여 명을 포용한 제주통합조합 창립대회는 오는 이십 일일 오전 구시부터 대판시내 중앙공회당에서 대의원제로 개최한다(동아일보, 1930.4.12.).

1931년 11월 1일 제주통항조선은 교룡환(餃龍丸)을 취항시켰다. 이어 1932년 12월 1일 1천2백톤급 복목환(伏木丸)으로 교체 취항했다. 제주 도민의 일본 진출이 늘어나 일본인 업체가 폭리를 취하자 제주통항조선은 이에 반발했다. 이 상황에서 제주통항조선은 제주 사회 스스로 일본에 진출하는 제주 도민을 돕기 위해 분투했다.

> 대판에 잇는 조선 동포 일만 명 이상 조합원의 절대 지지 하에 조직된 동아통항조합(東亞通航組合)에서는 그동안 『조선사람은 조선사람의 배(船)로!』라는 슬로간 알에 활동을 계속하는 일방 북일본긔선주식회사(北日本汽船株式會社)에서 복목환(伏木丸)을 매수할 계획을 세우고 비밀활동 중 이라 함은…
> 조합에서는 드디어 그 성과를 보게 되어 지난 삼일에 구선주인 전긔기선회사로부터 매수 수속이 완료되엇다 한다. 그리하야 동 복목환은 지난 사일에 소재지인 북해도(北海道) 소준항(小樽港)을 출발하얏는데 도중에서 험악한 긔상관계로 부득이 능등(能登)이라는 곳에서 약 삼일간을 정선 피란하다가 지난 십이일 일은 아츰에 비로서 태평양상의 거츤 안개를 헤치고 새주인을 차저 대판 축항(築港)에 도착하얏다 한다(동아일보, 1931.11.20.).

동아통항조선 경영은 순탄하지 못했다. 1931년 12월 6일 대판~제주 간 항해를 마치고 제주에서 대판으로 귀항하던 복목환이 구좌면 세화리(細花里) 해안에 좌초되었다. 이후 일본 광도(廣島) 현미도(懸尾島)에서 수리를 마치고 1932년 1월 4일 운항을 재개했지만 이 과정에서 항일 운동적 성격에 대한 조합원 내부 갈등이 생겨났다. 부채 증가 등 운영난으로 인한 경영 문제도 나타났다. 현길홍, 강호경, 김달준 등은 통항조합을 운동단체가 아닌 순수 경영단체로 전환시켜 부채를 정리하고 조합 운영을 합리화시키려 하였다. 그러나 복목환을 '무산계급의 배'로 규정하고 동아통항조합을 계급투쟁 수단으로 이용하려 했던 반제동맹(反帝同盟) 소속 조합원들은 완강히 반대했다. 이와 함께 당초 50전(錢)하던 일본 배 선임(船賃)을 3원(圓)으로 내리는 등(동아통항조합은 6圓50錢) 의도적인 덤핑으로 경영이 악화되어 결국 도산했다. 1934년 1월 조합이 해산되었다. 그 이후 제주~대판 노선은 2개 업체만이 취항하게 되었다. 제주 도민 자주권을 강조하며 고군분투했으나 활동의 한계가 많았던 동아통항조합 운동은 민족사적 측면에서 그 가치를 인정받고 있다.

물산장려운동과 금주단연

술은 사람을 중지치 않으면 마지않는 것 뿐 아니라 고금을 통하여 음료고 직접 간접 유형무형으로 사회와 후생에 해악을 끼침이 이에서 더한 덕이 없음은 일우 열거할 수 없으리 만치 역력(歷歷)히 허다함은 이소공동(伊所共同)의 사실임에랴.

공야주도(高陽酒徒)야 행화촌객(杏火村客)아 가련한 손 너는 '알콜'의 포로이로다. 한 잔 마시어 지름 녹임이 변시 무서운 자살의 길이오 두 잔 끝에 노기 부림이 도로 혀 가증한 죄악의 씨임을 알라. 술 많은 사교는 너를 징계하는 것이며 안주좋은 연회는 너를 매수하는 것임을 알라.

인류의 평화를 애창하고 계급적 해방을 희구하는 동반들이여. 주덕송(酒德頌)을 불사르고 음중팔선가(飮中八仙歌)를 없애 버리자. 그리하여 맨 먼저 술의 구속에서부터 벗어나자. 하루라도 버젓이 깨여 살기를 힘쓰며 아울러 주지육림에 얼빠진 향락자를 조문하리라(금주단행 일주년 기념으로 함덕협성회, 동아일보, 1925.12.13.).

금주회는 1920년을 전후하여 기독청년회가 중심이 되어 금주와 금연, 순결 등 절제 생활을 위해 조직된 모임으로 금주를 위한 각종 사업들을 보급하는데 앞장섰다. 1834년 미국에서 절제연합회가 조직된 것에 영향을 받은 금주회는 아일랜드, 영국, 유럽 대륙 전역에 급속도로 전파되었다.

1919년 3·1운동 직후 일제 식민정책은 이른바 '문화통치'라는 미명 아래 유화 국면으로 접어들었다. 이 상황에서 한민족 실력을 양성하기 위한 움직임이 사회·문화·경제·교육

각 분야에서 생겨나기 시작했다. 특히 경제계에서 민족산업 육성과 자립경제를 위한 대중운동으로 '물산장려운동'이 한말 '국채보상운동'과 같은 맥락에서 전국적으로 확산되었다.

이 물산장려운동의 한 형태로 생겨난 금주단연운동(禁酒斷煙運動)은 1923년부터 전국적으로 확산되어 급기야 민족운동 수준으로 전개되었다. 제주에서도 마을별로 '금주회'와 '단연동맹회'를 조직하여 활발한 활동을 하였다.

> 우리 동포 이천만을 사분지일 비례로 흡연자를 오백만인이라 가정하고 일일 일인에 평균 이전(錢)으로 예산하면 일일 소비가 십만원이오 일간년(一簡年)을 총계하면 삼천 육백만원을 소비하는지라 어찌 끽경(喫驚)할 바 아니리오.
> 차(嗟)흡다. 우리같이 빈핍(貧乏)하고 우리같이 불자유한 민족으로써 열강의 국민을 효빈(效嚬)하야 유해무익한 연초로 매년 삼천만원 이상의 금전을 허비하면 설사가상의 탄(嘆)이 불무(不無)할지라도(조천단연동맹회 발기문, 동아일보, 1920.8.6.).

금주단연운동 단체는 먼저 회(會)를 결성하고 이 조직이 중심이 되어 솔선하여 금주단연을 실천하고 선전문 배포, 강연, 금주극(禁酒劇)을 실시하는 등 금주단연 보급을 확대시켰다. 또한 금주단연 약속을 어기는 자(일명 범칙자)에게 사회적 재제를 하거나 위약금 약간을 징수하였다.

> 함덕혁신회에서는 일반 청년들이 타락을 개탄하야 여러 가지로 그 혁신을 계획하는 중 작년 여름부터는 혁신회 회원이든지 아니든지 함덕청년으로는 절대로 음주하지 못한다는 결의를 한 후…
> 이래 사회적 재제를 주어온 결과, 지금에 이르러서는 술을 입에 대는 청년이 하나도 없게 되었으며 근일에는 일반인도 도박을 금하기로 결의하였다는데 이후에는 욕심에 눈이 붉어서 노름을 하는 자가 있으면 엄중한 사회적 재제를 주리라고(동아일보, 1925.3.6.).

금주단연운동은 단순히 금주와 금연 실천에만 한정한 것이 아니라 전 도민을 대상으로 도박 금지, 미풍양속 진흥, 허례허식 철폐, 생활비 절약 등 사회계몽과 생활 전반의 인식개선 운동을 전개하였다.

　나날로 피폐하여 가는 농촌의 경제생활을 구제하는 한 방책으로 또는 미풍양속을 진흥시키는 수단의 일 단계로 술을 먹지 말기로, 혼상제례 그 외 대사에 떡, 술, 고기로써 접객하는 폐와 떡, 술, 부조를 일체 폐지키로 결의하고...
　이웃 각 동리에 이 사실을 통고하고 동리 각 구역에도 광고를 부치며 가정부인들을 호별 방문하야 이 뜻을 알으키기 위하야(동아일보, 1931.3.5.).

그러나 민족적 자각에 호소하여 열렬한 호응을 얻었던 이 운동은 1920년대 후반에 이르러 일제 간섭과 탄압으로 인해 점차 약화되어 갔다.

　조천리에서는 종래 관습상으로 향회를 조직하고 민풍개선(民風改善) 소비절약이란 취지하에 활동하든 중인데 작년부터 특히 주류 밀조자가 많아 도당국으로부터 늘 밀조자를 검거해서 과료금만 징수한 것이 연말까지 삼천여원이란 거액에 달하였음으로…
　금주조사실행위원을 정하고 기일을 지정하야 호별 방문으로 금주 선전을 하는 동시에 만일 밀조주류를 발견하면 본인의 양해를 얻고 주류를 싸다 없애며 술먹는 이에게는 약간의 위약금을 징수하며 착착 실행하든바…
　지난 팔월 하순경에는 조천경찰관 주재소에서 어떠한 이유인지 금주실행위원회 삼십여인을 모조리 소환하고 청취서를 일일이 받고 동문서를 제주경찰서 보내었음으로(동아일보, 1928.11.3.).

이런 와중에서 소주 밀조(密造)와 관련된 일종의 권력형 비리가 드러나 많은 도민들이 분개해 마지않았다. 예나 지금이나...

　소주 밀조 판매자를 발견하고도 밀조한 그 사람들이 제주도사(濟州島司)와 친한 사람의 마누라임으로 처벌하지 아니하고, 특별히 용서하였다는 소문이 제주도에 매우 흉흉함으로…
　술을 밀조한 사람은 ○○○의 처 ○○○로 허가장 없이 술을 한 것을 흑전(黑田) 재주과장이 발견하고 봉인을 하고 왔다가 나중에 이 남편이 도사와 친하다는 관계로 어찌 어찌

하야 다시 무사히 해제하여 주었다는데 벌금을 받으면 이백원 이상을 받아야 할 것을 면제하여 주었음으로…

다른 사람들이 반대하였으나 과장과 도사의 위력에 어쩔 수 없이 그냥 두었다는데 일반 제주도민은 관청의 불공평한 행정에 분개함을 마지않는다더라(동아일보, 1925.5.29.).

한편 제주에서 생산되는 대소맥(大小麥)을 원료(原料)로 소주를 생산하여 도내 소주 소비량을 충당하게 함으로써 그 이익을 도내에 귀속시키자는 주장이 생겨났다.

제주도에서 소주의 연소비량이 삼십 오만원에 달함으로 외래주(外來酒)를 방지하고 도산(島産)을 소비하면 그 금액은 도내에 떨어지고 말 것입니다.

만일 제주에서 다량적으로 생산케 하면 얼마든지 충분한 원료를 얻을 수가 있을 것입니다. 그리고 원료 생산자와 주류 제조업자간에 일정한 계약이 있어야 될 줄 압니다(동아일보, 1931.1.25.).

제주도가 함몰되였다

1926년 일본에서 생겨난 가짜뉴스 한 토막이다.

　　일본 계시계근정(堺市戒筋町) 안화명(岸和町) 방적공장에 잇는 조선 제주도 출생 여자
직공 륙십명은 이십륙일 아츰부터 갑자기 그 공장에 출근치 아니하고 긔숙사에서 울고
잇슴으로 공장칙에서는 그 까닭을 몰라 무슨 일로 공장에 출근치 아니하느냐고 물엇다는
바 이에 대하야 그들은 『우리 고향인 제주도가 갑작히 바다 가운데 함몰되엿슴으로 이와

元町通三丁目の放香堂 (湊の魁)

가치 울고 잇다』고 대답을 하엿다는데 이 엉터리 업는 풍설은 최근 그 회사를 그만두고 자긔 고향으로 도라간 제주도 출신 박유인(朴有仁)이가 지어낸듯하다 하야 소관 안회뎐서에서는 범인을 수색중이라더라(동아일보, 1926.1.29.).

　제주 도민의 도일(渡日)은 1919년 한신(阪神)공업지대 직원 모집에서부터 시작되었다. 1922년 대판 직항로 개설이 본격화되자 도항자가 1924년부터 매년 전년 대비 3배 정도 증가했다. 1922년 남자 3,198명, 여자 305명 총 3,503명이 도일했고 1925년 1,596명, 1927년 19,204명, 1933년 29,208명, 급기야 1939년 5만명으로 늘어났다. 이는 당시 제주도 인구 4/1 규모로 한가구당 한명 꼴로 도일한 셈이다.

　이처럼 제주 도민의 도일이 증가한 것은 새로운 경제활동 기회에 대한 기대와 취업에 대한 강한 욕구 때문이다. 아울러 출가 귀환자로 부터 도일 자금을 알선 받거나, 조합이나 계에서 출가 희망자에게 도항 여비 융통은 물론 일본 내 취직과 임시 숙박소 등을 소개받을 수 있었기 때문에 도민들이 일본 출가가 보다 용이했다.

　당시 도일한 제주 도민의 직업 구성을 살펴보면, 농업 0.5%(244명), 어업 1.3%(687명), 상업 6%이며 공업이 66%(공장노동자)로 절대 우위를 차지했다. 남자 직공은 고무공 4,208명, 철공 3,794명, 유리공 1,877명, 법랑공(琺瑯工) 1,671명 순이다. 여자는 방적공 5,375명, 고무공 1,756명, 미싱공(재봉공) 1,183명, 유리공 1,050명, 성냥공 945명 순이다. 초창기 방적공이 많았던 이유는 도민 출가가 최초 방적회사 방적공 모집에서 비롯되었기 때문이다.

　반면 농업 노동자가 적었던 것은 제주도가 농업지역이기 때문에 출가시기와 농번기가 일치했고, 농업 노동 보수가 다른 직종에 비해 적었기 때문이다. 초기 244명 농업 노동자는 일본으로 견학 갔었던 영농 견습자들이다.

　당시 도일 제주 도민들이 우편국을 통해 고향 제주에 보낸 송금액은 1926년 774,784엔, 1928년 1,287,140엔으로, 1인당 평균 40엔이다. 1932년에는 685,155엔, 1933년 857,000엔이다. 이외 우체국을 통하지 않고 귀향시 직접 가지고 온 액수까지 합치면 훨씬 많았다. 이는 당시 제주 경제에 큰 활력을 가져다주었다.

　당시 제주지역 농촌에서 출가는 대부분 영농한기를 이용한 유휴 노동 이동이라는 성격을 띠고 있다. 주로 농한기에 도일했다가 농번기 전에 돌아온다. 도일 제주 도민의 수는 2월부터 증가했다가, 3월 최고를 기록하고 이후 점차 줄어들었다. 6, 7월이 가장 적었다가, 8, 9월이면 증가하기 시작한다. 도항자 최다월이 귀환자 최소월이 되는 것은 농번기와 관련이 있다. 당시 제주지역 농사는 육도 대두, 고구마, 목화 등 파종과 연속으로 계속되는 본도 주작물인 대맥, 소맥 수확과 정곡, 여름철 제초, 10~11월 여름작물 수확, 겨울 작물의 파종 등으로 연이어 진다. 얼마간 농한 불연속은 있으나 대개 5월말에서 11월말까지 농번기가 계속 된다. 12월부터 4월까지 농한기이다.

당시 제주지역 농사에서 노동 일수와 농한 기일을 보면, 농번기일 5/1에서 10/1이고 농한기월에는 2/1에서 3/1 노동 인원으로 농사짓는다. 집약적 노동에 비해 잉여 노동이 두드러짐을 알 수 있다. 잉여 노동의 마무리 기간이 길었는데 이로 인해 출가가 촉진되었다.

제주지역 지형학적 특성상 태풍 피해를 받는 경우가 많았다. 이 태풍으로 인해 주작물이 풍수 재해를 입으면 흉작이 된다. 이때 도민 다수는 일본으로 출가하여 돈을 벌어 식량을 확보했다.

1934년 9월 출가자 격증은 동년 8월 7일 제주 지역을 휩쓴 풍수해 영향이었던 것으로 보아진다. 마침 그 해는 비상시 군수 공업 발흥에 의해 출가자 수입지(收入地)는 호경기를 맞고 있었다. 도일 도민 규모는 경제적 번영에 따른 영향과 인플레이션에 의한 수출업 활황, 노동력 수용 공급 및 산업 경제적 풍흉(豊凶)과 상관이 있다.

제주 도민의 도일이 제주지역 농촌사회와 경제 전반에 미친 영향은 크게 두 가지로 분류할 수 있다. 우선 한 가구에 한명 꼴로 도일하였기 때문에 생산의 중추적 역할을 담당하는 청장년 남자 노동력 품귀현상을 가져와, 임금 상승, 노동생산성 정체, 노동력 악화 등과 같은 부작용을 낳게 되었다. 다른 하나는 도일 제주 도민의 현금 송금 혹은 귀향시 가지고 오는 현금으로 도내 현금 보유량이 증가했고 이로 인해 소비 행태에도 많은 변화가 생겼다는 점이다.

제주 도민의 도일현상은 규모도 문제였지만 이보다 인적 구성이 노동력 공급 악화에 미친 영향에서 그 심각성을 찾을 수 있다. 도일 제주 도민의 구성을 보면 생산력이 가장 왕성한 20~50세 사이 남자가 가장 많고, 지주 및 자작농 도일도 많아 전도 1,141호 지주 가운데 451호, 자작농은 전체 중 55%인 999호가 도일한 것으로 나타났다.

이들은 초기 주로 휴한기에 도일하여 단기간 노동하다가 다시 귀향하여 농업에 종사하는 형태가 대부분이었다. 그러나 점차 휴한기와 상관없이 일본 경제상황에 따라 도일하고 설령 귀향하였다 하더라도 다음 도일을 위한 휴식을 핑계로 집안 농사일을 회피하는 사례가 속출하는 등 새로운 사회문제가 생겨났다.

당시 농가 1호당 1정 4단보를 1.5~2명, 그것도 여자, 노인층이 생산을 담당하는 실정이고 보면, 이로 인해 경작지가 황폐화되고 생산력 증대에 악영향을 미친 것은 확실하다. 노동력 악화 문제가 농업 생산력 증가에 악영향을 미치는 상황이 되자 농민들은 노동 강도가 약하고 한정된 면적에 집중적으로 투자하여 고소득을 올릴 수 있는 상품 작물로 전환을 모색하기 시작했다. 기존 작물도 농업 기술상 장애를 극복할 수 있는 신품종으로 대체하기 시작했다.

도일 노동자 현금 송금은 농가 소비를 포함한 도내 경제활동 전반에 큰 영향을 미쳤다. 1920년대 중반 제주지역 농가는 식민지 시장 경제 편입 결과 나타난 현상, 즉 생필품 수입 급증과 맥류, 백미, 현미, 백미, 만주조, 쇄미(碎米) 등 곡류 이입 증가 등으로 현금 수요가 증가하였다. 또한 도일 제주 도민의 증가로 노동력 감소, 이로 인해 임금이 상승하고 농업 생산이 감소하여 소득이 줄어드는 현상이 나타났다. 이 문제를 해결하는 데 결정적인 역할을 한 것이 바로 도일 도민의 송금이다. 도민의 송금은 단순히 이 문제만을 해결하는 데 그치지 않고 생활 전반에 변화를 가져왔다. 대표적으로 쌀 소비 증가를 들 수 있다. 일본 선진 농법, 우량 품종, 선진 근로 방식 등을 경험한 도민들이 귀향하여 농사에 재투입되었을 때 이들의 선진화된 농업경영 마인드가 제주 농업에 긍정적 영향을 미쳤던 경우도 있다. 이처럼 제주 도민의 도일로 인한 영향이 사회 전반에 널리 퍼졌다.

성산포 '고등어사건'

동국여지승람(東國輿地勝覽)에 고등어 산지(山地)를 전남 제주도와 경남 북강원(北江原) 함남북(咸南北) 등지라 소개하엿슴을 볼진대 약 사백년 전부터 고등어 어군(魚群)이 전남 제주도에서 동방(東方) 부산을 지나 동해로 향하얏엇든 것이오(동아일보, 1939.7.5.).

고등어의 치어(稚魚) 오, 육촌(寸)짜리는 멸치와 함께 섞어 흘러들어 오는데 초기에는 그 수가 적지만 팔, 구월 경에는 그 양이 많아져 도리어 멸치가 소량으로 섞이게 될 정도로 된다. 성어기(成魚期)는 가을 구월 경부터 봄 이월경까지 어화(漁火)로 밝히는 외줄낚시(一本釣)로 어획된다. 이 경우는 전갱이나 갈치와 혼획(混獲)되는 일이 많다. 도민들은 날 것으로 판매하는 외에 염장(鹽藏)을 하기도 한다[한국수산지 권 5 제주도, 1905].

본도는 대만(臺灣) 남서쪽에서 흘러내린 난류(暖流)가 오스미(大隅)해협 서쪽에서, 본류(本流)에서 분리된 지류(支流)가 연안을 씻고 쓰시마(對馬)해협을 향해 흘러가는 곳으로부터 난류를 따라 참치나 가다랭이 등의 난류어족을 우리 연안으로 유치해 온다. 또 삼치 고등어 멸치와 같이 난류를 좋아하지만 또한 한조(寒潮)도 두려워하지 않는 어족들도 많다 [남국의 보고 제주도, 1924].

당시 제주 바다에서 잡히는 어족(魚族)은 멸치, 고등어, 전갱이, 참치, 가다랭이, 방어, 넙치, 삼치, 도미, 황돔, 혹돔, 갈치, 옥돔, 저립, 청새치, 조기, 숭어, 붉돔, 볼락, 놀래기, 성대, 갯장어, 상어, 은어, 뱀장어, 오징어, 전복, 왕새우, 소라 등이다. 해조류는 미역, 감태, 우무가사리, 도박, 톳, 모자반, 김 등이 있었다.

지금이야 고등어회, 고등어조림, 고등어초밥 등 푸른 생선인 고등어 요리가 제주를 대표하는 별미 음식으로 각광을 받고 있다. 요즘은 국내산만으로 모자라 멀리 북유럽산 고등어를 사다 먹는 형편이지만 예전에는 처치 곤란할 정도로 고등어가 많이 잡혔다고 한다.

제주 앞바다에 어장(漁場)이 형성되어 고등어가 많이 잡히다 보니 성어기에 고등어를 잡으려는 고등어잡이배 40척, 어부 천명이 성산포 앞바다에 운집(雲集)했다. 그러다가 우연한 일로 어부들과 마을 주민들이 충돌하여 많은 사상자가 발생한 사건이 발생했다.

1927년 5월 16일 정의면 성산포 고성리에서 중앙청년회(中央靑年會) 주최로 씨름대회를 개최하여 마을 씨름판을 벌리고 있었다. 그날 씨름대회에 바다 상황이 좋지 않아 고등어잡이 나가지 못하고 성산포항에 정박하였던 어부 수백 명도 씨름대회를 구경하러 마을로 왔다.

그 중 어부 한명이 자원(自願)하여 씨름경기에 참가했는데 마을선수에게 졌다. 씨름에 진 이 어부는 결과를 승복하지 않고 심판원에게 재경기를 요구했으나 거절당했다. 재경기를 거절당해 화가 난 어부가 그 씨름판을 방해하자 심판원은 그 어부를 관람석으로 밀어 냈다. 이를 본 다른 어부가 나서서 '심판원 처리가 부당하다'며 심판원 뺨을 쳤다. 이를 본 마을사람들이 심판원 뺨을 때린 어부를 힐난하게 되었고 이를 본 약 이백여 명 어부들 이 일어나 '돌격하라'며 '소요(騷擾)'를 야기했던 것이다. 어부들은 그 주위에 있던 죽봉 (竹棒)으로 책걸상을 부수고 마을사람들을 닥치는 대로 난타하야 수십명의 중경상자가 발생한 것이다.

"모처럼 씨름대회를 개최한 것이 어부들의 폭행으로 방해되어 중지케 되고 또 리민(里 民)에게 다수한 부상자까지 내이게 된 것을 대단히 분한(憤恨)히 여기고 있는 중에 과거 성산진(城山津) 리민을 습격한 사실이 있고 또 간혹 어부들이 작당하야 마을사람들에게 작폐를 하는 일이 많았음으로 이번도 그런 폭거가 있을 것을 위구(危懼)하야 이 기회에 차라리 리민에게 기선(機先)을 주어 성산진에 있는 어부들을 습격하야 어쩔 수 없게 하는 것이 득책(得策)"이라며 씨름대회를 주최한 중앙청년회 대표자를 주축으로 마을사람 오백 여명이 성산진에 있던 어부들을 습격한 것이다. 이로 인해 일본인 어부 한명과 조선인 어부 한명은 현장에서 중상을 당하여 그 다음날 사망했고 양쪽에서 수십명의 중경상자가 발생했다.

지난 십구일 총독부 경무국에온 전라남도 경찰부장의 정보에 의지하면 지난 십륙일 오후 네시쯤 제주도 정의면(旌義面) 고성리(古城里)에서는 정신회(旌新會) 주최의 운동회 가 개최된바 그때에 맞츰 동면 성산포에 명박 중이든 고등어배의 어부 이백명(일본인 이십 명)이 상륙하야 그 지방사람과 씨름(脚戱)를 하다가 조그만한 일로 말닷톰하던 것이 필경 큰 격투기가 되야 지방사람 다수 부상하엿슴으로 그 복수로 배로 도라 가랴든 어부들을 함부로 따리여 지방사람 아홉명과 어부 열네명(일본인 여섯)의 중상자가 생긴 중 다섯명은 생명이 위독하게 되얏는데 이 급보에 접한 전남경찰부에서는 당시 성산포 항구에는 고등어 배가 사십척에 어부가 일천명이나 잇섯슴으로 만일을 념려하야 응원 경관 이십명과 공의 일명을 급파하야 엄중한 경계망을 펴고 범인 등을 수사 중인바 그 후의 정보에 의지하면 전기 중사자중에 일본사람 한명과 조선사람 한명은 필경 사망하엿다더라(동아일보, 1927.5.20.).

전래 없이 큰 사건을 맡게 된 광주지방법원은 기존 법정이 좁아 재판을 진행할 수 없는 관계로 새로이 큰 법정을 신축하였다. 이 공판은 신법정이 준공된 이후 소요(騷擾) 및 상해(傷害), 상해치사(傷害致死) 죄명으로 광주에서 열렸다.

지난 오월 십륙일에 제주도 성산포에 잇는 중앙청년회(中央靑年會) 주최로 각희대회(脚戱大會)를 개최하엿는데 마츰 그 당시 성산포에 명박(定舶)중이던 어선에서 선부 이백여명이 상륙하야 전긔 씨름판에 갓섯다가 사소한 일로 말성이 되어 선부 이백여명과 도민 천여명의 사히에 충돌이 생겨서 형세가 험악하엿슴으로 성산포주재소에서는 제주경찰서에 뎐화로 응원을 청하여다가 겨우 진압은 하엿섯다는대 그때의 충돌로 인하야 중경상자가 도민은 아홉명 어부측은 열여덜명을 내엇슬뿐외라 어부 중 일본사람과 조선사람 두사람이 마저 죽엇슴으로 경찰은 쌍방에서 백여명의 혐의자를 검속하야 목포디방법원(木浦地方法院)으로 넘겻슴으로 석달동안 예심중에 잇다가 지난 팔월 이십일에는 도민측으로 청년회장 외에 사십오명과 어부측으로 네사람을 합하야 오십명을 광주로 넘기고 그 남어지는 면소되엿섯는데 광주디방법원에서는 이 사건을 위해서 새로히 큰 법정을 건축 중 근번에 준공되엿슴으로 공판을 열게 되리라더라(조선일보, 1927.11.14.).

제이회 공판은 예정과 가티 지난 십팔일 오전 열한시부터 광주디방법원 제이호법뎡에서 금자(金子)재판장의 담당으로 문(文) 안뎐(安田) 량배석판사와 횡뎐(橫田)검사의 간여 하에 개뎡되엇는데 방청석은 멀리 제주에서 온 피고들의 가족들과 광주 각 사회 단톄 대표로 립추의 여디가 업시 긴장되엇스며 횡뎐검사로부터 좌그와 가튼 구형이 잇슨 후 변호사 촌상(村上)씨와 서광설(徐光卨)씨의 변론을 마치고 오후 한시에 휴정하엿다가 다시 두시 십분부터 계속하야 변호사 암교(岩橋) 김재천(金在千) 송화식(宋和植) 리의연(李儀衍) 등의 열열한 변론을 맛치고 다섯시 삼십분에 페뎡하엿다더라(조선일보, 1927.11.20.).

제주에서 온 피고 가족들과 광주지역 사회단체 대표들로 방청석을 가득 메운 이날 재판에서 피고인 오십명 전부는 각각 6년, 3년, 2년, 1년 6개월, 1년 징역을 구형받았다. 고등어는 이 사연을 기억하고 있으려나? 일명 고등어사건! 그 역사적 의미를 곰곰이 되씹어 보고 싶다.

추자민요民擾사건과 추자 어부단

　1926년 5월 14일 오후 4시, 추자면(楸子面)에 큰 소동(?)이 일어났다. 급히 목포와 제주경찰서 무장 경관 삼십여 명이 출동해 현장에서 이십일 명을 검거하고 바로 경비선에 태워 추자도 떠나 목포로 이송한 사건이 발생한 것이다.
　추자면이란 곳은 대해중의 외로운 섬으로써 지역이 협착하고 토질이 척박하야 도민은 남녀노소를 물론하고 고기잡이를 하야 그날그날의 호구를 하여 가는대 만약 어업이 잘못되

●추자도

면 류리 걸식하는 참상을 이룬다(동아일보, 1926.5.25.).

1917년 당시 추자면장 원용배(元容培)와 해남사람 윤재호(尹在浩) 등 추자 어민의 이익과 편리 도모를 목적으로 '추자어업조합'을 조직했다. 1920년 이들은 추자 어민의 이익과 편리 도모와 별개로, 고기잡이 어구(漁具)를 사들인다고 칭탁(稱託)하야 추자어업조합 명의로 식산은행(殖産銀行) 제주지점에서 8,000원을 차입(借入)하였다. 이 차입한 8,000원 거액을 원용배와 윤재호 등이 공모하여 목포에서 횡령하여 소비하여 버리고 난 뒤 또다시 식산은행에서 4,000원을 차입하였다. 그런데 이번에는 차입한 돈으로 매입한 소금을 보통 시세 두 배 되는 가격으로 조합원에게 판매했다. 이로 인해 추자어업조합에 대한 추자 어민의 불평은 커져 갔다.

조합에는 조합댱 리사 서긔 등을 두어 하는 것 업시 어민의 리익을 롱단할 뿐 아니라 이를 빙자하야 별별 횡폭한 행동이 만하얏스며 어물도 공동판매를 함으로 보통 시세보다 저렴하게 팔닐 때가 만타고 한다. 이와 가치 조합이 조직된 이후로는 조합원에게 일만 이천원이란 부채가 생기고 근래에 와서는 해조(海藻)까지 공동판매를 함으로 만약 이것을 실시하게 되면 해조를 목포 등지로 가지고 가서 대금 외에 얼마든지 대용할 수 잇는 길까지 막히게 되어 어업조합에 대한 도민의 불평과 비난은 참으로 컷섯다고 한다(동아일보, 1926.5.25.).

1926년 5월 11일, 어업조합장 김상진(金相鎭)과 이사 황석희(黃錫熙) 등이 추자면 묵리(黙里)에 사는 어떤 노파 집에 가서 뜰 앞에 널려 있던 물가사리(天草)를 자기들 마음대로 저울에 달았다. 이에 노파가 그 이유를 물어보았는데, 김상진이 그 노파 뺨을 때리고 욕을 하는 사건이 발생했다. 이를 본 동네 청년 윤원동(尹元同) 등 몇 사람이 모여 그 행동을 책망하였다. 도리어 김상진은 마을사람들을 주재소에 고발하고 윤원종을 불러다 설유(說諭)까지 하였다. 이 소문을 들은 마을 주민들은 극도로 흥분한 나머지 하도(下島) 예초리(禮草里)에 남녀 주민 칠백여명이 집결하여 어업조합에 대한 여러 가지 불평을 쏟아놓으며 김상진을 공격하게 되었다. 이렇듯 형세가 자못 살벌해지자 추자도주재소 순사가 출동하여 해산을 명하였다. 그러나 이를 듣지 않음으로 순사들은 발검(拔劍)까지 하며 추자도 도민들을 위협하였다.

이 날 극도로 흥분된 추자 도민들은 즉시 상도(上島) 대서리(大西里)에 있는 어업조합 사무소로 몰려가 '공동판매를 폐지하라', '조합장을 잡아내라'며 고함치는 바람에 형세가 위급하게 되었다. 이 상황에서 조합장 김상진은 뒷문으로 도망가 버렸고 조합 사무실문은 굳게 닫쳐졌다. 그런데 경관들은 오히려 주재소에서 가져온 총으로 격분해 있는 조합원들을 위협했다. 이에 화가 난 군중들은 조합 사무실문을 부수고 들어가 책상을 부수며 그날 밤을 거기에서 농성한 뒤 다음날 오후 두시 해산했다.

다음날 새벽 두시 김상진은 남들이 잠자는 사이 어선을 타고 목포로 도망가 그 곳 경찰서에 이 사건을 고발하였던 것이다. 목포경찰서는 즉시 무장 경관 이십 명이 경비선을 타고 십육일 오전 아홉시 추자에 도착했다. 이들은 도착하자마자 하도로 건너가 주동자 이십일 명을 검속하고 바로 경비선에 태워 추자도를 떠났다. 이를 본 추자도민들은 어선을 타고 경비선을 추격하였다. 경비선은 군중을 향하야 폼푸질(?)을 하고 경비선에 뛰어오르려는 사람을 곤봉으로 때리는 사태가 발생했다. 또 일부 경관들은 계속 추자도에 머무르며 추자도 도민을 모아놓고 '공동판매를 반대하는 자'는 엄중히 처벌한다는 위협을 서슴치 않았다.

> 이번 사건의 발생된 것은 어업조합에 대한 불평뿐만 아니라 전긔 김상진이가 불원에 면당(面長)으로 취직하고 저 암중비약을 하야 제주도사가 전 면당에게 사직을 강권한 일도 큰 원인이라는바 경관의 진압으로 일시 침정한 듯하나 흥분한 도민은 어대까지든지 어업조합이며 김상진 배척에 로력하리라 한다더라(동아일보, 1926.5.25.).

이를 '제주도 추자민요사건(楸子民擾事件)'이라 칭했다. 이 사건으로 1926년 7월 20일 오전 10시, 광주지방법원 제주지청 형사법정에서 재판이 열렸다. 공판 결과 김종만(金鍾萬) 징역 1년, 김학련(金學連), 김후배(金厚培) 각 8개월, 황명채(黃明彩) 외 삼명 집행유예

2년을 언도 받았다.

이로부터 4개월이 흐른 1926년 11월 18일 추자도 어부 육십여 명이 추자 하도공립보통학교 대강당에 모여 '추자어부단 창립대회'를 개최했다. 이번은 '문맹(文盲)을 속치(速治)하자', '사기배(詐欺輩)에 속히지 말고 빨니지 말자' 는 굳은 다짐을 했다. 이외 여러 가지 사항을 토의 결정한 후 '추자어부단 만세 삼창'과 '세계 노동자 만세 삼창'을 하고 폐회했다.

강령(綱領)

아등(我等)은 아등의 실제이익(實際利益)을 위하야 투쟁함

결의사항

1. 어민운동(漁民運動)

가. 운동의 근본방침 : 착취 압복(壓伏) 박해의 연결이 우리들의 애사(哀史)엿다. 차(此)에 제(際)하야 아등은 어민으로 하야금 계급을 인식케 하며 단결로써 우리의 무기를 삼게할 것

나. 교양에 관한 건

다. 선전(宣傳)에 관한 건

라. 조직에 관한 건 : 본단(本團)에서 제주노동연맹(濟州勞働聯盟)을 발기하도록 제주면 우의단체(友誼團體)에 권고문(勸告文)을 발송하야 제주노동연맹을 조직케 하고 그가 전남노동연맹(全南勞働聯盟)에 가맹케 할 것

2. 사회운동 각 부문에 관한 건

가. 노동운동

나. 농민운동

다. 청년운동

라. 소년운동

3. 당면문제

　　가. 해어공동판매(海漁共同販賣)에 관한 건 : 도민대회(島民大會)를 개(開)하야 도민의 의견을 종합한 후 건의안을 작성하야 추자어업조합(楸子漁業組合)에 제출하되 약(若) 불응하는시 민중과 합력(合力)하야 적극적으로 반대할 것

　　나. 염신구전(鹽辛口錢)에 에 관한 건

　　다. 추자어업조합(楸子漁業組合)의 식산은행대금(殖産銀行債金)에 관한 건

　　라. 어선계약(漁船契約)에 관한 건 : 식(食)을 위하야서는 명(命)을 앗기지 아니 하야 풍우한설(風雨寒雪)을 무릅쓰고 치난 물결과 싸워서 잡어온 고기를 엇지 일분(一分)이라도 해하고 매(買)할까 이에 우리는 공동판매를 위시하야 시세 여하를 불구

•추자도 어민 대일항쟁기념비 제막 장면(제주의 소리 사진, 2018)

하고 계약선(契約船)인 마투하(マルハ)회사에만 매(賣)하라는 어업조합의 단호한 처치에 반항하는 동시 위원 사인을 선정하야 어업조합에 항의할 것

마. 어민생활상황조사에 관한 건

하. 탕쿠에 관한 건

사. 삼월 민중소란시기 희생자 위로에 관한 건

아. 선주 선원에 관한 건(동아일보, 1926.11.29.).

'추자어업조합'에 관한 아픈 기억을 학습효과로 삼고 새롭게 조직된 추자어부단에게 부여된 주요 당면문제 중 가장 눈에 띠는 대목은 "삼월 민중소란시기 희생자 위로에 관한 건"이다. 과거 아픈 기억을 잊지 않고 이를 승화시켜 새로운 자기 발전의 토대로 삼는 지혜로 이해된다.

2018년 1926년, 1932년 추자어민운동을 기념하는 '추자도 어민 대일항쟁기념비'가 새워졌다. 92년 전 추자어민 대일항쟁을 추모하고 기념하는 비를 세워 제주 최초 '어민 대일항쟁'을 기록하고 있다. '역사는 살아있다'는 말이 새삼 떠오른다.

황금으로 인하야 자아낸 비극의 일막

1912년 조선우선주식회사에서 제주와 외부를 운항하는 정기 항로를 개설하면서 세계로 향하는 제주 바닷길이 본격적으로 열렸다. 조선우선주식회사는 목포~제주간 월 9회, 부산~제주간 월 5회 운항, 대판 기점 부산 경유 제주 일주 월 2회 운항, 목포 경유 제주 일주 월 3회 운항 항로를 개설했다. 이후 1922년 제주상선회사가 발족되어 부산~제주 간 항로 개설에 이어 제주~대판 간 직행 항로를 개설했다. 이때부터 제주와 일본(대판지역) 직접 교류가 급증했다.

1928년 고순흠이 기업동맹을 결성하여 1500톤급 순길환호를 대판~제주 항로에 취항시켰다. 같은 해 김문준, 김달준, 문창래 등이 동아통항조합을 결성하여 1,200톤급 복목환을 취항시켰다. 복목환은 제주인 스스로 일본에 진출하는 도민들을 돕기 위해 설립되었다. 이에 따라 제주~일본 간 항로는 3개 회사 무한 경쟁 체제에 돌입하게 되었다. 그런데 당시 도내에 이 배들을 정박할 수 있는 규모를 가진 양항(良港)이 없었다. 그래서 본선이 먼 바다에 정박하면 각 마을 포구에서 종선(從船)으로 승객을 실어 날랐다. 이런 사정이다 보니 각종 인명사고가 발생하였다. 1928년 대포항(大浦港)에서 조난 사건이 발생했다.

> 이십칠일 오후 네시경 전남 제주도 대포(大浦)에서 조선우선회사의 긔선 함경환(咸鏡丸)을 타고 저 사십여 명의 승객이 종선을 타고 긔선으로 향하야 가든 도중에 돌연히 폭풍이 일어나며 적은 종선은 고만 물결에 부듸치어 업더지고 승객 전부가 그대로 바다 가운데 빠저 일대 혼란을 일으켯는데 그 중 반수가량은 다행히 건저 내엇스나 이십이명은 급한 물결에 밀리어 간곳을 모르게 되엇다더라(동아일보, 1928.10.29.).

> 재작 이십칠일 오후 네시경 전라남도 제주도 대포 항구에서 승객 약 사십여명이 그날 서해바다로 향하야 출발하는 조선우선회사의 긔선 함경환을 타기 위하야 종선 한척을 타고서 그 긔선으로 향하야 드러가든 중 그만 중도에서 폭풍을 맛나 바다물이 거칠어 오르면서 종선이 무참하게 면복되어 그중에 스물두명은 그만 행방불명이 되고 남어지 십여명만 경우 구조되엇는바 남어지 사람들은 아마도 조난된 듯 하다러라(조선일보, 1928.1.29.).

1928년 1월 27일 오후 3시경 대판행 조우(朝郵) 소속 함경환호가 대포항 앞바다에 입항하여 승객을 태우고 있었다. 그런데 때마침 불어온 강풍과 비로 인해 승객을 가득 태운 종선이 침몰하는 사고가 발생했다. 이 사고로 삼십 이명이 익사했다. 첫 종선은 무사히 본선인 함경환에 승객 모두를 운반하였다. 그러나 두 번째 종선은 갑작스런 돌풍에 비가 퍼붓기 시작하자 승객 오십명이 서로 먼저 본선으로 올라가려고 애 쓰던 중 종선이 침몰했다. 승객 오십명 중 십팔 명은 생명을 구제하였으나 나머지 삼십 이명은 순식간에 익사해 버렸다. 이 와중에 모선(母船)인 함경환은 승객들을 구제하려 하지 않고 그냥 떠나 버려 비난과 원성을 면치 못하였다.

별항 사건으로 최후의 생명을 구제한 오윤진(吳允眞)은 당시의 정황을 알에와 가티 말하더라. "원악 손을 만히 실은데다가 일긔 관계로 그리 되엇다고 할지라도 본선에서 뽀트를 나리다가 그대로 올려버린 것은 넘우도 무성의하다고 아니 볼 수 업습니다. 만약 뽀트만 그대로 내리어 보내엇드면 단 몃사람이라도 더 구제할 것은 명백합니다. 하물며 그러한 광경을 보면서 한시간도 지체 업시 떠나버린 것은 도려히 무책임하다고 할 수 밧게 업스며 심지어 다리 판문까지 다치고 잇습데다"(동아일보, 1928.2.7.).

　　대포항 참사사건 유족단은 즉시 진상조사에 착수하고 여러 방면으로 증거를 수집하였다. 그 결과, 모든 사고 책임이 간부 측에 있다고 판단하고 다음과 같은 항의(抗議) 이유와 조건을 제시하였다. 항의 이유는 부선(艀船) 침몰 즉시 구명대 미사용, 보트 미강하((未降下), 대참사임에도 불구하고 신호 기적(汽笛)이 없었음, 잠시도 구제하지 아니하고 즉시 출발 등 4개 조항이다. 항의 조건으로 직접 책임자인 함경환 선장 면직, 대포항 취급주 경질, 유족 금후 생활상태 참작하야 충분한 위자료 제공, 각 신문지 통해 천하에 사죄 등을 제시했다.

　　당시 대포항 조난사건을 접한 제주지역 각 단체는 제주여자학술강습소(濟州女子學術講習所)에서 긴급히 회의를 개최하고 억울한 동포 죽음을 애도했다. 이와 동시에 그들 유족에게 조위금을 모집하여 송부(送付)하기로 결정하였다. 그런데 제주경찰서는 애도식은 금지하고 조위연예회(弔慰演藝會)를 개최할 것을 허락했다. 이에 따라 주최 측은 어쩔 수 없이 18일 오후 7시에 공설시장에서 '대포리조난동포조위연예대회(大浦里遭難同胞弔慰演藝大會)'를 개최하였다. 그날 모금된 금액은 잡비만 제하고 즉시 유족에게 송부됐다.

• 대포항 명물 갯바위

대포항 사건이 일어난 지 일년 후 대포항과 가까운 창천항과 표선지역에서 조난사건이 일어나 다시 한번 제주사회에 큰 충격을 주었다.

지난 십일일에 제주도 중면 창천리(中面 倉川里)에 대판 항로의 군대환(君代丸) 긔선이 긔항하엿는데 그 당시에 종선에다가 뎡원 이외로 다수한 선객을 만재하고 륙디로 나오다가 풍랑 때문에 배가 전복이 되면서 안중호(安重鎬)외 열 명이 무참히 몰사 한일 대참변이 생기어서 해안 일대에는 처참하게 울고 부르짓는 친적 지긔의 애끈는 소리가 아즉도 처참한 터이라는 바 이 참변의 책임자인 회조임자는 방금 제주경찰에 인치되야 취됴중이라더라(조선일보, 1929.2.26.).

지난 이십일일 오전 일곱시경 제주도 동중면 표선리(東中面 表善里) 압바다에서 종선이 면복되어 일본가랴든 로동자 십일명이 무참히도 익사하엿다. 그 전날인 이십일에 긔선이 입항한다는 긔별을 듯고 십오리나 떨어저잇는 성읍리(城邑里) 경관주재소에서는 경관을 파견하야 왼 종일 배오기를 고대하얏스나 종시 오지 아니해서 할 수 업시 그대로 돌아갓다는바 그 익일 일곱시경에야 입항하얏슴으로 동 취급뎜에서는 도항 허가증 업는 손님을 실코 본선인 군대환으로 향하는 도중에 선로가 꺽거지기 때문에 그다지 풍파도 업는 날이엇스나 그만 면복되고 말앗다.

본선에서는 이 광경을 보고 뽀트를 내려서 구급에 로력한 결과 십오명은 경우 구해 내엇스나 남아지 십일명은 영영 어복에 장사지내고 말앗슴으로 당디 일반 인사들은 동 긔선의 뎡긔를 잘 안지키는 것과 취급뎜의 영리만 취하는데서 이러한 참사가 생겻다는 비난이 자못 높다(조선일보, 1929.2.28.).

이러한 사건들로 인해 돈 벌러 일본으로 떠나는 형제 친족들을 걱정하는 지역사회 한숨이 깊었다.

보라! 이것이 황금으로 인하야 자아낸 비극의 일막(一幕)이니 작년의 대포리의 참사가 아즉 우리의 두뇌에 상신(尙新)한 이때에 또 이 사건을 당하고보니 실로 가슴이 억색(抑塞)하다. 그래도 세상에서는 본도를 선전하야 극빈(極貧)도 업고 극부(極富)도 업는 이상의 낙원이며 남선(南鮮)의 보고(寶庫)라 한다. 그러나 사실은 이와 정반대로 도일재류(渡日在留)한 동포 삼십만 중에는 오만의 제주도 형제를 포함하고 잇나니 실로 본도 총인구에 비교해보면 사분지일강되는 다수이다.

　안가도 못살 경우이니 가기는 가렴으나 어대간들 빈천(貧賤)이야 업스며 멸시야 업스랴? 그러나 왕년에 잇서서 중국 관헌의 재만동포(在滿同胞)에게 대한 의식적 압박! 현재 일본 재유동포(日本在有同胞)의 비참한 생활 등을 청문(聽聞)할 때에 보내면서도 마음이 안 노힌다.

　떠나는 이의 마음이나 보내는 이의 심정이 다 섭섭함이야 다름 업슬것이오 쓰림이야 마치 한가지일 것이다. 보내는 이의 설음! 가는 이의 설음! 이것이 백의족(白衣族)의 맛보지 아니치 못할 운명이오. 또한 공통의 규호(叫號)이다. 그러나 안전의 엄연한 사실임에야 백번을 외치고 천번을 되풀이한들 가실 수야 잇스랴? 오즉 제군의 분투를 빌 뿐이다(동아일보, 1929.3.6.).

적은 여성이 당돌하게
여러분 앞에서 한마디 합니다

제주를 소개하는 사람은 누구나 그들의 장점으로 풍부한 기개와 강고한 의지, 근면 질박(質朴)을 말하는 반면 시기심이 많고 사람을 의심하며 성질이 율한(慄恨)하다는 단점을 든다. 전자는 이 섬의 역사로 보아 원명(元明)에 속하였든 관계로 몽고의 대륙적 기개와 근면 질박한 생활의 유풍(遺風)이라 하면 후자는 도국(島國)의 일반적 근성, 즉 배타적 근성에서 나왔다는 것이다.

망망한 대해의 험악한 파도와 싸우며 거기서 생활재료를 구하는 그들, 그리고 혜택없는 풍토에서 그 생활을 도(圖)하는 그들로서 모험적 기개와 강고한 의지를 가지게 되는 것이나 이러한 가운데서 그들의 생활이 근면하고 질박할 것도 필연이리라. 그들의 성격이나 풍속은 외래적 수입인 것이기 보다는 그 자연적 생활조건에서 생긴 바가 크리라 믿는다. 더욱이 그들의 사회적 생활관계가 간단하니 만큼 그 자연적 조건에 영향됨이 현저하다.

그들의 성격이 '표한(慓悍)'하다는 것도 이러한 그들의 생활환경의 험조(險粗)한 것에서 이해할 수 있을 것이다. 저들은 원시적 공동체적 자연생활을 영위한 역사가 오래이다. 이러한 그들에 있어서는 외래자에 의한 그들 생활의 파괴는 무엇보다도 거대한 공포이며 위협일 것이니 이러한 것에 대한 자위적 공방은 원시적 생활에 젖은 사람일수록 가장 소박하고 순수한 상태로 출현되나 그것이야 말로 '표한'이라는 형용에 해당하리라.

일반적으로 배타적 근성이 도국(島國) 근성으로 불러진다 하더라도 이는 도국인 자신이 그 안온한 자연생활의 위협을 배제하려는 데서 나오는 근성일 것이다. 원시적인 자연적 공동적 생활을 하여온 그들로서 어찌 이런 시기적 감정을 가지게 되었을까? 그것은 근대적 조류에 의한 그들의 자연생활의 분열과정서 필연적으로 생기는 그들의 순정을 더럽히는 불순한 시민적 성격의 침윤(浸潤)이리라. 이것은 우월감을 가진 외래자에 대한 자위적 방어적 감정으로 제주인 누구나 외인에 대해 가지는 것으로 솔직하게 폭로되는 까닭인가 한다.

일반적으로 외인에 대하는 감정적 폭발로 출현될 때 자신의 태도를 반성할 줄 모르는 외래자로서는 그것을 제주인의 특성으로 보기 쉬울 것이다 내가 그 시기심의 내용을 물었을 때 저들은 "사람을 의심하는 마음이 일반적으로 강하다"고 보족(補足)하였으니 이 말이야 말로 이상과 같은 이해를 보장하고도 남음이 있지 않을까?

요컨대 그들은 누구나 외인에게 대하야 적어도 한번은 일률적으로 의심하고 경원하는 용의를 가지는 까닭이리라. 그러나 그렇다고 이것을 제주인의 특성이라고 하여야 하는가? 그것은 동일한 조건 하에 있는 사람이라면 누구나 가질 수밖에 없는 것이 아닐까?(동아일보, 1937.9.5.).

나는 제주 도민들이 가지는 시기적 감정을 부인하지 않는다. 그러나 이러한 심리는 오히려 우리들 시민의 일반적 성격임을 알고 있다. 그럼으로 그것은 결코 그들의 특성이 아니고 도리어 그들이 가지는 특성을 엄폐(掩蔽)하는 것이라는 것을 고조(高調)하고 싶다.

나는 수일간 이곳에 체재하는 동안 체험으로서 그것을 발견할 수 있었다. 그것은 우리가 벌써 상실하여 버린 지 오랜 '순진성'이며 '감격성'이다. 사실 그들은 외래자를 경원하고 의심한다. 그러나 그것은 단순히 그 의식적 자위적 감정들인 까닭으로 그다지 심각한 것이 아니고 외래자의 태도 여하에 의하여서는 퍽도 벗기 쉬운 외피(外皮)인 것이다.

우리 일행이 처음으로 제주에 하륙(下陸)하여 여관에 들어갔을 때. 약 바른 사람에 의하여 청결한 방이 차지되고 나니 남은 방이라고는 급히 준비한 관계인지 야릇한 악취가 난다. 이러한 때에 주인에게 다른 좋은 방이 없느냐는 것을 묻는 것은 오히려 당연하겠거늘 주인이나 일 보는 사람들은 한결 가치 그 '사의(邪意)'없는 외래자의 말을 매우 마땅치 못하게 여기는 태도로써 마치 그 태도가 "무슨 잔소리가 이리 심하냐"는 듯하였다(동아일 보, 1937.9.8.).

어찌 그뿐이랴. 그 집에 고용되어 잇는 젊은 여인 한사람이 의기등등하게 마루에 올라 서며 "적은 여성이 당돌하게 여러분 앞에서 한마디 합니다"하고 일장연설을 시작한다. 우리는 어이없어 잠시 동안 그 말을 들었더니 요컨대 제주에는 육지와 달라 나무가 없어 온돌에 말똥을 때는 관계이니 여행 온 자 이만한 것쯤은 참아야 할 것이 아니냐 하는

의미의 말이다.

그날 오후 해녀작업을 구경하려고 해녀를 방문하였더니 그들은 재삼 재사 촬영 말라는 설명이다. 우리는 내의(來意)를 간곡히 말하였으나 그들은 들은 체 만체하고 왜 그대들은 나체를 사진에 넣어 점두(店頭)에 돌리냐고 문책할 뿐이다. 우리는 다시 견학의 뜻과 결코 촬영 안 하겠다는 것을 말하고 부두에 갔다.

산지항 부두에서 배를 빌려가지고 나아가려는 찰나, 노소 해녀 수십명이 한편에 "다왕"을 끼고 한손에 칼을 들고 열을 지어 방파제로 바다를 바라보고 나아가는 장쾌한 광경이 보이자 일행은 한결같이 그들의 장쾌한 행진에 가슴이 뛰었든 듯하다. 이 장쾌한 광경을 영원히 기억에 남기겠다는 순진한 충동을 누가 아니 가졌으랴! 무의식중에 그 원경이나마 카메라에 넣으려는 듯이 두 학생이 손사진기를 들고 뛰어 나섰다. 그것을 멀리서 눈치 챈 그들은 순식간에 방파제 저편으로 그림자를 감춘다. 그제야 우리는 두 사람을 불러 드렸다.

　　한참 나갔을 때다. 그들 해녀가 손짓하여 우리를 부른다. 우리는 그래도 그들이 우리의 내의(來意)를 양해하고 즐겨, 이 배에 올라 바다에 나아가 작업을 보여주려는가 보다 하며 그들 가까이 갔다. 그러나 그들은 분연히 칼 든 팔을 물으며 노호(怒號)하지 않는가! 왜 그대들은 우리의 작업을 방해하는가 하는 것이다. 당장에 배에 올라 우리를 찌를 듯하였다. 그때 나는 망원경을 들고 이것을 가지고 본 것이지 사진을 찍은 것이 아니니 안심하고 작업하라고 간곡히 말하였다.

　　그들은 근면한 노동과 소박한 생활로써 푼푼히 모아 고토(故土)의 가족을 생각하리니 남에게 폐 끼칠 필요도 없고 그 이기적인 남을 생각할 필요도 없다. 이러한 그들의 순박하고 우직한 그러나 사의(邪意)없는 행동이 몰인정 몰의리로 보여 질 것도 사실인 동시에 다른 편으로 그들의 순정은 그만치 반발적으로 "나도 한번"하는 생각으로 물불을 모르고 이기적 코스로 질주할 것도 사실일 것이니 양자의 현상이 서로서로 교착되어 흐르는 것이 일반적 필지(必至)의 사실이 아닐까?

　　우리는 제주사회를 그것이 존립하는 그대로 봄으로써 우리의 시민적 상식이 여하(如何)히 편협되며 천박한 것 인가를 알 수 있다. 그들은 비록 순박하나마 너무나 비참한 생활을 영위하고 있다. 그들의 생활이 순박하고 순진한 채로 유족(裕足)하고 윤택한 문화적 생활로 향상할 수 있다면 그것은 오늘의 제주가 이상향(理想鄕)으로서의 제주이리라(동아일보, 1937.9.7.).

이 글을 쓴 당시 보성전문학교 법학부 교수 최용달(崔容達)은 1902년 강원도 양양에서 태어났다. 1925년 함흥고등보통학교를 졸업하고, 경성제국대학 제2기로 입학하여 예과 수료 후 법문학부에 진학하였다. 경성제대 법문학부를 졸업한 후, 조수로 남아 학업을 계속하였다. 1932년 4월에는 유진오의 알선으로 보성전문학교 법과 교수로 초빙되었다. 그 후 다년간 보전에서 법과 교수로서 재직하였다. 주로 담당했던 과목은 법철학이었다. 광복 이후 월북했다.

공출供出과 '제주 4·3'

1938년 일제는 '국가총동원령'을 내렸다. 중일(中日)전쟁을 수행하기 위해 전시체제에 돌입하고 전쟁에 필요한 각종 군수물자 징발에 혈안이 되었다. 당시 도정(島政)은 징병(徵兵), 징용(徵用), 공출(供出) 3대 사업에 총력을 기우렸다. 주요 공출 품목은 20여 종으로 농산물인 보리, 벼, 절간고구마, 면화, 잠사(蠶絲) 등과 목탄(木炭), 장작, 우마(牛馬) 목초(牧草), 미역, 감태(甘苔), 야생저마(苧麻), 백동(白銅), 청동(靑銅), 화루, 유기(鍮器)그릇 등이다. 이중 당시 제주에서 생산한 고구마(甘藷)는 절량(絶糧)시 식량 대용으로 쓸 일부만 도내에 남기고 전량 매입(공출)되어 외부로 반출되었다.

조선소주원료회사(朝鮮燒酒原料會社)에서는 전남 제주도의 감저 이백삽만관의 매입을 결정하엿는데 계약치(契約値)는 절간 일관당 사십구전오리이다. 또 동 회사에서는 현하(現下)의 대용식량문제에 대처하기 위하야 필요에 응하야 우계약(右契約) 감저의 일부를 제공 선처의 방침이다(동아일보, 1939.11.12.).

또한 일제는 제주지역에서 생산되는 많은 농산물이 전시 물자로 조달됨에 따라 도내 공급이 부족해지자 이를 통제할 목적으로 배급통제조합(配給統制組合)을 창립하여 식량 배급을 최소한으로 통제하기 시작했다.

도 임시 식량배급통제조합(食糧配給統制組合)에 준하야 제주도지방식량배급통제조합 (濟州島地方食糧配給統制組合)을 지난 칠일에 결성하고 당일부터 규약을 시행하게 되엿 다(동아일보, 1939.12.14.).

일제 강점기 제주지역을 '절량 공포' 속에 몰아 놓았던 농산물 공출은 해방 이후까지 이어졌다. 1946년 식량 생산량은 1935~1939년 평균 생산량 중 71%에 불과했다. 이 식량 생산 감소는 해방 직후 화학비료 생산 격감으로 생긴 비료의 부족 때문이다.

1935~1939년 평균 수준에 71%로 줄어 든 경작 면적 감소도 생산 감소의 원인이다. 이러한 상황에서 해방 후 귀환 동포 및 월남민 증가로 인한 인구 증가는 제주지역 식량난 을 더욱 악화시키는 요인이었다. 또한 미곡 수집상 부조리, 모리배 매점 매석, 식량 배급 및 수배(受配)상 부정행위, 소비 증가 등으로 인해 도내 식량난은 더욱 심해졌다.

당초 미군정(美軍政)은 미곡(米穀) 자유시장를 허가하였다. 그러나 식량 부족 사태가 발생하자 1947년 반통제(反統制) 성격을 띤 공정가격(公定價格)과 자유가격 이중양곡(糧 穀)체계를 실시하고 '미곡법(米穀法)'을 공포하였다.

미군정 미곡 수집령에 따르면, 농민이나 지주는 현미(玄米)나 백미(白米) 0.45석(石)을 제외한 나머지 모두를 '적당한 한 가격'으로 정부에 매도하도록 하였다. 또한 일제 강점기 때 행정 조직을 그대로 이용하여 군수, 부윤, 읍, 면장에게 책임을 전가했다. 일제 공출 경험과 행정 조직을 활용한 미곡 수집은 실시 초기부터 엄청난 혼란을 야기 시켰다.

미군정 하곡(夏穀)에 대한 공출(제주에서는 성출)은 중앙식량행정처가 설치되고 처음 으로 공포한 식량규칙 제1호 '하곡수집'에 근거해 이루어졌다. 하곡에 대한 강제 공출은 일제 강점기 때도 없던 것이다. 당시 하곡은 제주 농민의 주식량이기 때문에 하곡 공출은 미곡 공출보다 더 큰 농민 저항을 불러 일으켰다.

이러한 미군정 곡물수집정책은 제주지역 농촌 실정에 비해 과다한 부담을 주었고 이에 제주 도민들은 강하게 반발했다. 그럼에도 불구하고 미군정은 관리, 경찰 인력을 동원해 대대적인 강제 공출작업에 나섰다. 1946년 제주지역 추곡 수매 할당량은 5,000석 이었다. 수집량은 1947년 1월말까지 0.1%에 그쳤으며 1947년 하곡 수매량 할당량 17,000석 중 18.8%인 3,189석에 그쳤다. 이는 전국 평균 수매률 97.9%에 비해 크게 저조한 실적이다.

1947년도 하곡 수확 예상량은 약 8만 5천석 정도이며 할당량의 59.5%인 10,100석 밖에 수집되지 않았다. 이는 하곡(夏穀) 작황이 대 폭풍우로 인해 좋지 않았던 데 원인이 있다. 이와 함께 1947년 3.1절 기념행사에서 경찰발포사건으로 인하여 사회질서가 극도로 혼란해지고 남조선 남로당이 '양곡수집거부운동'을 전개한데 부분적인 원인이 있다. 이러다 보니 무리한 양곡 수집으로 많은 민원이 발생했다. 수집 과정에서도 생산 농민들과 곡물 수집 관리들과 마찰이 잦아지게 되었던 것이다.

결과적으로 미군정의 강압적인 곡물수집정책은 제주 농업의 생산력 기반을 크게 악화시켰다. 생산비 이하 저가격 수준으로 곡물 수집을 강제함으로써 농민들에게 과중한 부담을 주었고 나아가 영농 의욕을 저하시켰다. 그러다 '제주 4·3' 발생으로 치안 질서가 극도로 악화되고 하곡 수확량이 급감했다. 1948년 6월 27일, 제주비상경비사령관 최천(崔天)은 제주지구 토벌작전을 지휘하고 있던 미군 제6사단 제20연대장 브라운 육군대령과 담화 후, 제주도 하곡 수집정책을 철폐했다.

미군정은 초기 제주지역 농업 현실을 고려하지 않고 곡물 자유판매를 실시하여 곡물 수급문제를 시장경쟁 원리에 따라 해결하려 하였다. 이로 인해 지주 독점, 곡물에 대한 투기, 매점, 과소비, 수요 증가 등 문제가 발생하여 심각한 식량부족 사태를 초래시켰다.

이렇게 되자 1946년 2월 미군정은 자유시장제를 취소하고 일제 강점기 때 방식과 같은 곡물수집제도를 부활시켰다. 이러한 미군정 곡물수집은 제주도 농촌사회에 과도한 부담을 주었고 도민들로부터 강한 반발을 불러 일으켰다. 이로 인해 민·관 사이 감정은 극도로 악화되었다. 이외에 민·관간 감정을 악화시켰던 사건으로 식량 부족과 물자 부족, 그에 따른 배급에 있어 관에 의한 여러 가지 부조리 행태들을 들 수 있다.

미군정은 이러한 식량 및 생필품 부족 문제를 해결하기 위해 식량 및 물자 배급을 실시하였는데 그 과정에서 많은 비리가 생겨났다. 지역별로 불평등한 식량배급 체계가 생겨났다. 도민들에게는 배급표를 나눠 주지도 않고 모든 식량표를 면장실에 보관했다가 이를 정치적 무기로 이용하는 등 부조리한 배급 행정 사례들이 속출했다. 이처럼 도민 수요에 비해 생필품 보급이 턱없이 모자란 상황에서 배급 과정에서 발생한 관의 횡포도 매우 심했다.

위와 같은 사건들과 일련 과정으로 인하여 제주 도민과 미군정, 지역 관리, 경찰과 민·관간 갈등이 악화되었다. 이러한 도민과 통치당국과의 사회경제적 갈등이 '제주 4·3' 발생과 전개에 영향을 미쳤다고 할 수 있다. 아무튼 이 부분은 다방면으로 종합적인 고찰을 필요로 한다.

제주도가 해방 직후 대일對日 밀무역 중심지(?)

●조선은행 정 100원권. 발행일 1943.7.1.

　해방 후 현재에 있어 제주지역의 가장 큰 문제는 밀수입, 해방 후 수입된 물품은 실로 4억에 이른다. 경찰 당국에서는 근래 이를 근절시키고자 힘쓰고 있으며 얼마 전에도 700만 원 어치를 실은 밀선을 체포. 그러나 주민의 말을 들으면 제주도에 들어오는 물자는 간상배의 활동이라기보다는 일본을 위시한 각지에서 돌아오는 동포들의 물건이 태반. 수십년간 고혈을 기울여 저축한 재산을 그대로 버릴 수 없는 재일동포들은 할일 없이 물건을 사가지고 외국 관헌의 눈을 속여 가며 본국을 찾아 우선 제주도로 들어오는 것. 현재 법령이 그들의 재산반입을 아직 인정하지 않은 이때에 그들이 이와 같은 밀수입을 하게 됨은 막을 도리가 없는 일이다(자유신문, 1946.12.19.).

해방 직후 제주경제는 일본과 정치적 '단절'로 인해 상당한 혼란을 겪었다. 이로 인해 생산 활동이 대부분 마비되고 생활필수품 품귀현상이 심화되었다. 그러자 이를 타개하기 위한 긴급대책으로 해외로부터 비공식적 물자 도입이 시도되었다. '무허가(無許可) 사무역(私貿易)'이 나타났던 것이다. 국내 물자가 부족하고 물가가 폭등하자 소형 발동선으로 일본을 왕래하며 물자를 조달하는 밀무역(密貿易)이 성행하였다.

제주도가 일본으로부터 밀수입의 근거지이며 더욱 근간에는 7,000만원의 물자가 들어왔다는 설에 대하여 군정청 공보부에서는 20일 다음과 같이 그 사실을 부정, "제주도에는 일본 대판 재류동포가 많아서 약간 그 재산을 가지고 오는 일은 있으나 이것은 당국으로부터 묵인되고 있다. 그러나 다량의 물품은 엄금하고 있으며 경찰 당국은 철저한 감시를 하고 있으므로 그런 일은 없을 것이다(대동신문, 1947.1.21.).

일본과의 밀항 중심지인 제주도에는 일본제품 중 특히 양단 모본단 등 직물을 위시하여 유리, 설탕, 기계부품, 약 등 각종 물자가 밀수입되어 있다 한다. 일본제품을 매입하려는 모리상인들이 경성, 인천, 목포 등 각지로부터 몰려들며 밀무역 경기가 흥성하다고 한다(서울신문, 1947.1.25.).

일본으로부터 밀수물자가 대량유입 돼 남선일대에서 모리배가 속속 제주도로 운집, 화폐 팽창에 따른 경제적 위기가 닥쳐오고 있다(제주신보, 1948.2.2.).

이처럼 해방 직후 제주도가 대일(對日) 밀무역 중심지 역할을 하고 있었다. 이는 재외동포들이 해방이 되면서 그들 재산을 고향에 반입하는 데에서 유래된 것이다. 처음에는 일본내 재산을 고향에 들여오는 것에서 시작되었지만 점차 한국 시장 내 물품 부족, 그에 따른 양국 간 시세 차이를 노리는 상인들이 늘어남에 따라 밀무역 성격으로 확대되었던 것으로 보아진다. 이 당시 시장 거래가 활발했던 상품을 보면, 피복류, 문방구, 화장품, 아루마이트 제품, 의약품(특히 마약), 당구스텡선, 고무신 등으로 대부분 고가이고 부피가 작아 밀수(密輸)에 용의한 물품들이다.

• 조선은행 정 100원권. 발행일 1943.7.1.

당시 밀무역 과정은 다음과 같다. 해방 후 일시적으로 무궁화 지폐가 통용되었고 그 지폐가 밀수입금 대가로 도내는 물론 목포, 부산 등지 연안에서 거래되었다. 재일(在日) 하주(荷主) 명의 예금증서 또는 토지 건물 등 부동산 매수 증서를 하주에 교부하고 상품과 교환했다. 이로 인해 제주 읍내 주택은 서울보다 고가였다. 밭은 평당 최고 오백원, 논은 천원에 거래되었다. 일본으로부터 상품이 도착하면 제주 도민들은 상품에 대해 전혀 알 수 없고 중간 브로커를 겸영(兼營)하는 일부 여관 주인만이 알고 있었다. 도매상 거래는 항시 브로커를 경유해야 가능했다. 브로커는 매주(買主)와 매주(賣主) 양쪽에서 이중으로 수수료를 챙겼다. 일본 상품 반입자와 도매상인은 보통 수인(受人), 수신인(受信人)이 합자(合資)하는 경우가 많았는데 이는 위험 분산 효과를 노린 것이다. 흥미 있는 사실은 일본을 내왕하는 밀수업자 중 여자가 많았다는 점이다. 이는 검거되었을 때 인정에 호소하려는 의도에서 비롯되었다는 설이 있다.

일본으로부터 밀수입은 소형 선박 한척에 시가 약 칠백만원 물자를 적재했다고 한다. 그렇다면 1946년 말 일본에 억류된 선박이 삼백 척에 달하였는데 이를 금액으로 환산하면 약 21억 원 정도로 추산된다. 이에서 보더라도 당시 제주도는 일본과 목포나 부산, 서울 등지를 연결하는 밀무역 중간지로 각광받았으며 그 규모가 엄청났던 것으로 보인다.

"제6단 보고에 따르면 1월 2일~17일 사이에 미구축함 1척이 한국 해역에서 불법으로 수하물을 선적한 소형 선박 5척을 억류했다. 억류된 물건은 쌀, 면화, 가솔린, 비단 등이 대부분이다. 이 선박들은 제주도나 목포로 가기 위한 것이다"[제주도의회, 2001, 제주 4.3 자료집-미군정 보고서].

"일본으로 한번 밀수해 성공만 하면 그 이익은 아주 엄청납니다. 억류되어 배와 짐이 몰수 되더라도 손해보다는 이익이 큽니다."(편지 날자, 1946년 12월 31일)[제주도의회, 2001, 제주 4.3 자료집-미군정 보고서].

"이것은 해안경비대의 몇몇 대원들이 저지른 불법행위에 대한 보고입니다. "제주도에 거주하는 장이라는 사람이 다음과 같은 보고를 했다. 부산 연안을 순시하는 해안경비대의 몇몇 부정직한 대원들은 상품을 싣고 일본에서 돌아오는 모리배의 밀수선을 탐지하면, 자주 물건을 매점하기도 하고 그들과 같이 밀수를 하기도 한다. 그리고 보통 상당량의 뇌물을 받았을 경우, 그들은 밀수에 암묵적으로 동조하고 눈감아 버린다"[제주도의회, 2001, 제주 4.3 자료집-미군정 보고서].

당시 밀무역은 해방 직후 암울했던 상황 하에서 생겨난 왜곡된 교역이다. 위험은 컸지만 그에 비해 이익이 많기 때문에 참여하는 사람이 많았던 것으로 보인다. 이처럼 밀수선이 늘어나자 미군정청(美軍政廳)은 밀수선 단속에 주력하였다. 당시 단속 기관은 경찰, 세관, 해안경비대, 항무서, 물가감찰서 등이었으며 나중에 서청(西靑)도 참여했다. 심지어 일제 강점기 순사 출신들이 미군정 경찰로 둔갑하여 밀수품 단속에 나서기도 했다. 이

과정에서 경찰이나 관리가 빈번하게 개입했다. 그들이 모리배들과 결탁하여 밀수선을 적발할 경우, 뒷거래로 자신들 잇속을 채우는 사례가 생겨났다.

해방 이후 제주는 일부 비애국적인 모리배들이 대일 밀수출입의 기지로 화하여 가지가지의 죄악의 씨를 뿌리고 있는데 최근에는 이러한 모리배를 취체 방지할 책무를 지닌 감독 관청의 책임자까지 모리배와 부동이 되어 범죄를 조장…(경향신문 1947.2.5.).

이러한 행각으로 미군정 관리, 경찰, 서청 등에 대한 도민 불만이 고조되었다. 당시 제주지역 밀무역에 경찰이나 서북 청년단들이 사익을 갈취할 목적으로 개입하였기 때문에 그로 인해 민원과 불만이 많았던 것이다. 이와 관련하여 제주 도민의 감정을 직접적으로 악화시킨 계기가 있었다. '복시환사건(福市丸事件)'이다. 이 사건은 1947년 1월 11일 일본 대판 '법환리(法還里) 출신 건친회(建親會)'에서 고향에 보내는 전기 자재와 주민과 학생들에게 줄 주단, 광목, 고무신, 학용품을 싣고 오던 복시환이 밀수선을 단속 중이던 해안경비대에 나포되었던 사건이다.

이 배는 목포항으로 회항하다 잠시 산지항에 잠시 기항하였는데 그 사이 일부 모리배가 화주를 회유해 배에 있던 물자를 빼돌린 것이다. 이를 수사하는 과정에서 이들 모리배와 결탁한 미 군정청과 경찰 간부들이 이들을 공공연히 비호하고 화주를 협박한 것이 밝혀져 사회 문제로 불거졌다. 이 사건은 당시 제주사회에 만연했던 모리배, 관리, 미군정청 등이 연루된 밀수입 비리를 보여준 대표 사례이다. 복시환사건은 관련 경찰 비리가 신문 지상에 보도되는 등 엄청난 파장을 일으켰다. 중앙조사반 현지조사 결과 미군정 고위관리들이 모리배들과 결탁하여 비리를 저질러 온 사실이 밝혀졌다. 이 사건으로 감찰청장은 파면되었고 제주도 미군 군정장관이 교체되었다. 이로 인해 미 군정청과 경찰에 대한 제주 도민의 불신은 날로 심화되었다.

도민 경제력은 강인하다

• 1946년 미군정 미곡수집정책에 의한 미곡 공출 장면

1946년 말 제주도 총인구는 271,379명으로 이중 남자가 127,701명이고 여자는 143,678명이다. 리스트의 경제발전 단계로 제2단계인 농목(農牧)단계를 벗어나지 못하고 있으며 기간산업이라고 할 수 있는 농업과 수산업의 생산관계도 원시적 자급자족의 범위에서 탈피하지 못하고 있다. 종래는 총인구의 3분의 일에 달하는 일본에 출가자에 의한 환송금 등이 다액(多額)에 달하여 도민의 경제력은 강인(强忍)하다[조선은행 조사부, 1948, 조선경제연보 제주도 편].

해방 직후인 1945년과 1946년 제주지역 농업 생산량이 급격히 감소했다. 이는 해방 후 농업 생산기반이 불안정했기 때문이다. 그로 인해 양곡 공급 부족 사태와 양곡 가격 폭등 사태가 발생했다. 1947년 10월 기준 제주 도내 식량 여유 농가는 10%, 자급자족 50%, 부족이 40%로 조사되었다. 타도에서 반입된 식량은 1946년 현재 미곡 24,901석, 소맥 14,982석, 소맥분 5,354석 대맥 4,648석, 옥수수 159석, 전분 23석 총 50,067석이다. 이외 '봇다리' 장사를 통해 반입된 양곡도 많았다.

이런 식량 부족 상황에 미군정(美軍政)은 당초 하루 3합(合)씩 배급했다. 이는 일제 강점기 후반 배급량 절반 수준이다. 제주도는 2합(合)5작(作)이 기본이었다. 도 당국은 확약 받은 물량이 제대로 도입되지 않자 이조차 제때 배급하지 않아 도민들이 상당한 어려움을 겪었다. 또한 식량배급 전달체계에 문제가 많았으며 하곡수집계획이 미숙하게 처리되었다. 미군정 당국은 식량난 극복을 위해 주정(酒精)공장에 비축했던 절간(折簡)고구마 3,000 가마니를 농가에 풀어 식량난 해결에 나섰다. 그러나 이 역시 역부족이었다.

미군정은 초기 한국 농업생산의 현실을 고려하지 않은 채 곡물자유판매를 실시하고 곡물 수급문제를 시장경쟁 원리에 따라 해결하려고 했다. 그러나 지주독점과 곡물에 대한 투기, 매점, 과소비로 수요가 급증하여 심각한 식량부족 사태를 초래하였다. 이렇게 되자 미군정은 1946년 2월 자유시장제를 취소하고 일제 강점기 곡물수집제도를 부활시켰다. 이러한 미군정 곡물수집정책은 당시 제주지역 농촌에 엄청난 부담을 주었다. 이 때문에 도민들은 강하게 반발했다. 그럼에도 불구하고 미군정은 관리와 경찰력을 동원해 대대적인 공출(供出)작업을 강행했다.

제주도 1946년 추곡 수매 할당량은 5,000석(石)이었지만 수집량은 1947년 1월말까지 0.1%에 그쳤다. 1947년 하곡 수매량도 할당량 17,000석 중 18.8%인 3,189석에 그쳤다. 이는 전국 수매률 97.9%에 비해 크게 저조한 실적이었다. 1947년도 하곡 수확 예상량은 약 85,000석이였으나 할당량 중 59.5%인 10,100석 밖에 수집되지 않았다. 이처럼 강압적인 미군정 공물수집정책은 제주도 농업 생산력 기반을 크게 악화시켰음은 물론 제주 농민의 저항과 반발을 초래했다. 생산비 이하 수준으로 곡물 수집을 강제한 결과 농민에게 과중한 부담을 주었고 직접적으로 영농 의욕 저하를 야기 시켰다.

수산업 상황도 마찬가지였다. 어획고가 1945년 300만kg에서 해방 후 감소 하여 1946년은 1944년 대비 약 100만 kg 감소한 200만kg이었다. 어선은 1945년 1,948척이었으나 1946년 1,532척으로 감소하였다. 대부분 소형 재래식으로 대형 및 발동어선은 없었다.

해방 전 제주도는 기계 제조업, 건설업, 중공업 기반이 미미했다. 제주도 공업은 가내공업, 수공업 수준으로, 수공업은 직물, 죽세공, 조선모자 등이 제조에 불과했다. 이외 고구마, 감자 등을 원료로 하는 전분공장, 수산물 가공 공장, 식료품 제조 공장이 있었다. 이마저도 해방 이후 원료공급 부족으로 가동이 중단된 상태였다.

해방 직후 제주 도내 점포는 대부분 상품 없는 점포로 전락했다. 과실, 과자 등을 위주로 하는 미국 및 일본 상품을 약간 진열하는 수준이었다. 매일 한 점포 평균 매상은 1,000원 내외였다. 정기시장에는 보통 점포에서 발견할 수 없는 상품, 특히 일본제 상품들이 범람(밀수상품 위주)하였다. 암상인(暗商人)의 활동 증가로 일반 상거래는 쇠퇴하고 대신 암시장(暗市場)이 왕성했다. 도내 상품 대부분은 밀무역(密貿易) 상품이었다. 그런 이유로 정상 점포는 그 취급을 꺼렸기 때문에 암상인에 의한 암시장 거래가 활발하였던 것이다.

해방 이후 일본 상품 및 일본군이 잔존한 군수품으로 인한 졸부가 다수이나 이 거부(巨富)층은 대부분이 부산, 서울, 인천, 목포 등지로 이주하였다. 해외로부터 귀환한 본도 출신 동포들은 기왕부터 각자 고향에 경제적 준비와 저축을 하고 있었고 입국 당시 어느 정도의 현금과 물자를 반입하여 왔음으로 현재 서울 등지에서 보는 비참한 생활풍경은 발견하기 어렵다. 다소의 이익만 있으면 노고를 불문코 남녀노소가 목포 등 육지부 연안에 왕래하여 소위 '봇다리' 장사를 하고 다니는 광경과 부녀자가 수천리 태평양 파도를 횡단하여 일본 등 외국과 무역을 하고 있는 사실은 도민의 경제력과 활동적 기상, 해양적인 왕성(旺盛)을 표시한다[조선은행 조사부, 1948, 조선경제연보].

미군정 당국은 대외무역을 철저히 미군정 통제 아래 두었다. 미군정기 무역은 관영(官營)무역 내지 국영(國營)무역이다. 미군정 당국은 무역업자 난립을 막기 위하여 무역업을 처음부터 허가제로 운영하였다. 모든 물자 해외교류는 물론, 각종 재산 반입과 반출, 해외여행 육·해·공 각종 운반수단 그리고 이를 위해 이용되는 항구나 공항 등을 모두 강력한 미군정 통제 하에 두었다. 심지어 쌀과 같은 주곡을 수출금지 품목으로 묶고 이를 어기면 강력히 처벌했다. 총수입 중 80~90%가 국가에 의한 국영무역이었고 민간에 의한 수입은 거의 이루어지지 못했다.

미군정 3년간 한국은 미국으로부터 약 4억 634만여 달러 원조(援助)를 공여(供與)받았다. 미군정 원조는 1945년 494만여 달러, 1947년 1억 7,537만여 달러, 1948년 1억 7,959달러이다. 제주도 상공과(商工科)에서 1947년 1월 10일 현재 각 읍·면을 통하여 면포 17,220마, 인견 3,180마, 성냥 병형(竝型) 14,440개, 본견 반견 4,000마, 미곡 수집용 면포 62,760마 군화 698족 단화 986족 성냥 병형(竝型) 24,000개 성냥 덕용(德用) 7,808개 화장비누 1,800개를 일반에 배급하였다. 제주도 상공과는 1947년 3월에 금융조합연합회를 통하여 일반에게 양말 2,522족, 면포류 70,425마, 운동화 6,466족, 고무신 22,981족, 광목 46,000마를 일반 가정에 배급하였다. 그러나 이는 도민의 수요에 비해 턱없이 모자란 양이었다.

어려운 시기였다. 그 상황에서 지금 제주를 만들어낸 것은 차라리 기적이다. 그럼에도 불구하고 그 과정에 대한 경제사적 정리가 전혀 없다. 부끄러운 대목이다. 해방 이후 본격적인 경제개발시기 이전, 즉 1945년부터 1970년대 초까지의 제주경제 상황에 대한 객관적 고찰과 체계적 정리가 시급하다.

제 **5** 부
삿갓을 덮은 한라산

민적조사와 민적부

　일제는 한반도 통치 기반 마련을 위해 토지조사사업과 민적법(民籍法)을 근거로 민적
조사(民籍調査)를 실시했다. 원래 민적조사는 정확한 호구파악을 위한 것으로 직업조사
와 무관했다. 그러나 1909년 8월 총독부 경무국장은 민적조사를 이용하여 '민적부(民籍
簿)'에 호주(戶主) 직업을 표기하는 훈령(訓令)을 내렸다.

> "민적조사(民籍調査)가 다 완료된 이후에는 경찰관서에 민적부를 갖추어 지방에서는
> 면장(面長)이 신분상의 이동(異動)에 관한 인민의 신고를 관리하여 매달 그것을 관할 경찰
> 서에 보고토록 함으로써 그 추보정정(追補訂定)을 하고 5개년 마다 다시 민적부를 정리하
> 기로 하였다"

　민적법(民籍法)에 따라 작성된 민적부(民籍簿)는 인구 조사와 파악, 신분 공시, 직업
형성 등을 기록한 문서이다. 1910년 9월 경무국은 민적 사무에 관한 자료와 해설을 담은
『민적사무개요(民籍事務槪要)』, 민적조사 통계를 담은 『민적통계표(民籍統計表)』를 동
시에 발간하였다.
　『민적통계표(民籍統計表)』에 근거한 『직업통계표』는 보다 진전된 호구파악 성과를
담고 있으며 면별 통계까지 수록하였다. 『민적통계표(民籍統計表)』는 11종으로 분류되었
다. 조사된 직업통계표는 전국 면 단위까지 제시되어 있다. 1910년 5월 10일 경무국이

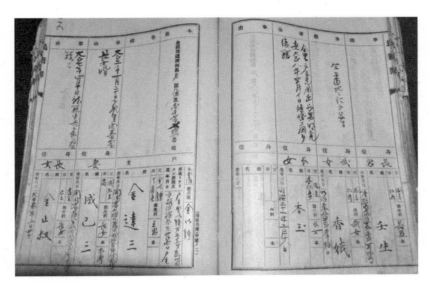

• 민적부 본문

편찬한 민적통계표에는 각 구역을 단위로
하여 호수, 남녀수, 인구수, 11개 직업과
그 합계가 나와 있다. 해당 군내 면별 통계
전에 군 통계도 나와 있다. 먼저 면별로
호수, 남녀수, 인구수, 직업호수를 조사하
고 그것을 합산하여 군별, 도별, 전국 통계
치를 만들었다.

『민적통계표(民籍統計表)』에　제시된
호구 통계를 기초로 하여 일제 강점기 초
기 제주지역 직업생활을 살펴볼 수 있다.
일제 강점기 제주지역 직업은 관리 혹은
공리(公吏), 농업, 상업, 광업, 공업, 어업,
일고(日雇, 일용 노동자)로 나누어진다.

• 민적부 표지

1909년 민적조사는 양반(兩班)과 유생(儒生)을 직업 종별에 추가하고 이상 9종에 들어가지 못하는 직업을 기타, 비경제활동 인구 혹은 실직자를 무직(無職)으로 잡았다. 그러나 1912년부터 양반과 유생을 독립된 직업으로 간주하기 곤란했기 때문에 직업 분류에서 빠졌다.

1913년도 『조선총독부통계년보(朝鮮總督府統計年報)』에 의하면 '현재 조선인 호구 직업별' 분류를 농업·목축·임업·어업 등, 공업, 상업, 교통업, 공무(公務), 자유업(自由業), 기타 유업자(有業者) 및 직업을 신고하지 않은 자로 하였다. 광업은 공업에 일가(日稼)는 기타 유업자(有業者)에 포함되었다. 그 대신 임업, 교통업, 자유업(自由業)이 독립 항목은 아니지만 명시되었다. 변화된 직업 분류방식 골격은 1925년 국세조사(國勢調査)까지 이어졌다.

제주지역 농업호(戶)는 47.1%로 제주지역 직업 구성 비율상 가장 높다. 하지만 전국 평균 83%에 비해 낮은 편이다. 농업호 비중이 70% 이하인 면은 제주지역 12개면 중에서 7개면으로 전국 평균과 비교했을 때 높다. 그 이유는 전국 단위 관공리(官公吏), 행정 중심지의 발달에 기인한 현상이 아니라 제주지역에서 호수(戶數) 61.9%, 인구수 62.3%를 차지하는 제주군 어업호가 78% 상업호가 84.7% 전국 평균에 비해 매우 높기 때문이다. 아울러 이로 인해 제주지역 전체가 어촌으로 분류되었기 때문인 것으로 여겨진다. 또한 어업과 농업 겸업(兼業)으로 중복되어 나타나고 있기 때문이다.

제주지역 전체를 살펴보았을 때, 농업 인구가 47.1%로 가장 많다. 하지만 전국 평균 83%에 비하면 상당히 낮은 편이다. 반면 어업 호수는 전국 평균은 1%인데 비해 제주지역은 26.3%로 매우 높은 편이다. 상업 호수 역시 전국 평균 6%에 높은 19.3%를 나타내고 있다. 그러나 공업 호수는 전국 0.8%에 비해 낮은 0.3%로 제주지역 수공업 발달이 미약하였다는 것을 알 수 있다.

일용직 역시 전국 평균 2.4%에 비해 높은 6.5%이며 무직(無職) 역시 전국 평균 1.1%에 비해 높은 3.7%이다. 이는 전국 평균에 비해 안정적 일자리가 적었음을 말해 준다. 또한 민적부는 남성 가장(家長) 중심으로 기재되었기 때문에 여기에는 제주 여성의 경제활동이 나타나 있지 않다.

제주지역 관공리의 비율은 전국 평균 0.5%에 비해 낮은 0.2%이며 양반호(兩班戶) 비율 역시 전국 평균 1.8%에 비해 매우 낮은 0.08(3명)이다. 유생호(儒生戶)는 1.4%로 전국 평균 0.6%에 비해 높게 나타난다. 관공리는 정의군 지역이 호수 대비 제주지역에서 가장 많은 것으로 나타났고 유생은 제주군 지역이 압도적으로 많다.

직업면에서 보면 대정군과 정의군 농업 호수는 제주지역 전체 평균 47.1%에 비해 높은 74.7%, 74.4%이다. 하지만 가장 인구가 많은 제주군이 30.3%이기 때문에 제주지역 농업 호수는 전국 평균 83%보다 낮은 47.1%가 나타나고 있다. 이에 비해 어업 호수는 제주군이 26.3%로 정의군 13.1%, 대정군 10.5% 보다 높으며 전국 평균 1%보다 매우 높은 것으로 나타났다. 제주지역 상업 호수는 전국 평균 6%보다 높은 19.3%이다. 특히 제주군 상업 호수는 26.4%로 높고 대정군 8.2%, 정의군 7.4%로 나타났다. 다음으로 일고(日雇)는 제주 군이 제주지역 전체 평균 6.5%보다 높은 9.3%이며 다음으로 대정군 2.4%, 정의군 1.5% 순이다.

이상을 종합하면, 제주군이 제주지역에서 호수 비율 61.9%, 인구수 비율이 62.3%로 절대적이다. 따라서 제주군 분업 형태가 제주지역 전체 분업 형태를 좌우하였던 것이다. 이에 비해 대정군, 정의군은 각각 농업 호수 비율이 74.4%, 74.%이다. 그러나 이들 지역이 제주지역 전체에서 호수 비율이 각각 15%, 22%, 인구수 비율이 각각 15.1%, 22.4%이다. 이 때문에 제주지역 전체 분업 형태가 이들 지역과 다소 다른 양상을 보여주고 있다.

이상에서 보면, 한말·일제초기 제주지역 산업은 농업과 축산업을 근간으로 하여 어업 과 상업이 발달하기 시작하였던 것으로 추측된다. 이는 제주 사회가 출륙금지 200년 이후 개항과 일본인 내도 증가 등 정치·사회적 변화 물결을 타고 종전 자급자족적 농업중 심 사회에서 어업과 상업 중심 초기 시장자본주의 사회로 전환되고 있음을 말해준다. 특히 기존 단순 곡물중심 농사방식에서 탈피하여 시장 거래에 초점을 맞춘 상업적 영농방 식으로 전환하는 움직임이 생겨나고 있었다. 이와 아울러 제주 전역에서 임고(賃雇) 즉, 일용 노동자들이 많이 나타나고 보편화되기 시작했다. 한편 이러한 자료들을 재가공하면 제주시 원도심 공간 및 생활구조를 엿볼 수 있다. 이 분야에도 관심을 가질 필요가 있다.

천제연 물 이용해 논 만든 채구석

　　예전 제주지역은 지형적 특성상 논(水畓)이 농지 면적 중 1~2%에 불과했다. 이 때문에 많은 사람들이 밭에 물을 대어 수전(水田)으로 만드는 개답(開畓)을 위해 끊임없이 노력했다. 기록을 보면, 18세기 말 부터 수전이 증가하였음을 알 수 있다. 이는 조선중기부터 계속하여 개답 공사가 행해졌음을 말해주는 것이다. 1900년 이후 제주지역 개답은 화순 창고내 하류 지역, 중문 광베기와 대포 너베기 일대, 종달리와 하도리 경계의 갯벌, 토평 칼당원 지경, 광령 너븐들 지경 등에서 시도되었다.

　오래 전부터 중문 마을 사람들은 중문천 풍부한 물을 이용하여 논을 만들려고 무진
애를 썼다. 천제연 양쪽 가에는 3개 물골이 있다. 동쪽에 웃골과 알골, 서쪽에는 섯골로
세 개의 물골이 있다. 그 중 섯골을 먼저 만들었다. 섯골은 지형이 험하고 군데군데 암반으
로 되어 있는 곳이다. 원래 1893년 색달리 김천총이 착공했다. 그러나 자본이 부족하여
추진 못하다가 대정 군수를 지낸 송경연이 이를 인계 인수받아 완성시켰다. 처음으로
개여물케에 논을 만들었다. 그 당시 크고 단단한 암반을 깰 수 있는 공법이 없었다. 그래서
우선 단단한 암반 위에 장작을 쌓아 불을 붙여 암반을 뜨겁게 달구거나, 독한 소주를
붓고 불을 붙여 암반을 가열했다. 그 다음 암반에 찬물을 부어 가열된 급속히 냉각시키는
방식으로 바위를 깼다.

　대정 군수를 지낸 후 중문에 거주하던 채구석은 '천제연 물을 이용하여 논을 만들면
만인이 살 수 있을 것'이라 생각하여 이를 실천에 옮겼다. 그 결과 동중골 웃골 물골을
이용해 중문 광베기 일대 5만평을 논으로 만들었다. 이어 대포지경 너베기 일대 2만평을

논으로 개답했다.

　채구석(蔡龜錫) 본관은 평강(平康)이고 일명 두석(斗錫), 아버지는 종관(宗寬)이며, 어머니는 홍씨(洪氏)이다. 1901년 이재수(李在守) 난이 일어나자, 봉세관(捧稅官) 강봉헌(姜鳳憲)이 채구석을 이 사건 책임자로 조정에 무고했다. 상무사 주도자이며 당시 대정 군수였던 채구석은 난이 진압되는 동안 관민과 목사를 오가며 유혈 충돌과 확산을 막고, 신부 보호에 진력하였다. 하지만 프랑스 압력으로 억류되어 조사를 받았다. 조사 결과 아무 혐의 없음으로 밝혀졌다. 하지만 군수직에서 파면되고 3년간 금고생활(禁錮生活)을 하였다.

　이후 중문에 거주하면서 3여 년에 걸친 현장조사 끝에 천제연(天帝淵) 물을 끌어다가 밭을 논으로 개답할 계획을 세웠다. 1907년 천제연 토지신(土地神)께 토신제(土神祭)를 지낸 뒤, 공사에 착수하였다. 2년여 동안 어려운 공사 끝에 성천봉(星川峯, 베릿내) 천제연 아래로 물을 대어, 웃골 논을 만들었다.

　중문천 개답 1차 공사는 천제연 1단 폭포 연못물을 끌어들여 시작했다. 암반지대인 천제연 물길을 뚫는 것은 아주 힘든 공사였다. 150m 가량 암반지대를 뚫기 위해 바위에 소주 원액을 부어 가열하거나 암반을 장작불로 가열시켰다. 이 가열된 바위를 찬물로 급속히 냉각시켜 깨는 방법으로 암반을 뚫어나갔다. 가장 난공사 지역은 천제연 1단 폭포 내 창구목과 화폭목이다. 이 지역도 화약을 구해 화포를 만들어 바위를 부수어 뚫거나 장작불로 바위를 부수고 뚫어 2km나 되는 물골을 베릿내 오름 앞까지 연결했다. 이 노력 덕분으로 광베기 일대 5만여 평을 개답하여 나록(水稻) 농사를 지을 수 있게 되었다. 중문천 개답 2차 공사는 천제연 2단 폭포인 '알소'에서 너베기 지경, 즉 '알골수로' 까지다.

　채구석 등에 의해 작성된 '입식계약서(立式契約書)'에 의하면, 이 해 윤 2월 착수했고 계약인은 1차 수로공사 수주(水主)인 채구석 등 3인으로 되어 있다. 이 계약서에는 '광백이(너베기) 지경 논공사는 각 3인이 공동 분담하고 '공사비를 내지 못하면 스스로 물러선다'고 기록되어 있다. 채구석 사후(死後)인 1923년 2차 공사가 완공되어 대포 너베기 일대 2만여 평 논(水田)이 추가로 만들어 졌다. 당시 공사에 참가한 성인 품삯이 일당 3돈(엽전 30개)이다.

1957년 8월 대정 유림들이 대정군수 채구석을 기리어, 중문 천제연 입구에 '채구석 기념비'를 세웠다. 비 앞면에 '통훈대부 대정군수 채구석기적비(蔡龜錫紀蹟碑)'라 새겨져 있으며 뒷면에 관련 공적이 자세히 기록되어 있다.

• 채구석 기념비

대정현의 천제연 폭포는 중문천이 흘러 영소를 이루었다. 마치 우렛소리처럼 들리고 비가 내뿜는 듯하며 용과 교룡이 그 속에 숨어 산다. 앞뒤를 두른 기암노수는 완연히 금병활화와 같아 예로부터 오늘에 이르기까지 이곳을 탐승하는 사람으로서 그 경치와 또 맑고 깊은 물을 보아 탐미하지 않는 사람이 없다. 그러나 이 물을 당겨서 민생에 이롭게 한 사람은 없었다.

채구석은 이곳을 한번 보고난 후 이곳을 감상하기에만 그치는 것은 너무나 안타까운 일이라고 생각했다. 만약 이것을 관개(灌漑)에 이용할 수 있다면 만인을 살릴 수가 있을 것이다. 그 방도가 없겠는가를 궁리했다. 비록 못이 있는 곳이 낭떠러지가 심하여 물을 끌어올리기가 매우 어렵기 했지만 지세를 자세히 살펴보고 교묘하게 절벽을 따라 바위를 뚫고 한줄기 물길을 열어 놓았다.

이 물길을 성천봉 아래까지 2~3리 끌어당겨 5만여 평의 땅을 수전(水田)으로 개벽하였다. 농부나 소작인은 물론 누구나 지나는 사람은 지리를 잘 이용한 이 둑과 도랑을 보고 칭송하지 않는 사람이 없었다.

탐라는 옛날에는 수전이 없었는데 채 후가 이제 비로소 발명하였으니 비록 개척의 원조라 해도 지나친 말은 아닐 것이다(중략).

2003년 2월 26일 채구석 공적을 기리는 또 다른 기념비가 천제연 3단 폭포 옆에 세워졌다. 비석 앞면에 성천답(星川畓) 관개유적비(灌漑遺跡碑)라고 새겨져 있으며 비석 뒷면에 아래와 같은 글이 새겨져 있다.

공은 애민정신이 투철하고, 과학적인 사고와 개척정신이 뛰어난 선구자로, 당시 토목기술로는 불가능한 상황임에도 1906년부터 1908년까지 3년 동안의 공사 끝에 역사에 길이 남을 천제연 도수로 공사로 완공, 황무지를 옥답으로 바꿔 주민들이 참으로 고귀한 쌀을 생산할 수 있도록 하였다.

도수로 시작부분이 단단한 조면암 절벽으로 이루어져 바위굴을 뚫어야 했다. 당시 바위를 뚫을 수 있는 장비는 오직 곡괭이와 정, 돌끌 정도였는데, 고심 끝에 장작불과 물을 사용, 온도차를 이용한 과학적인 공법을 동원하였다.

먼저 암반위에 장작불을 뜨겁게 지펴 바위를 가열시킨 뒤 다시 독한 소주를 부어 더욱 뜨겁게 가열한 다음 찬물을 부어 급속하게 냉각시켜 폭발하도록 하였다. 암석이 급격한 온도차를 이기지 못해 균열되는 성질을 이용한 것이다.

도수로의 경우도 급락지대(절벽 등)는 통나무에 홈을 파서 구유를 만들어 도수로에 연결하였고, 송이지대(화산회토라서 물이 쉽게 빠짐)는 물이 새나가지 않도록 찰흙으로 다지면서 튼튼한 도수로 완공하였다.

이에 성천답회(星川畓會)는 1세기 동안 지키고 보존해온 유적을 조상의 지혜와 척박한 자연을 개척한 현장으로 후손들에게 길이 남기고자 이 비를 세운다.

이 지역은 중문관광단지로 편입되어 제주도의 대표 관광지로 개발되었다. 현재 개답한 논 흔적을 찾기 어렵다. 다만 끊겨진 농수로(農水路) 흔적이 일부 남아있다.

• 성천답관개유적비

박영효의 제주살이

● 박영효

　박영효(朴泳孝, 1861~1939)는 구한말 근대 개혁을 추구한 개화사상가로 갑신정변과
갑오개혁 주체이다. 철종 부마이자 고종 친척 매제이다. 정변으로 일본에서 두 번 망명생
활을 보냈다. 귀국 후인 1907년 제주도로 유배되어 제주읍 구남천(九南泉) 독짓골에서
유배생활을 했다.

　박영효에 대한 역사적 평가는 관점에 따라 긍정 평가와 부정 평가가 병존한다. 조선

근대화에 이바지한 공을 긍정적으로 평가하는 견해, 예를 들면 김옥균 등 개화파가 청나라에 바치던 조공과 문벌제도 폐지 등, 정치 개혁을 시도했다는 점을 들어 구한말 근대화 선각자로 평가받는다. 다른 한편 2002년 민족정기를 세우는 국회의원 모임이 발표한 친일파 708인 명단과 2008년 민족문제연구소가 공개한 민족문제연구소 친일인명사전 수록 예정자 명단 모두에 선정될 정도로 그 친일행적은 지탄받고 있다.

구한말 최대 문벌 집안에서 태어나 당시 높은 신분이었음에도 불구하고 사람됨이 소탈해 신분 상하를 막론하고 모두 어울리기 좋아했다는 박영효는 사실 제주 최초의 자발적 유배인이다. 박영효는 제주도에서 일년간 유배기간이 끝난 후 곧바로 상경하지 않고 제주에 정착해 농사지으며 이웃 주민과 활발히 교류 했다. 도민 교류를 통해 농업개량, 교육(여성교육), 사회기반시설 조성, 농촌생활개선 등 각 분야에 걸쳐 제주에 많은 영향을 미쳤다. 그는 형 집행이 끝난 후에도 귀경하지 않고 제주에 머물며 제주읍 구남동(九南洞) 독짓골에 땅을 매입하고 그곳에서 개량 감귤과 원예농사를 지었다. 당시 이러한 박영효 행적은 중앙에 알려졌다.

> 박영효가 제주에 유배되어 만기가 되어도 돌아오지 않았다. 그는 이때 시국이야기를 하지 않고 포전(圃田)을 개간하여 과목(果木)을 심으면서 섬사람들에게 관상수를 심도록 하였다[황현(黃玹), 매천야록(梅泉野錄)].

당시 국내외 정치계에서 비상한 관심을 받고 있던 박영효의 제주살이는 중앙정치 초미 관심사였다. 자세한 내막은 알기 어렵지만 표면적으로 박영효는 구한 말 중앙정치에 대한 실망과 좌절을 뒤로 한 채 상경하지 않고 제주에 머무르며 이곳에서 자기 이상(理想)을 조금이나마 펼쳐 보이려 했던 게 아닌가 싶다.

조선조 500년 동안 제주를 다녀간 유배인은 대략 200여명이다. 대부분 유배인들은 중앙정치에 대한 동경과 복권(復權)에 대한 열망에 가득 차 정작 제주사회에 대한 관심이나 애정이 있었다고 보기 어렵다. 그러나 그 가운데 김정희(金正喜 1786~1856), 김윤식(金允植 1835~1922), 박영효는 제주에 대해 남다른 관심을 가지고 문화, 교학(敎學), 농촌사회 개선 등에 기여했다고 평가받고 있다.

박영효는 철종 부마로 한성판윤을 지내는 등 정치적으로나 신분적으로 높은 위치였다. 그럼에도 불구하고 그는 타고난 천성으로 지역주민들과 격식없는 교류를 통해 당시 제주 사회 기반 시설 개선과 농업개량에 여러 가지 영향을 미쳤다. 당시 제주 농가는 토지 생산성이 낮았으며 보리, 조 등 곡물 작물을 주로 재배했다. 더욱이 농촌 기반 시설은 절대 부족했다. 이 상황을 간파한 박영효는 당시 제주 농촌 문제점들을 다소 나마 해결, 해소할 수 있는 구체적이고 현실적 대안을 마련하여 이를 직접 실천하려 했다고 보아진 다. 그는 자기 농사에 국한하지 않고 주변 농가에 원예농사를 보급시켰다. 아울러 의식주 개선, 농업개량사업 등 실질적인 개선 대안들을 마련하고 이를 보급시켰다.

박영효 경제개혁사상은 구한말 암울했던 당시 경제상황에 대한 고민에서 출발하여 문제점을 도출하고 그 문제를 해결하려 한 데서 비롯된다. 그 구체적 해결책이 체계적 개혁안 <내정개혁에 대한 1988년 상소문> 건백서(建白書)이다. 경제이윤부국(經濟以潤富國) 44개항, 그 중 치무비보민호국(治武備保民護國) 10개항이 박영효가 제시한 경제개 혁안이다.

박영효 경제 개혁안의 기초는 전통 유학 경제사상과 실학파에서 개화파로 이어진 경제사상이다. 또한 일본에서 오랜 망명생활 동안 미국 고전파를 경험했으며 후쿠자와 유키치(福澤諭吉)와 교류를 통해 습득한 서양 근대적 경제사상을 동양사상과 실학을 바탕으로 현실에 적용한 것이라 할 수 있다.

박영효는 유길준(兪吉濬 1856~1914) 김옥균(金玉均, 1851~1894) 김윤식(金允植, 1835~ 1922) 등 당시 개화파 핵심세력들과 교류를 통해 그의 경제개혁안과 실천론을 체계화한 것으로 보인다. 박영효와 같은 개화파 중심인물인 유길준은 '지제의(地制議)'에서 상업작 물 재배가 민생을 두텁게 하므로 중국과 일본에서 수입하는 귤과 차 재배를 독려하여 수출작물로 장려하자고 주장하였다. 이에서 알 수 있듯이 개화파 경제사상에 이미 수입대 체작물 겸 수출유망작물로 감귤재배 중요성을 인식하고 있었다고 보아진다.

박영효는 일본 망명 생활 동안 경험을 통하여 감귤재배 중요성을 확신했다. 이후 제주 도에 와서 일본 감귤재배지역 기후와 제주도 기후의 유사점을 발견하고 직접 이 지역에 적용시켰다.

온주감귤이 제주도에 처음 도입된 것은 박영효 대신이 제주에 와 있을 때 일본으로부터 가져와 제주시 구남천에 심었다고 전해지고 있으나 그 기록과 재배 흔적은 찾아볼 수 없다. 1911년 엄 신부가 일본에 있는 친구에게 제주 자생 왕벚나무를 보내 준 답례로 온주감귤 14그루를 기증받아 현재 서귀포시 서홍동 복자수도원에 심은 게 가장 오랜 것으로 현재 그 중 한 그루가 남아있다.

The initiation of Mandarin Oranges cultivation

温州柑橘の栽培の始め ｜ 温州柑橘栽培的开始

Mandarin Oranges was first introduced to Jeju when the Minister Park, Young-hyo visited Jeju. It is said it was planted in Gunamcheon in Jeju-si. However, there is no record and cultivation trace to prove such a fact. Yoshino Cherry (Punus yedoesis Matsumura) grown in Jeju, Father Um sent it to his friend in Japan in 1911. These Mandarin Oranges were presented in return.

박영효는 제주읍 구남천(九南泉) 독짓골에 4만여 평 토지를 마련하고 여기에 각종 원예작물과 함께 일본에서 들여 온 개량감귤을 재배하였다. 아울러 박영효는 주위 농가나 평소 교류가 있는 제주지역 인사들에게 개량 감귤 재배를 적극 권장하였다. 이 노력은 근대 제주 감귤재배의 효시라 평가할 수 있다. 애석하게 현재 남아 있는 나무는 없다. 이후 제주도 근대감귤 재배는 타케신부(Emile Joseph Taquet, 1873-1952) 한국명 엄탁기(嚴宅基)에 의해 처음 시도되었다.

박영효는 감귤뿐 아니라 원예작물의 재배에도 관심이 높았다. 박영효는 원예작물을 비롯하여 감, 비파, 대추, 석류 등 과수와 양배추, 토마토, 무, 당근 등 여러 가지 작물을 시험 재배했다. 물론 일부는 실패했지만 대체로 성공률 높았고 성공한 작물은 이웃 농가에 적극 권장했다(양진건, 1999).

당시 제주 농업은 조나 보리, 콩, 피 같은 식량 곡물 재배가 주를 이루고 있었다. 이런 상황 하에서 박영효는 일본 망명 생활에서 얻은 경험 토대로 재배작물 다양성을 시도했던 것으로 보인다. 즉, 주곡작물 재배에서 환금작물(판매, 수입대체 수출유망작물 등) 재배로 농업경영 전환을 시도한 것이라 보아진다. 물론 성과는 정확히 알기 어렵다. 그러나 그 시도 자체만으로도 역사적 의미가 있다.

박영효는 한성부(漢城府) 판윤(判尹)시절 과감한 치도사업(治道事業)을 시행한 최초 근대적 도로 행정가로 알려졌다. 그는 유통경제 활성화 전제조건으로 도로 건설을 중요하게 생각하여 도로, 교량, 수운은 물론이고 육운상사, 단교사(丹橋司) 설치를 주장했다. 아울러 유통경제 활성화, 시장 활성화를 위한 도로개설, 도량형 통일, 거래 화폐 정비, 화폐 적정 발행 등 경제적 개혁과 이를 위해 사회기반 조성 중요성을 강조했다.

이러한 박영효는 제주에서 교류하던 지역 유지들에게 사회기반 시설 조성 중요성을 역설했던 것으로 보인다. 그는 철종의 부마이며 고종의 친척 매제라는 사회적 신분 덕분으로 중앙에서 파견된 정부 관리들과 관계가 원활했다고 전해진다. 일례로 당시 윤원구(尹元求)군수에게 정책 자문을 하며 제주지역 경제개혁과 사회기반시설 조성에 관해

• 1930년대 관덕정 앞 오일장

많은 정책 조언을 하였다고 한다.

평소 유통경제 활성화와 시장원리 보급을 주장해 온 박영효는 이 시기 처음 개설된 제주도 오일장 활성화 방안에 대해 윤원구 제주군수에게 적극 건의했던 것으로 알려졌다. 주성을 시작으로 삼양, 이호, 외도, 애월, 조천, 김녕, 세화, 서귀포 등에 개설된 오일장은 제주 농촌마을 상거래 활성화를 촉진시켰다. 이로써 새로운 정보 교류의 장이 펼쳐지게 된 것이다.

박영효는 농촌계몽에 각별한 관심을 가졌다. 그는 제주 농촌 계몽에 뜻을 두어 그를 찾아오는 사람들은 반상귀천을 막론하고 따뜻이 맞아 대화를 나누고 친절히 모든 것을 알려주었다고 한다. 기회 있을 때 마다 낡은 제도와 인습 등 근대화를 가로막는 저해 요소들을 과감히 타파하고 새로운 운명을 받아들여야 한다고 역설했다. 신분을 고려하지 말고 상공업 등 여러 산업에 종사할 것을 주지시켰으며 근로의식을 고취시키고 교육 중요성을 강조했다. 아울러 신성여학교 설립에 자금지원과 여러 가지 다른 활동을 하며 신분 타파와 여성교육 활성화를 위해 노력했다.

이처럼 박영효는 언제 어디서든 제주 도민들과 활발히 교류하며 그 지식을 공유하고 경험을 전달하려 했다. 이제 개화파 거두 박영효가 아니라 최초의 자발적 유배인 박영효의 제주살이에 대해 우리가 자세히 드려다 볼 차례이다.

재물 잘 쓰는 자,
밥 한 그릇으로도 인명 구한다

'만덕(萬德)'하면 떠오르는 이미지는 무얼까?

'만덕할망', '기녀(妓女)', '거상(巨商)', '구휼(救恤)', '금강산 유람', '의녀반수(醫女班首)', '은광연세(恩光衍世)', '채재공 만덕전(菜濟恭 萬德傳)' 등과 '고두심', '이미연', '김만덕상', '김만덕기념사업회', '김만덕기념관', '나눔쌀 만섬 쌓기', '산지 객주터' 등.

나는 고(故) 김영란과 신사임당이 떠오른다. 2010년 작고한 김영란은 제주특별자치도 여성특보 시절, 2009년 발행 예정이던 오만원권 도안에 김만덕 초상을 올리려고 무단히 애를 썼다. 그 당시 한국은행 제주본부 고은호 본부장님과 제주지역 여성단체에서 같이 힘을 모아 엄청 노력했었다.

현재 오만권에는 신사임당 초상이 들어 가

• 김만덕 국가 표준영정 제82호(2010년 7월 21일 지정), 윤여환교수 제작

있다. 당시 오만원권 도안 선정 기준이 무엇이었는지 정확히 기억나지는 않지만, 분명한 건 김만덕 인지도가 신사임당에 비해 매우 낮았다는 사실이다. 그렇다 하더라도 만덕할망 김만덕은 우리가 존경하는 자랑스러운 의인(義人)이며 위인(偉人)이다.

　　만덕(萬德) 제주교방(敎坊), 행수기야(行首妓也)라 정조 갑인(甲寅)에 제주대기(濟州大饑)하거늘 만덕이 경가연곡(頃家捐穀)하야 제휼(濟恤)이 심중(甚衆)이라 목사 계문(啓聞)하거늘 왕이 목사로 하여금 만덕의 소욕(所欲)을 문(問)하라 하니 만덕이 왈(曰) "오즉 왕이 어용(御容)과 금강산(金剛山)보기가 소원이라"하는 지라 상(上)이 특히 만덕으로 하여금 승일상래(乘馹上來)함을 명하고 여의(女醫)의 품직(品職)을 특수(特殊)하야 입시(入侍)케 하고 영동 각읍 수령의게 명하야 금강산편람(便覽)을 지도(指導)케 하다. 만덕이 금강산으로부터 환조(還朝)함에 당시 공경대부(公卿大夫)와 문장재자(文章才子)가 다 신행시(贐行詩)를 부(賦)하야 만덕이 고향으로 송(送)하고 번암(樊岩) 채재공이 만덕의 전(傳)을 저(著)하니라[동아일보, 이조인물약전(李朝人物略傳), 1921.10.31.].

　　김만덕(金萬德, 1739~1812)은 갑인·을묘년 대기근 때 스스로 천금(千金)을 출연해 육지에서 쌀을 사다 굶주린 제주 도민들을 진휼(賑恤)했던 의인이다. 1792년부터 제주에 흉년이 계속되어 1794년 한 해만 도민 30%가 굶어 죽었다. 이 때 만덕은 전 재산을 풀어 육지에서 양식을 구입하여 제주로 들여왔다. 들여온 곡식 500여 석 중 10% 정도는 가족 친지에게 나누어 주고 나머지 450여 석 전부를 관청에 진휼미로 기부하여 굶주린 도민들에게 나눠주도록 하였다.

재물을 애끼지 안코 던진 자선가 김만덕

　　김만덕은 제주 여자다. 어려서 어머니를 여의고 의탁할 곳이 없어 기생집에가 자라더니 관가에서는 만덕의 이름을 기안(妓案)에 두엇다. 만덕은 비록 기생 노릇을 하기는 하나 기생으로서 평생을 보내려고 하지는 안핫다. 나히 스물이 넘어 그 뜻을 관가에 호소하고 울며 하소연하매 관가에서도 불상히 여기고 기안에서 그 이름을 없애고 양인을 맨들엇다.
　　만덕은 미천한 집에 태어나 컷으되 훌륭한 사람이 아니면 남편을 삼지 안코 돈 모는 재주가 놀라워 시세가 오르고 나릴 줄을 알고 물건을 삿다 팔엇다 하야 수십년동안 이름난

부자가 되었다.

정조(正祖) 십구년에 제주가 크게 가물어 백성들이 주려 죽게 되었다. 나라에서는 곡식을 보내여 구원하엿으나 머나먼 바닷길에 미처 이르지를 못하엿다. 그때 만덕이는 천금을 내어 육지의 여러 골 쌀을 급히 무역하여 들이어 그 십분의 일을 취하여 친족들을 나누어 주고 그 나머지는 모두 관가에 바치매 백성들이 이 소문을 듣고 관가 앞으로 모이어 그 쌀을 얼마씩 타가며 그 은혜를 칭송하야 우리를 살린 이는 만덕이라 하엿다.

정조께서 이 말을 들으시고 제주목사에게 명하야 "만덕이 소원이 잇거든 무엇이든지 시켜주라"하셧다. 목사가 만덕을 불러보고 이런 뜻을 알린즉 "다른 소원은 없사오나 금강산에 들어가 일만 이천봉을 보앗으면 죽어도 한이 없겟사오이다"하엿다. 그때 나랏법에는 제주 여자를 바다를 건너 육지를 못오게 금하엿으나 목사가 그 소원대로 나라님께 알외어 그대로 허락하여 주고 역마(驛馬) 태우고 이른 곳마다 공궤(供饋)를 하게 하엿다.

만덕은 그 이듬해 가을에 서울을 와서 그때 정승이던 채재공을 찾어 보앗다. 채재공은 그 사실을 나라님께 알외엇다. 나라님께서는 선혜청(宣惠廳)을 명하야 양식을 주고 수일만에 내의원의녀(內醫院醫女)를 삼어 여러 의녀(醫女)의 반수(班首)가 되게 하엿다. 만덕

• 제주시 사라봉 모충사 내에 있는 김만덕 묘비 [제이누리DB]

은 준례에 의하여 궐내에 들어가 문안을 하엿다. 각 전궁(殿宮)이 각각 시녀(侍女)로 하여금 "너는 한 여자로서 의기를 내어 주리는 백성을 천여명 구원하엿으니 기이하다"하시고 후히 상을 주셨다.

　　만덕은 서울서 한 반년을 잇다가 그 이듬해 늦은 봄철에 금강산으로 들어가 만폭(滿幅) 중향(衆香)을 다 보고 안무재를 넘어 개잔령으로 나려 삼일포(三日浦)에 배를 디우고 총석정(叢石亭)도 올라가보고 다시 서울로 와 내원(內院)에 이르러 고향으로 돌아가기를 고하매 각 전궁이 전과 같이 상을 주엇스며 여러 공경(公卿)들이 만덕을 한번 보고저 안는 이가 없엇스며 특히 채정승과는 눈물을 흘리고 작별하엿다. 그때 만덕은 나히 오십팔이엇다 [사상의 여걸찬(女傑撰)(七), 동아일보, 1940.1.12.].

　　김만덕은 관기 신분 여성이었으나 스스로 신분을 타개하고 상업을 통해 거상이 되었다. 뿐만 아니라 그가 모은 전 재산을 지역사회에 환원함으로써 조정에서 조차 시행하기 어려워하던 궁민 진휼을 몸소 실천했던 것이다. 이를 인정받아 당시 출륙금지령 시절이었음에도 불구하고 금강산을 유람했다. 출륙금지령(出陸禁止令)이란 1629년(인조 7년)부터 1823년(순조 23년)까지 200년 간(실제적으로는 1850년까지 250년 간) 조선 국법으로 시행되었던 유민(流民) 통제정책을 말한다. 출륙금지 250년간 제주 도민들이 제주 섬에서 나와 육지로 나가는 것은 국법으로 엄격히 금지되었다.

당대의 경국가인(傾國佳人) 제주기생 김만덕

　　시대는 이조 정종 십구 년경 제주 기생 만덕은 원래 양가녀(良家女) 김씨 (金氏)다. 유시(幼時)에 친모를 사별하고 인동(隣洞) 모 총각과 결혼하야 치가(治家)케 되엇다. 그 총각은 반불구자(半不具者)이나 영덕(榮德)은 사부(事父), 사부의 양성(兩誠)이 여일(如一)하얏다.

　　그런데 그 친부가 역시 사망, 부(父)사후(死後) 불구하야 그 부역사망(夫亦死亡). 만덕은 가위무의무탁(可謂無依無托) 연(然)이나 공가고절(公家苦節)을 자수(自守)하든바 의외(意外) 가내에 괴변(怪變)이 매야빈번(每夜頻煩)하야 남대남아(膽大男兒)로도 수당(雖當)이어늘 황저년소여성호(況且年少女性乎)아. 부득기(不得己) 인가(隣家) 모기생가(某妓生家)에 의탁하얏다.

　　김만덕은 기가(妓家)에서 의탁하얏다가 필육기첩(畢育妓捷)에 입명(入名)이 되엇다. 그러나 천성으로 불긍(不肯)하야 관아에 설기(設妓)를 환고(歡顧)하야 제기(除妓)가 되엇다.

정종왕 십구년 제주도가 대한재(大旱災)로 이재민아 부지기수 이엿는데 조정에서 구제에 노력하나 해안 천여리에 포유미급(擠有未及)의 환난이 잇섯는바 이에 만덕이 사재를 경(傾)하야 구급하얏다. 왕께서 문지대리(聞之大离)하사 그 소원을 문(聞)하시매 궁전배관(宮殿拜觀), 금강산 구경이 엇슴으로 그 소원이 또한 의외인 것에 대경(大驚)하얏다. 그리하야 당시 채재상(蔡宰相)이 알선으로 이개 소원을 수(遂)케 하얏다.

김만덕은 하향천기(下鄕淺妓)로써 개인으로는 절부(節婦)의 미행 사회적으로는 자선의 미덕을 수행한 것이 희우(稀芋)한 사실이라 운위(云謂)치 아니치 못할 것이다[신정언(申鼎言), 조선일보, 1936.6.11.).

만덕은 평소 '재물을 잘 쓰는 자는 밥 한 그릇으로도 굶주린 사람 인명을 구할 수 있지만, 그렇지 않으면 썩은 흙과 같다'고 말했다. 그 같은 사회적 공헌과 나눔 철학은 지금도 제주 도민들에게 깊은 감명을 주고 있다. 김만덕 의인을 '만덕할망'이라 칭송하며 존경과 사랑을 표하고 있는 연유이다.

그리 큰 부자는 아니나

    제주사회복지공동모금회가 설립된 지 20년이 됐다. 제주지역에는 큰 기업이 드물고 제조업이 빈약한 형편이다. 반면 농수산업과 서비스업 비중이 절대적이다. 이 때문에 모금과 기부 자원 총량 면에서 타 지역에 비해 불리하다. 그럼에도 불구하고 제주사회복지공동모금회는 매년 '사랑의 온도탑' 목표를 초과 달성한다. 그 뿐 아니라 아너 소사이어티 모집과 나눔 리더 모집도 단연 전국 톱이다. 이러한 기부문화 확산과 생활화는 제주사회복지공동모금회 역대 회장, 처장, 사무처 직원들이 발바닥에 땀나게 뛰어다닌 결과이다. 이와 함께 제주 도민 DNA 속에 계승되고 있는 나눔 문화 실천이라고 생각된다. 많이 가지고 있어서가 아니라 없거나 부족해서, 물질적으로 어려운 생활을 많이 경험해봤기에 나누고 같이 해왔던 것이다. 유별나지 않은 나눔 문화와 정서가 자연 발생적으로 지역사회에 스며들어 있다고 할 수 있다.

    일제 강점기, 기반 조성(학교나 공설운동장, 마을회관, 공동우물 등)을 목적으로 하거나 대참사가 생겼을 때 '큰 부자는 아니나' 더 어려운 이웃에게 자기 자산을 선뜻 기부하는 미거(美擧)를 자주 볼 수 있다.

    제주도에는 오륙년 전부터 각종의 운동이 무던히 발달되엿스나 공설운동장(公設運動場)이 업는 관계로 학교운동장을 빌거나 그러치 아니하면 임시로 밧(畑)을 세(稅)주어서 각종의 운동경기대회를 열게 되든바 제주면 아라리에 거주하는 전영준씨는 원래부터 그리 큰 부자는 아니나 독지가로 유명하던 터인데 금반 제주학생친목회 주최인 제삼회 축구대회에 자기 소유인 제주남성외광장(濟州南城外廣場) 전(田) 이천칠백여평이나 되는 광장을 임시운동장으로 빌려 주엇다가 지난 구일 그 대회 상석에서 밧을 제주 성내에 잇는 중앙탐흥회(中央耽興會)에 영구히 운동장으로 기부한다는 쾌락(快諾)이 동씨(同氏)의 입에서 떠러짐에 따라 탐흥회에서는 자회(自會)의 운동장으로만 하지 아니하고 제주도의 공설운동장(公設運動場)으로 만들리라 더라(동아일보, 1925.8.14.).

제주도 구좌면 세화리(細花里)와 상도리(上道里)는 오육백호의 촌락으로 음료수라고는 봉수(奉水) 일처(一處)에 불과함으로 음료수가 불결할뿐 아니라 한기나 되이서 일개월 이상만 되어 가면 매일 조조(早朝)부터 석양까지 쟁선흡수(爭先吸水)하려고 부인들이 상쟁(相爭)하는 비극을 연출하야 일반의 유감으로 녁이던 중 유지 강희경씨는 자기 소유 전(田) 이십여평을 기부하고 김상호(金相浩) 문신주(文新周) 고재국(高在國)의 발기로 음료정(飮料井)을 굴(堀)하야 청렬(淸冽)한 수(水)를 득(得)함으로 일반의 행복이 된다더라(조선일보, 1923.12.25.).

제주도 구좌면 종달리(終達里) 김생길(金生吉)씨는 면내(面內)에 완전한 교육기관이 업슴을 개탄(慨嘆)하야 금 일천원을 솔선연출(率先捐出)하야 사립보통학교(私立普通學校) 설립을 일반에게 권유함으로 면내 인사는 감격찬동(感激贊同)한다더라(동아일보, 1921.12.11.).

『제주도의 대참사』에 대한 긔사를 보고 시내 황근영이명목에 잇는 유일관 주인 한규식(韓圭植)씨는 금오십원을 본사에 보내어 그 가련한 재앙을 당한 사람들에게 만분의 일이라도 도아 달라고 하였더라(동아일보, 1922.3.30.).

제주도 구좌면(舊左面) 사립보창의숙(私立普昌義塾)의 운동장이 협애(狹隘)함에 감(鑑)하야 동리(同里) 최명효(崔明孝)씨는 자기 소유 토지 삼백여평 시가 삼백 오십여원을 동숙(同塾)에 기부하얏다더라(동아일보, 1922.11.26.).

제주도 구좌면 김녕공립보통학교(金寧共立普通學校)는 원래 사학년제이엿섯는데 교육상 만흔 지장이 잇슴으로 지방 인사들은 항상 오육학년 과정을 교수(敎授)할만한 기관의 설치를 열망하엿스나 경비문제로 간금(干今)까지 하등(何等)의 방책을 득(得)치 못하엿섯는데 당지 특지 황여환(黃汝煥)씨가 부설과 강당 건축비로 오백원이란 거액을 김녕공립보통학교(金寧共立普通學校)에 기부하엿다더라(동아일보, 1927.4.22.).

제주도 성내에 거주하는 청년유지 김창유(金昌有)씨는 원래 청년운동(靑年運動)에 만흔 이해가 유(有)하든바 금반(今般)에 자기 소유의 토지를 삼천평 이상의 것 이필(筆)을 제주청년회(濟州靑年會)에 기증(동아일보, 1927.7.12.).

제주도 구좌면 연평리(演坪里) 김두륜(金斗潤)씨는 항상 조선교육게를 위하야 힘이 미치는 대로 원조하야 오든바 다행히 경제의 여유가 생겻음으로 사립 연평심상소학교(演坪尋常小學校)에 칠천원 사립 하도심상소학교(下道尋常小學校)에 삼백원을 학교시설비로 기부(동아일보, 1939.11.23.).

1920년대부터 돈 벌러 일본으로 건너간 도일(渡日) 제주 도민의 기부가 이어졌다. 특히 조천 출신 고씨 형제와 조갑출여사의 미거는 더욱 감동적이다. 조천 출신 고씨 형제는 당시 소학교 교사 월급이 40원 정도일 때 대판에서 적수공권(赤手空拳)으로 모은 돈 이천 오백원을 고향 학교의 시설비로 기부했다. 이러한 재일 제주인의 기부와 사회적 공헌은 이후 감귤산업 뿐 아니라 현재 제주경제를 성장시킨 밑거름이 되었다. 달리 만덕 할망 자손이 아니다. 이처럼 고향을 떠나 일본에 가서도 나눔과 기부를 몸소 실천하는 걸 보면 제주 도민에게 여전히 만덕할망의 피가 몸속에 흐르고 있음을 알 수 있다. 이런 나눔 문화 실천의 본능이 몸속에 자리 잡고 있다면 그가 언제 입도했는지, 어디서 무얼 하든지 간에 모두 다 따뜻하고 올 곧은 '제주 도민'이라는 것이다.

원적을 제주도 조천면(朝天)에 두고 대판시(大阪市)시영화정(施永和町)에서 이화고무 공업소(二和工業所)를 경영하고 잇는 고행진(高行珍) 고중진(高仲珍)형제는 평소에 조선교육의 진흥을 희망하야 기회를 고대하던 중 금반 제주도 조천공립심상소학교(朝天公立尋常小學校) 교사(校舍) 증축비로 자진하야 이천오백원을 희사하엿다는데 들건대 씨의 형제는 어렷을 적에 적수공권으로 대판의 노동시장에 나가서 알알이 모인 피와 땀의 결정의 거금을 항상 원하든 교육사업에 던젓으므로 일반도민은 형제의 미거에 칭송이 자자하다고 한다(동아일보, 1939.7.14.).

제주읍 도두리(道頭里)에 도두서당(道頭書堂)은 유일의 무산아동교육기관으로서 깊은 역사를 가지고 내려오나 지금까지 오막살이 협착한 집에서 연년이 백여명의 아동을 가르키고 잇다 한다. 이에 대하야 교육문제의 중대함을 느낀 유지 고정주(高貞柱)씨외 일반 재대판(在大坂) 도두청년장학회(道頭靑年獎學會)에서는 수년전부터 이 방면에 주력하여 오든 중 지난 이월에 사립보교 승격 기성회를 조직하고 일방 육천원의 거액으로 지난 구일부터 서당신

• 당시 신문기사

축에 착공중인데 이에 찬성하야 고도평(高都平)(五〇), 김해옥(金海玉)(六五), 장석찬(張錫燦)의 처 김씨(金氏)(四七)등 삼(三)여사는 자긔들의 생활난도 불구하고 전 재산인 사백여 평씩의 토지를 각각 전긔 서당 신축비로 희사하엿다고 한다(동아일보, 1936.3.28.).

제주도 한림면 조수리(造水里) 조수서당(造水書堂)에 금번 조갑출(趙甲出)(五八) 여사가 서당 유지비로 금 이백원을 기부하엿는데 이제 그 내력을 들어보면 동 여사는 지금부터 육년 전에 남편은 황천객이 되고 그 후로 생활에 쫓기여 대판(大阪)으로 갓엇는데 거기에서 양복 바누질 품파리를 하여 일일에 육십전(錢)의 수입으로 근근 그 생활을 유지하여가며 거기에서 절약한 눈물겨운 몇 푼의 돈으로 지금까지에도 여려 사회 공공단체와 사업에 만흔 공헌을 하엿왓는데 금년 오월에 동여사의 고향인 조수리에 귀향하야 조수리의 유일한 교육기관인 조수서당의 유지경영에 곤난함을 탄식하야 동 여사 전 재산인 대판에서 피땀 묻은 돈 금 이백원을 기부하엿는데(동아일보, 1935.9.1.).

대판에 건너가 각 방면에 활동하고 잇는 제주도 인사들이 고향에 잇는 조천소학교(朝天小學校)의 학급 증축비로 사용하여 달라고 현금 이천원을 희사한 청년과 부인이 잇다. 부인은 원적을 제주조천에 둔 고봉히(高鳳姬)여사로 지금으로부터 십여년 전에 적수로 대판에 건너가서 성공한 부인이고 청년은 원적을 제주도 조천면 신촌리(新村里)에 두고 대판시 동성구(大阪市 東成區))에서 금성고무공업소(金城工業所)를 경영하고 잇는 김정성(金正成)(二八)씨이라 한다(동아일보, 1939.8.26.).

영역靈域에 있는 고산식물이
곱지 않고 무엇 하리오

■ 제주읍과 관음사 사이 난대림(暖帶林)

　등반길 옆에 백화초본(白花草本)과 적화초(赤花草)가 웃음을 띠우고 있으니 아마 무심(無心)한 인사들은 관심사가 아니겠지만 곳곳에 상율(桑栗) 송묘(松苗) 등을 조림하거나 가용(家用)으로 재배한 곳도 있다. 고조(高燥)한 곳에는 우마(牛馬)가 함부로 내왕(來往)하야 수목이 볼 것이 없고 고사리만이 전 세력으로 군생(群生)하였고 고산접류(高山蝶類)가 분분비거(紛紛 飛去)하니 참 유구장대(悠久長大)한 기분이다.

•개미목

계곡지(溪谷地)에는 우마의 침범을 면하야 근근(僅僅) 수목이 잔존하니 백화(白花)가 눈을 끌고 있다. 그러나 제주읍 관음사 사이는 초부(樵夫)의 남벌(濫伐)과 우마의 목축이 없었다면 대삼림(大森林)을 이루었겠지만 지금은 유감이지만 그 장관을 볼 수 없다.

■ 관음사 개미목 고대밧 사이 온대림(溫帶林)

관음사 뒷편 수십정간(町間)은 아직 우마가 사람을 두려워도 안하고 그리워도 안하고 제멋대로 구식(求食)이라는 본능성(本能性)만을 발휘하고 있다. 개미목 못 미쳐서 부터는 밀림이 되기 시작하니 임간(林間)은 일중불서(日中不署)하며 일중상야(日中尙夜)의 감이 있다.

앵류(櫻類) 등 다종다양의 수목이 무성하였다. 착생(着生)하고 식물이 만생(蔓生)하고 수하(樹下)에는 수목 중에서 레낭은 추용(椎茸)의 모목(母木)이 되는 것이니 대용(代用)이 되는데 산중처처(山中處處)에 소옥(小屋)이 있는 것은 실로 차등수목(此等樹木)이 고주(高株)를 이용하야 추용(椎茸)[9]재배를 하는 곳이다.

■ 고대밧 봉래천 부근 냉대림(冷帶林)

상기 일대 수해(樹海)를 벗어나면 갑자기 안계(眼界)가 열리지만 동시에 운무(雲霧)가 발생하니 언제 비가 올 런지 폭풍우가 될는지 모른다. 고대가 수십정(町)에 거(巨)하야 군생(群生)하였으니 이곳이 고대밧이다. 관목(灌木)이 한참가다 한 포기씩 서있고 제주도 산의 적화(赤花)가 인목(人目)을 끄는데 등산가는 한번은 수중에 넣어 보나 가시 때문에 버리고 만다.

고대밧 중앙을 지나자 노가리가 나서고 시라미가 나서고 초본(草本)으로 냉고산성(冷高山性) 분자가 차차 나선다. 군용(群溶)이 볼 만하고 구송이 다생(多生)하니 밀림을 이룬 일대 명해(明海)를 돌때 일동이 모두 환호를 발한다. 침엽수림(針葉樹林) 즉 냉대림이 분명하다.

---

9) 추용은 버섯의 한자어임.

■ 관목대(灌木帶)

관목대는 북측보다 남측이 더 판연(判然)하며 참꽂낭 개꽂낭 등의 전용지(專用地)인 듯한 감이 잇는 지역이다. 일동이 곤충채집도 하고 서귀포도 바라보며 일시 휴식하든 부근 일대는 관목대이다. 북측에도 목표(木標)있는 부근 고역대생(故域帶生) 피난소 그 위 목표 부근부터는 등죽 등이 왜생(倭生)하고 암고란(岩高蘭)이 더욱 다생하며 만화(萬花)가 눈을 끈다.

■ 백록담(白鹿潭) 부근 고산식물대(高山植物帶)

표고 1900미터 이상의 정상 부근지역 일대는 분화구(噴火口)를 중심으로 하여 안산암(安山岩) 현무암(玄武岩) 및 용암뿐으로 토양이 없고 풍력이 강하고 기온이 저(低)한 곳이다. 보신 분은 잘 아시고 보시지 못한 이도 들은 일이 있지 만은 속진(俗塵)을 벗어나 영역(靈域)에 있는 고산식물이 곱지 않고 무엇 하리오. 황색(黃色)으로 근부위대(根部偉大) 등 백색으로 안산암착(安山岩着), 군락(群落) 백록담 외벽 등 홍(紅)으로 황색혼입(黃色混入) 남측 외벽, 봉래천(蓬萊川) 등의 천연의 화문(花問)을 욱일낙조(旭日落照)와 한 가지 사랑할 수 있는 몸이 되니 행복다.

■ 남측 정상 도근천 소안(沼岸)

이 등산로는 실로 위험하다. 그러나 실로 귀중한 경로다. 그것은 식물의 고도 분포 즉 수직분포(垂直分包)를 연구하는데 가치 있는 코스이기 때문이다. 고산식물대(백록담 남측외벽) 관목대 교목대(喬木帶) 침엽수림대(針葉樹林帶) 낙엽활엽림대(落葉闊葉林帶) 냉대림 이 지대는 남벌(濫伐) 우마의 여물이 되어 버려 낙엽활엽림대의 직하(直下)에 접함을 지금은 보지 못한다. 지금은 해안에 돌아 절벽 단애(斷崖)에 가서 위험탐려(胃險探勵)하는 것이 좋다.

■ 제주읍(濟州邑)

평지는 대개 개간이 되였으니 대자연의 진모를 볼 수 없다. 그런데 도중(島中)서 가장 신성시하는 삼성혈(三姓穴)부근 사당능(祠堂稜) 내만은 인력의 침범을 면하야 자연 그대로의 진상을 볼 수 있으니 이곳은 과연 식물의 연구상으로도 귀중한 지점이다.

난대식물인 백일홍(百日紅) 견장(犬樟) 비파(枇杷) 감귤(柑橘) 등이 재배 혹은 야생하였고 참배도(參拜道) 양측에는 흑송(黑松), 적송(赤松)도 있고 길옆에는 잡초가 있고 원하(垣下) 우간(右間)에는 양치류(羊齒類)가 주목되고 우소식물(遇繇植物)이 검은 담장에 번생(繁生)하고 있다.

■ 안덕천(安德川) 하구

이 천은 본도 서남단 대정면(大靜面)에 있으니 제주도의 최서 최남을 대표하는 지점이다. 사시(四時)를 통하여 낙엽도 안지고 태고색(太古色)을 띄우고 있다. 자양화(紫陽花)가 만발되었지만 주인이 없어 가련하게 보인다. 난대식물중 주요한 자는 춘(椿) 등이 특기할 만하고 적화(赤化)가 미감(美鑑)히 피어 있었다.

■ 천제연폭(天帝淵瀑) 부근

본도 남방에 있으니 현무암(玄武巖) 단애에 걸린 제주도 유수(有數)한 대폭(大瀑)인데 경색(景色)도 비범하지 만은 차수(此水)는 부근 부락민의 유일한 음료수 근원지가 되는 고로 중요한 곳이다. 더욱 일모시(日暮時)에는 부녀들이 독특한 급수운반(汲水運搬) 광경을 구경할 수가 있다. 남안(南岸)에 난대식물이 다생(多生)하고 있다.

• 천제연 3단폭포

■ 천지연(天池淵) 부근

서귀포 근교에 있는 천지연(天池淵)은 상록수가 홀연히 무성(茂盛)하였다. 호침과(胡椒科)에 속하니 구주(九州) 유구(琉球) 대만(臺灣) 및 본도에 산(産)한다. 난지성(暖地性)보다는 차라리 아열대성(亞熱帶性)이라 볼 수 있겠다. 과실은 신미(辛味)가 유하니 호침대용(胡椒代用)으로 사용할 수 있으나 본도인은 이용하는 일이 없다고 한다. 서귀포서 호침(胡椒) 재배가 가능한 것을 동과(同科)의 자생함으로 알 수 있다.

■ 연외천(淵外川) 하구

하구 서측에 유명한 포경회사(捕鯨會社)가 유하니 이 회사 부근 일대에는 해안식물을 채집할 수 있다.

■ 서귀포 성산포간

이 지방 일대는 제주도의 낙원이니 호호가가(戶戶家家) 감귤을 심고 춘음(椿蔭)서 담소(談笑)하는 양(樣)은 평화한 광경이다. 감귤과수원이 있는 곳도 여기고 전답이 개간된 곳도 여기며 춘유(椿油)가 생산하는 곳도 여기다. 정수(庭樹) 가로수는 춘(椿)이나 전부 상록수다. 상하(常夏)의 나라는 참 여기를 말함이다.

■ 성산포(城山浦) 부근

감람암질(橄欖岩質) 현무암(玄武巖)으로 성(城)모양으로 된 화산구(火山口)가 있으니 이것이 성산(城山)이며 그 동안(東岸)이 성산포(城山浦)다. 절벽에는 주목되고 차포(此浦)부터 양어장까지의 일대 십수정(町)에 달하는 대면적에 군락지(群落地)가 특필(特筆)할만하다.

■ 평대리(坪代里)

비자림(榧子林)이 있으니 입구에 『을종국유림사십오정보학술참고비림(乙種國有林四十五町步學術參考榧林)』이라는 목표(木標)가 서 있다. 비자수(榧子樹)의 과실은 조충구

• 비자림

제약(條虫驅除藥)으로 너무나 유명하며 재(材)는 견고(堅固)하니 기반(碁盤) 산반(算般)
등 용재(用材)가 된다. 수령은 수백 년을 경(經)하였을 것이며 상당한 대목(大木)이니
일주(一株)쯤 수연(垂涎)하시는 기객(碁客)도 없지 않았다. 임간(林間)에는 음지식물 만
생식물(蔓生植物)이 엉클어져 있다.

　김녕(金寧)부근에는 방풍제(防風堤)에 림(林)이 있으니 수입이식(輸入移植)된 지 삼사
십년을 지나지 못하였을 것이다(조선일보, 1937.8.26.~1937.8.31.).

제주도는 세계의 화단이다!

제주도 한나산(漢拏山)은 산마디(産馬地)와 해녀(海女)로만 유명한 곳이 아니라 식물학상으로 보아도 유명하야 조선에서 생산하는 각종 식물이 이천 오백종 중 천오백종까지는 제주도에서 생산하는 것이며 그 보다도 더 유명한 것은 사화산인 한나산의 분화산 전형(噴火山 典型)으로 전형이 삼백 오십종이나 잇슴으로 지질학상 표본으로도 동양은 차차하고 세계에서 보기 드문 것이라는데(동아일보, 1928.7.24.).

고려시대 이전까지만 해도 한라산 산림 소유권이 명확하지 않았다. 그래서 아무나 임산물을 채취할 수 있었다. 그 이후 한라산 삼림은 농경지 확보, 방목지 조성 등을 목적으로 인위적인 화입(火入)에 의하여 계속 파괴됐다. 특히 고려시대 제주가 원나라 직할지

(直轄地) 당시 원나라에 의한 대규모 방목지 조성으로 많은 한라산 삼림이 파괴됐다. 고려 말 일부 세도가들에 의해 삼림이 독점되어 서민들이 어렵게 되자, 1325년 사점금지령(私占禁止令)이 실시되었다. 이 사점금지령은 조선 후기까지 지속되었다.

1908년 삼림법(森林法)에 의하여 비로소 사유화가 인정되었다. 그러나 삼림법 제정 이전에도 특수한 지역이나 수림은 나무수를 확인하고 생산물을 공물로 바치게 하였다. 일제는 영림부(營林部)를 설치하고 1911년에 1908년 재정된 삼림법을 폐지하고 삼림령(森林令)을 공포하였다. 이 삼림령에는 삼림 불하(拂下)에 조선인 참여를 막고 단속 규정을 강화하는 내용을 담고 있다.

1938년 제주도 임야 면적은 총 82,700여㏊로 도전체 면적 중 약 1/4이다. 요존(要存) 국유림(한라산)이 약 27,400㏊, 민유림과 미처분 국유림이 55,300㏊이다. 민유림은 성림지(成林地) 7,500㏊, 잡수지(雜樹地) 1만㏊, 미립목지(未立木地) 37,788㏊, 죽림(竹林) 27㏊ 등으로 구성되었다.

일제는 수탈(收奪) 임정(林政)이 임상(林相)의 급격한 황폐화를 가져올 것으로 우려하여 육묘(育苗)와 조림(造林)을 장려하였다. 제주지역은 기후가 온난하여 삼나무와 편백(扁柏) 조림을 일부 지역에 실시하였으며 기타 유용수(流用樹) 조림을 병행하였다.

1936년 양묘 생산 실적을 보면 주 수종(樹種)인 곰솔 1,016,000본, 삼나무 35,000본, 편백 5,000본, 상수리나무 1,372,000본, 사시나무 4,000본, 유동 12,000본, 검양옻나무 3,000본, 동백나무 3,000본 등이다. 이외에 표고재배 재료로 사용되는 상수리나무 균목(菌木)이 많았다.

조림 면적별로 1936년 곰솔 252㏊, 삼나무 6㏊, 편백 1㏊, 상수리나무 239㏊, 상수리나무 직파 조림 100㏊, 먹구슬나무 8㏊, 밤나무 1㏊ 등 607㏊에 대한 일반 조림을 실시하였다. 보조 조림은 곰솔 125㏊, 산나무 2㏊, 편백 2㏊, 상수리나무 100㏊, 상수리나무 직파조림 100㏊, 유동 20㏊, 검양옻나무 10㏊ 등 358㏊로 총 조림 면적은 965㏊이다.

1933년 삼림보호 직원이 배치되고 매년 그 인원을 증원하여 민간에서 연료나 가사용 목재 벌채를 금지시켰다. 그러나 일제는 한라산 주수종인 서나무, 졸참나무 등 낙엽 활엽수를 이용, 제탄(製炭)하여 일본으로 반출시킬 것을 계획하는 등 벌채 약탈(掠奪)을 대규모로 자행했다.

　1951년 법령 제218호로 '삼림보호임시조치법'이 공포되어 보호림을 설정하고 삼림계 조직, 삼림조합연합회 창립, 삼림보호 요원 대폭 증원 등 적극적인 삼림 보호 조치가 시행되었다. 또한 도민 연료림으로 아카시아나무, 오리나무 등 속성림이 도내 각처에 조성되었다.

　1955년부터 부정 임산물 단속이 강화되었고 1957년 전국적으로 임산물 반입이 강력히 통제되었다. 그때부터 제주도에 연탄이 보급되기 시작했다. 1964년 한라산을 비롯 도내 주요 난대림을 천연기념물로 지정, 보호하였으며 1968년 한라산 대부분을 국립공원으로 지정, 보호하게 되었다.

　　제주도는 세계의 화단이다! 전세계의 유명한 식물학자로서 제주도를 찾지 안는 학자가 별로 없으며 제주도의 식물을 진열치 못한 식물원이 없는 것이다. 이제 제주도의 식물을 감정한 식물학자로 기억에 떠도는 대로 들어본다면 영국 벤네트시 불란서 피네씨, 레베레씨 서전 크리스트씨 독일 슈나이델오스탈리아 핫켈 등 여러 사람이 잇다. 이제 우리 제주가 가진 식물을 들어보건대 한라산에만 백사십이과(科)로 나누어 천 사백 삼십 삼종이나 잇다고 한다. 그중에서 세계 다른 나라에서 구해볼 수 없는 식물만이 백 사십 칠종이오 최근에 새로 발견된 칠십 사종으로 북극과 열대지방을 제한 다른 곳에 잇는 식물이면 제주도에 없는 것이 없다.
　　제주도에 만주 흑룡강(黑龍江)에서 일본 장기(長崎) 사이에 오는 식물은 하나 빠지지 안고 제주도 섬 안에 잇다는 것이다. 그리고도 오히려 백여 종의 식물이 그 유를 다른 곳에 찾아오지 못한다하니, 가위, 세계의 화단이다. 이러틋 밀림과 화초가 잇는데 금조(金鳥)인들 없을 수 잇느냐, 최고 천삼백여 년의 수령을 가진 고목틈에 꾀꼬리가 우는가 하면 두견이 맛소리를 치고, 솔새가 째째거리며 솔씨를 까먹는가 하면, 꿀룩새 물가에서 초나리 춤을 춘다. 한라산 중에만 일백 이십 일종의 산새가 울고, 오백 이십 칠종의 곤충이 잇다. 나비 한가지 만에도 칠십사,오종의 변종이 잇어, 봄철이면 백화(白花)와 그 문의를 다툰다고 한다(동아일보, 1935.8.7.).

일제 강점기 제주지역 조림수종은 곰솔과 상수리나무이다. 삼나무와 편백은 시험 조림

수준을 벗어나지 못했다. 이후 대대적인 조림이 해마다 계속 되었는데 주 수종은 삼나무와 곰솔이다. 편백 조림은 1960년대까지 국유림에 소규모로 시행되었으나 1969년부터 주조림 수종 중 생장이 좋은 삼나무와 편백으로 고정되었다. 1969년 이후 삼나무와 편백이 많이 생산되었으며 리기다소나무, 테다소나무, 밤나무 등이 소량 육묘되었다. 한라산 둘레길이나 오름을 걷다보면 삼나무와 편백나무를 자주 만나게 된다. 이런 연유에서 유래되었다.

인공조림은 한라산뿐 아니라 해안에도 이루어졌다. 해풍(海風)으로 인한 피해를 막기 위해 제주도 해안에 방풍림을 조성한 것이다.

연년(年年)이 수십차의 풍재(風災)를 받게 되어 각방면(各方面)의 피해가 막대하다는 제주도에 방풍림(防風林)을 조성하리라는데 이십여 만 인구가 살고 잇는 제주도에서는 매년 쉬지 안코 수십차식(式)이나 엄습(掩襲)하여 오는 풍재로 인하야 피해가 만허 불안과 공포에 싸혀 잇는 동시에 기회잇는 때마다 그 방어책 수립에 대한 진정(陳情)을 하여 나왓는 바 소화(昭和) 십일년도에는 제주도의 해안에 방풍림을 조성하기 위하야 그 식재(植栽)를 착수(동아일보, 1936.2.13.).

현재 제주도 임야 면적은 107,120㏊로 제주도 총면적 중 58.6%에 해당한다. 소유별로는 사유림이 전체 중 64%로 가장 많으며 국유림 27.4%, 공유림은 8.6%로 가장 적다. 임야별 면적은 입목지 53,909㏊, 무입목지 50,596㏊로 전 임야 중 반이 무입목지로 남아 있다. 임상별로는 침엽수림이 27,815ha, 활엽수림 19,809㏊ 침활혼합림 6,244㏊, 죽림 41㏊이다.

삿갓을 덮은 한라산

    제주도는 조선반도에 속한 3,300여 도서 중 최대한 섬으로 그 면적은 120여만리 인구는 23만을 포용(包容)한 조선의 대도(大島)다. 그 위치는 조선의 다도해라 이름 하는 남해에서 서남으로 뚝 떨어져 잇는 고도로써 목포에서 남방 80리 부산에서 서남으로 170리 장기항(長崎港)에서 동북 100리를 상거(相距)하였으니 실로 반도와 구주(九州)간의 점이

적(漸移的) 중간성을 띤 위치라 할 수 있다. 다시 서남으로는 동지나해(東支那海)를 우(偶)하야 남지(南至)의 상해(上海)를 멀지 아니 상거(相距)하고 남로는 태평양의 흑조(黑潮)의 일파(一派)가 이 섬의 남쪽에서 다시 서조선(西朝鮮) 해류 대마해류(對馬海流)로 갈라지는 교류에선 한 대양도(大洋島)이다.

본도는 전부 화산암(火山岩)으로 덮여 타원형(楕圓形)의 화산도(火山島)[지질시대 제3기에 분출한 사화산(死火山)이나 유사(有史) 이후 부분적 활동의 기록이 유함]로 중앙에서 조금 서남에 치우쳐서 주봉(主峰) 한라산(해발1,950 미터) 왕좌와 같이 솟아 있다. 이는 세계에서 그 존재를 드물게 보는 표식적(標式的) 아스피테(Aaspite)형의 화산에 속한다. 화산활동이 왕성한 시기에는 유동성(流動性)이 풍부한 현무암(玄武岩) 암력(岩礫)이 다량으로 넘쳐 올라 형성한 편평(扁平)한 원추체(圓錐體)로써 그 형태는 흡사 삿갓을 덮은 것 같아서 원산(圓山), 원교산(圓矯山), 두무봉(頭無峰)의 별명이 있으며 화산 지형상으로는 순상화산(楯狀火山)이라고도 칭한다. 따라서 주위의 경사는 극히 완만하여 산의 중복(中腹)에 있어서는 2도, 3도의 완경사(緩傾斜)를 보인다.

이러한 단조(單調)한 산록일대에서 이채(異彩)를 보여 주는 것은 340여 개의 소독립화산(小獨立火山)이 200~300 미터의 고도로 이곳저곳에 솟아있다. 이는 학명(學名)으로는 'clu de cane'분석구(噴石丘)라 하는 화산쇄설물(火山瑣屑物)인 현무암설(玄武岩屑)의 분출퇴적(噴出堆積)으로 생성된 일종의 기생화산(寄生火山)이다. 그 형상은 제두원추상(載頭圓錐狀)으로 되어 있고 산정에는 문형화구적(門刑火口跡)이 있어 화구 내에는 습지(濕池)를 형성한 곳도 있다. 원당봉(元堂峰) 같은 곳이 그것이다.

이런 다수의 소분화구를 볼 적에 생각되는 것은 제주도가 화산활동이 왕성한 시대에는 마치 벌(蜂)집처럼 수많은 무서운 화구에서 용암을 내뿜어 화산탄(火山彈), 화산력(火山礫)을 전도에 산만(散滿)케 하였을 것이다.

도내에 분출된 용암 및 화산력(火山礫)의 큰 놈은 직경 수미터이며 보통 것이 3~4리(糎)되는 흑색(黑色) 곰보돌이 방방곡곡에 우둑우둑 솟아있다. 해발 600 미터 이하는 전혀 수목을 볼 수 없고 이러한 용암괴(溶岩塊)가 전도를 덥혔으니 암석도(岩石島)라 할 수 있다. 따라서 하(河)에는 우기에는 분류(奔流)하지만 비가 그치면 우수(雨水)는 대부분 화산사력(火山砂礫)의 하층을 복류(伏流)하며 남사면으로 흐르는 백송천(白松川) 연외천(淵外川) 창고천(倉庫川)을 제외한 거의 전부가 고갈천(枯渴川)으로 변하고 만다.

복류수(伏流水)는 해안에 잇는 용암말단부(溶岩末端部)에 새암(泉)으로 되어 용출하기 시작한다. 이 단조(單調)한 암석해안에서 보기 드문 특수 경관 하나는 패곡(貝穀)의 분말(粉末)로 된 백사장(白沙場) 소위 사구해안(砂丘海岸)이 그것이다. 함덕(咸德), 김녕(金寧), 표선(表善), 별방(別方) 금능(金陵), 한림(翰林), 이호리(梨湖里) 등지에는 면적 수 정보 내지 수십 정보의 패사사막(貝砂沙漠)이 분포되어 있다.

주봉(主峰) 한라산 절정의 지형을 살펴보면, 산정부(山頂部)에는 동서의 경(徑)이 600 미터 남북의 경(徑)이 500 미터의 타원형(楕圓形)의 화구가 유(有)한데 화구저(火口底)는 최고봉에서 약 100 미터나 되어 보인다. 이것이 이른바 백록담(白鹿潭)이란 화구호(火口湖)다. 이 화구는 폭발로 인하야 생긴 것이 아니고 함락(陷落)의 결과로 형성된 것 같이 보인다. 즉 화구벽(火口壁)이 종상함락(鐘狀陷落)의 단애층미(斷崖層米)에 불과한 것이다.

화구벽(火口壁)에는 이 화산구성(火山構成)의 이대 계통으로 보이는 이종(二種)의 암석을 볼 수 있다. 즉 화구서벽(火口西壁)인 최고봉은 준엄(峻嚴)한 형모(形貌)로 된 고기분출(古期噴出)의 조면질안유암맥(粗面質安由岩脈)이 분출하였으며 동벽은 신기분출(新期噴出)로 보이는 현무암(玄武岩)의 용암이 성층(成層)되어 있으니 이곳에서 부터 이 화산의 이대암상(二大岩相)에 융반(隆伴)한 지형상 차이를 볼 수 있다. 화구의 저면(底面)은 평탄하며 증전(曾前)에 용암호(溶岩湖)가 존재하였던 것을 보여 준다. 내가 갔을 때는 이곳에 우수(雨水)가 흘러서 호반(湖畔)의 좋은 초지(草芝)와 한가지로 방목의 호자료(好資料)를 공급하고 있다.

이 밖에도 다른 화산에서 볼 수 없는 대규모의 용암수도(溶岩隧道)가 전형(全形)으로 인한 지하수의 용출(涌出)에 기인한 것이다. 지하용수(地下湧水)는 해안선을 제(除)한 다른 산지에서는 볼 수 없는 것이다. 이 용수(湧水)는 해안이라면 어디든지 얻을 수 있느냐 하면 그렇지도 않다. 즉 해안선 200호 간에 146개소에 한 하야 용수(湧水)가 있을 뿐이다. 그럼으로 이 용수가 있는 곳에는 촌락이 밀집하되 대상(帶狀)이 아니고 산촌(散村)의 형식으로 발달하게 된 것이다.

자연용수가 없는 지역에도 산촌의 형식으로나마 촌락이 발달해 있는 것을 볼 수 있다. 이것은 우수(雨水)가 저수(貯水)되어 있을 수 있는 즉 현무암(玄武岩)의 풍화, 침식에 의한 오목한 석계곡(石溪谷)이거나 혹은 점토(粘土)가 많은 요지(凹地)의 지방에 불과하다.

한라산을 중심으로 산정에서 삼림지대(600 미터 이상), 산간지대(300 미터 이상) 중간지대(200 미터 이상) 해안지대 혹은 경작지대(200 미터 이하)로 분류할 수 있는 타원환상대적(橢圓環狀帶的)으로 토지를 이용하고 있는 것을 볼 수 있다. 즉 삼림지대는 2만7306 정보의 국유림으로 보호 이용하는 중이며 이 삼림지대와 산간지대의 점이지대(漸移地帶)에서는 제주도의 특산품의 하나인 추용(椎茸)재배로 유명하다.

산간지대 4000~5000 정보는 잡초와 모류(茅類) 고사리 등의 초원지대로써 우마가 방목되어 있다. 그 중간에는 경지 1만5000정보가 10년에 1경(耕) 혹은 2경으로 피(稗)가 주로 재배되고 중간지대는 3만 정보로 초지(草地)와 경지(境地)가 혼입(混入)하였는데 경지 1500 정보는 5년에 2경, 3경을 하게 된다. 이상의 지대에는 용수결핍 혹은 부족으로 인가(人家)는 약간의 화전민(火田民)을 제외한 발달을 볼 수 없다. 해안지대는 수전(水田) 892정보, 밭(畑)) 6960정보로 촌락이 갑자기 밀집한 지역인 때문에 경작지 주위에는 수많은 용암사력(溶岩砂礫)을 처리도 하고 방목 우마의 침입을 막기 겸(兼)하야 높이 5~6척의 돌담을 쌓아 두었다.

토지의 이용으로 말하면 해안지대는 비교적 집약적으로 경작하며 비료도 약간하고 제초도 하는 모양이나 중간지대는 조잡한 원시적으로 휴한(休閑)경작하되 삼년 내지 오년간이나 수환방목(輪換放牧)에 이용하는 정도이다. 경작을 하더라도 조와 같은 것을 파종(播種)할 적에는 마(馬)를 십두, 이십오두를 한꺼번에 사용하야 종자를 잘 묻이도록 진압(鎭壓)한다 하니 이는 지형, 토양, 기후의 관계로 인한 특수성일 것이다. 그리고 중간지대인 해발 삼백 미터 이상, 고도 급변지역인 육백 미터 부근 공지(空地)까지는 저 해안지방처럼 용암석도 훨씬 희소하고 화산회(火山灰) 집적으로 토양이 비교적 비옥한데도 불구하고 방목지 그대로 방치되어 있다. 이는 물론 중간지대의 원시농경법(原始農耕法)과 한가지로 음료수 결핍으로 농촌이 이 지역에 발생치 못한 것이 중대한 원인일 것이다 (조선일보, 1937.9.1.~1937.9.7.).

탐라국이 역사에서 사라졌다

고후(高厚) 고청(高淸) 고계(高季) 삼위 형제는 왕명을 받들어 신라국에 입조한 즉 조정
에서 이국신자(異國神子)가 왔다 하야 대단히 기뻐하며 대연(大宴)을 배설하고 린국(隣國)
의 우의를 돈독케 하며 훈장을 각각 주어 사작(賜爵)하고 국호를 탐라(耽羅)라 하고 보개(寶
蓋)와 의대(衣帶)를 주어 보내니 정치는 날로 밝아지며 탐라국은 안락의 복지로 세계에
전파케 되어 입국자는 날로 더하며 백성은 격앙을 놀래하였다(전설의 제주도 성주왕자전
1, 동아일보, 1929.12.24.).

탐라기년(耽羅紀年)에 의하면, 고을나(高乙那) 15대손 고후(高厚) 고청(高淸) 고계(高
季) 삼형제가 탐진(耽津, 현 康津)을 거쳐 신라에 입조(入朝)하였다고 한다. 삼국사기(三
國史記) 백제본기(百濟本紀)에는 문주왕(文周王) 2년(서기 476년)에 탐라 사자(使者)가
방물(方物)을 백제에 헌납(獻納)하니 왕이 기뻐하여 그 사자에게 은율(恩率)이라는 관직
(官職)을 주었다는 기록이 있다.

탐라국은 성주 왕자를 주축으로 반(半)독립적인 정치형태를 누려왔다. 고려 숙종 10년
부터 고려 군현(郡縣)이 되었지만 지리적 여건이 작용한 탓에 반독립적 위치를 누리면서
나름 정치적 독자성을 유지했던 것으로 보아진다. 그러나 삼별초(三別抄) 난을 진압하기
위해 내도(來島)하였던 원나라 장수 홍다구, 흔도가 본국에 장계(狀啓)하여 제주에 달로
화적총관부(達魯花赤摠管府)를 설치하였다. 이때부터 원나라 식민지가 된 탐라는 점차

주권과 독자성을 잃기 시작했다.

　　성주왕자는 통정의 시체를 희생하야 사직에 제하며 관민은 김방경을 칭송하고 대연을 배설하야 태평을 즐기었다. 송보연으로 군사를 통솔하고 유진케 하며 흔도는 명병 오백을 머물러 유숙케 한 후 김방경은 개선가를 부르며 본국에 돌아가니 사방에 일이 업고 천하가 태평하였다.
　　탐라국에 통정의 란은 그쳤으나 몽장(蒙將) 홍다구(洪茶邱) 흔도(炘都)가 원국(元國)에 장계하되 탐라국은 남송(南宋)과 일본의 요충이 된다 하야 운국에서 달로화적총관부(達魯花赤摠管府)를 탐라국에 무리로 설치하였다(전설의 제주도 성주왕자전 4, 동아일보, 1929.12.28.).

　　이에 성주왕자는 절대로 거절하였으나 약고불가이적강(弱固不可以敵强)이오, 과고불가이적중(寡固不可以敵衆)이라 한손에 칼을 들고 한손에 금을 들어 금으로 달래며 칼로 위협하니 슬프다.
　　어느 시대에는 란신 적자가 없었으리오 매국적들이 금력에 팔리어 조약을 허락하였으나 여지없이 원국에 부속이 되었다. 이른바 삭을 쫓고 범을 불러 스스로 호위함과 같다(전설의 제주도 성주왕자전 5, 동아일보, 1930.1.9.).

　이후 원국이 무력으로 설치한 화적총관부에서 탐라국을 통치했고 성주왕자는 호위(護衛) 감금생활을 하게 되었다. 이로서 그 이전까지 반독립적인 정치적 위상을 지녔던 탐라국 위상은 사라지고 도민 생활은 날로 곤궁해 갔다.
　화적총관부에서는 도내 곳곳에 사찰(寺刹)과 신당(神堂)을 건축하였다. 또한 도내 전역에 십소장(牧場)을 설치하여 우마를 길렀고 그 중 훌륭한 우마는 모두 원국(元國)으로 약탈해 갔다. 이 뿐 아니라 농산물, 해산물 전부를 화적총관부에서 독점하여 수탈해 갔기 때문에 이래저래 도민 생활은 급격히 피폐해 졌다.

　　그럭저럭 세월은 흘렀다. 백여년이 지내가고 원국 백성의 핍박은 날로 심하였다. 탐라국 민의 호소는 한울에 사무치게 되인지 신명이 탐라국을 도우심인지 원국은 국위(國位)가 떨어지고 명나라(明國)가 통치권을 가지게 되었다. 원국은 형세 위급함을 당하야 도읍을 탐라국으로 옮기고자 하야 원목수(元木手) 등 수백인과 건축 재료품도 많이 수송하야 거의 원나라 천도지(遷都地)가 될 뻔하였다(전설의 제주도 성주왕자전 5, 동아일보, 1930.1.9.).

고려 공민왕 23년 명나라에서 고려에 말 이천 필을 청구하였다. 고려 조정에서는 문하평의(門下評議) 한방언(韓邦彦) 간마사(揀馬使) 유경원(劉景元)등을 탐라에 파견하여 목사 리용장(李用藏)으로 하여금 원관부(元官府)에 교섭하여 말 이천 필을 요청하게 되었다. 그러나 원관부 목호(牧胡) 석질리(石迭里)는 이를 거절하는 한편 고려 국신(國臣) 리용장과 유경원, 한방언 등을 죽이고 스스로를 동합흡적(東西哈赤)이라 칭하였다. 이때 성주 고신걸(高臣傑)과 왕자 문공제(文公濟)가 말 이백 필을 주선하여 고려에 보내며 리용장, 한방언 등을 죽인 연유와 그 간 목호들 횡포를 고려 공민왕에게 주달(奏達)하였다.

처조사신(天朝使臣) 리용재 유경원 한방언들을 원관부 목사 석질리가 원마(元馬)를 무리로 청구한다 하고 오월 십칠일에 죽이고 횡포가 날로 심하오니 청컨대 대책을 쓰사 대국의 모욕을 씻으시고 탐라국민의 생명을 구원하야 주시압소서. 탐라국 성주 고신걸 왕자 문공제 백배 고려국왕 전하(전설의 제주도 성주왕자전 5, 동아일보, 1930.1.9.).

이 글을 본 공민왕은 대노하여, 목호군을 진압시키고자 최영(崔瑩)을 주축으로 염흥방(廉興邦), 목인길(睦仁吉), 김유(金庾) 등 장수와 전선 이백사십여척, 군사 이만 육천 오백여명을 탐라에 파병(派兵)했다. 명월포를 통해 제주도에 들어온 최영은 새별오름에서 대승을 거두고 산남 호도(虎島, 범섬)까지 도망간 호적(胡適)들을 전부 소탕하였다.

최영대장은 여폐(餘弊)를 다 정리하고 석질리 등 팔십명과 민간 유죄자 십여명 포로를 이끌고 본국으로 돌아갈 새 성주 고신걸(高臣傑)과 왕자 문공제(文公濟)는 최영의 손을 붙잡고 고려국과 동맹하야 보호받기를 청하였다.
탐라국은 독립 만세를 부르며 노래하니 탐라 백성의 기쁨은 하늘에 닿은 듯하였다. 성주 왕자 새로 이상적 정부를 건설하고 안녕 질서를 정돈하였다(전설의 제주도 성주왕자전 8, 동아일보, 1930.1.13.).

고려군에 의해 석질리 난이 진압되자 탐라국 성주와 왕자는 고려국과 동맹하여 보호받기를 청했다. 그러나 고려가 망하고 조선이 건국되면서 상황이 달라졌다.

> 믿을 수 없는 것은 세상일이라 고려국과 공수동맹(攻守同盟)하자 하였으나 불과 이삼십년간에 고려국은 망하고 이조(李朝)는 신정부를 창설하고 문치와 덕화를 사방에 베푸니 그 덕이 탐라에도 미치었다.
> 성주(星主) 고봉례 高鳳禮)와 왕자(王子) 문충세(文忠世)는 문치와 덕화에 감화되어 납토(納土)할 생각이 났다. 이조 개국 일년경에 성주왕자가 납토를 청하매 왕이 그를 허락하시고 성주왕자 이름이 참람하다 하야 성주로 좌도지관(左都知官)을 배하고 왕자로 우도지관(右都知官)을 배하며 또 나라 이름을 제주(濟州)라 고치고 고인하야 군현제(郡縣制)를 베풀었다(전설의 제주도 성주왕자전 8, 동아일보, 1930.1.13.).

조선 태종 2년, 성주 고봉례와 왕자 문충세가 입조(入朝)하여 성주왕자 작위 및 탐라 국호를 조선 조정에 납토(納土)[10]하였다. 이로써 탐라국은 역사에서 사라졌다.

---

10)그 국가 땅과 모든 것을 주어 의지함.

재일 제주인 양성종

재일 제주인 故 양성종(梁聖宗)은 1939년 2월 18일 제주도 신촌에서 출생하여 10대 중반 일본 도쿄로 이주하였다. 1985년 일본에서 제주사(濟州史) 연구 기반을 닦은 탐라연구회(耽羅硏究會) 발기에 참여했다. 재일 제주인들이 제주사 정립 의지를 모아 태동한 탐라연구회는 1985년 본격적으로 제주도 연구를 시작하여 1989년 『제주도(濟州島)』를 창간한 이래 현재에 이르고 있다.

와세다대학교 문학부 사학과를 졸업한 양성종은 1985년 1월 창립한 탐라연구회 사무국 운영을 맡아 단체 체제를 갖추는 일에 노력했다. 특히 역사분과위원장으로 활동하며 탐라연구회 기관지인 『탐라연구(耽羅硏究)』에 '제주사강좌(濟州歷史講座)'를 집필해왔다. 또한 1988년 김태능 저 『제주도약사(濟州島略史)』를 일본어로 번역 출간했다. 2012년에는 제주문화원 발간 『제주신화집(濟州神話集)』 일본어판 번역을 맡기도 했다.

양성종은 2017년 12월 29일 고향 제주도 성묘를 일주일 앞두고 타향 일본에서 타계했다. 작년 초 고인 아드님께서 아버지와 고향 방문 약속을 지키기 위해 고인 유골을 들고 신촌(新村)에 있는 선산(先山)을 찾아왔었다. 억장이 무너지는 사연이다.

이 글에서 고인을 추모하는 이유는 필자가 받았던 많은 도움 때문이다. 이 자리에서 존경하는 고 양성종님이 베풀어 주신 많은 배려와 진솔한 가르침에 대해 진심으로 감사드린다.

2000년대 초반 내가 일제 강점기 제주경제 연구를 위해 일본을 수차례 방문할 때 마다 매번 선생님이 직접 우리일행과 동행하며 친절히 안내해 주셨다.

또한 당시 선생님이 관리하셨던 아리랑문화센터 지하도서관에서 며칠을 공부할 수 있게 해주었고 동경대(東京大) 도서관, 학습원대학(學習院大學) 도서관 조선총독부 자료실, 와세다대학 도서관 등을 수시로 열람하고 자료 정리를 하게 해 주셨다. 또한 동경 부근에 거주하시는 탐라연구회 회원들이 참석하는 세미나에서 발표할 기회를 주었으며, 『근대제주의 경제변동』(진관훈, 2004)을 일본어로 번역하여 『탐라연구』에 연재하셨다.

구구한 이력이야 그렇다 치더라도 탐라사(耽羅史) 연구에 대한 이 같은 열정과 의지는 매번 존경스러웠고 본받아 마땅했다. 아직까지 제주사회에서 제주학 연구만으로는 입에 풀칠하기조차 불가능하다. 더군다나 타지 일본에서 제주사회와 탐라사를 연구하는 것은 결코 쉽지 않은 일이다. 2006년 사이타마시 선생님 자택 2층 다락방을 방문한 적이 있었다. 그날 같이 동행한 후배 강재홍교장선생과 내가 놀란 건 엄청나게 많은 자료 꾸러미가 아니라 그 많은 자료를 꼼꼼하게 필사하고 분류하며 재배열하는 무모함이었다.

"남들이 나를 알아주지 않더라도 성내지 않으니 역시 군자가 아니던가(人不知不慍 不亦君子乎)"(논어 학이편). '위인지학(爲人之學)' 하지 않고 '위기지학(爲己之學)' 하신 선생님은 진정한 군자라 할 수 있다.

하지만 이 높고 깊은 가르침을 따르기 쉽지 않다. 아무도 관련 연구 환경 조성과 후학 양성에 관심을 갖지 않는 암담한 현실 속에서 선생님이 실천하신 공부 자세와 연구 열정을 얼마만큼 따를 수 있을까? 그게 죄송할 따름이다.

고인이 생전 일본 도쿄 아리랑문화센터에서 탐라연구회 발간 '제주도'를 펼쳐 보이고 있다.

사진: 강경희, 허호준

참고문헌

일제 강점기 자료

高禎鍾(1930),「濟州島便覽」.

金斗奉(1922),「濟州島實記」.

金錫翼(1918),「耽羅記年」.

稻井秀左衛門(1937),「朝鮮潛水器漁業沿革史」.

釜山商業會議所(1930),「濟州島と その 經濟」.

善生永助(1926),『火田の 現狀』.

小田內通敏(1931)「朝鮮の 火田民」.

小泉昇平(1934),「火田民 生活狀態 調查」,『조선연구자료』.

全羅南道濟州郡廳(1914),「濟州郡勢一斑」.

全羅南道濟州島廳(1914),「濟州島勢一斑」.

濟州島廳(1937),「濟州島勢要覽」.

濟州島廳(1939),「濟州島勢要覽」.

朝鮮農會(1944),「朝鮮農業發達史」정책편, 발달편.

朝鮮總督府(1929),「生活狀態調查 基二, 濟州島」.

朝鮮總督府(1930),「朝鮮國勢調查報告, 全羅南道編」.

朝鮮總督府農商工部編(1910),「韓國水産誌 제3집 濟州島」.

조선총독부산림국(1928),『火田調查報告書』.

채구석 외(1914), 『立式契約書』(좌면 중문리 마을문서).

단행본

강대원(1970), 「해녀연구」.

강원도청(1976), 『화전정리사』.

강정마을회(1996), 「강정향토지」.

경기대박물관(1983), 「韓國의 農耕文化」, 경기대학출판부.

경기대박물관(1987,1994,1996), 「한국의 농경문화」, 제2,4,5집, 경기대출판국.

高橋昇(1997), 「朝鮮半島の 農法と 農民」, 未來社.

久間健一(1950), 「조선농업경영지대의 연구」, 농경농업종합연구소.

권희영(2001), 『한국사의 근대성연구』, 백산서당.

김낙년(2003), 『일제하 한국경제』, 해남.

金奉鉉(1978), 「濟州島血の 歷史」, 會行刊書國.

김영돈(1999), 『한국의 해녀』, 민속원.

金泰能(1988), 「濟州島略史」, 신간사.

남도영(1996), 「한국마정사」, 한국마사회박물관.

南仁熙(1985), 「濟州農業의 百年」, 태화인쇄사.

남제주군(1986) 「南濟州郡誌」.

농협중앙회(1974), 「한국의 축산」.

大藏省관리국(1946), 「日本人の 海外活動に 關する 歷史的 調査」.

박섭 외(2004), 『식민지근대화론의 이해와 비판』, 백산서당.

邊昇圭(1992), 「濟州島略史」, 제주문화.

송성대(1996), 「濟州人의 海民情神」, 제주문화.

송성대(1998), 「문화의 원류와 그 이해」, 각.

신상준(2000), 『제주도 4·3사건』 상권, 한국복지행정연구소.

오홍석(1974), 「제주도의 취락에 관한 지리학적 연구」, 창음인쇄공사.

元永喜(1981), 「국내지적사」, 신라문화사.

유광호 외(1992), 『미군정시대의 경제정책』, 한국정신문화연구원.

立正大學日韓合同韓國濟州島學術調查團(1988), 「韓國濟州島の 地域研究」.

全羅南道誌編纂委員會(1993), 「全羅南道誌」.

정태헌(1996), 「일제의 경제정책과 조선사회」, 역사비평사.

제민일보 4·3 취재반(1994), 『4·3은 말한다』, 전예원.

제주도(1982), 「濟州道誌」.

濟州道(1994), 「濟州의 民俗」, 제주문화자료총서 2.

제주도(1995), 「濟州錄」.

제주도(1996), 「제주의 해녀」.

제주도(1998), 「제주의 민속」.

제주도(2004), 『口述로 만나는 제주여성의 삶 그리고 역사』, 파피루스.

제주도(1994), 『濟州의 民俗』, 삼화.

제주도(1996), 『제주의 해녀』, 삼화.

제주도민속자연사박물관(1998), 「제주도의 농기구」.

濟州道負傷學徒苦學會(1955), 「濟州實記」.

제주도의회(2000), 『제주 4·3 자료집 미군정 보고서』.

제주문화방송(1986), 「耽羅錄」.

제주상공회의소(1991), 「제주상의 55년사」.

제주시(1985), 「濟州市誌」.

제주시수산업협동조합(1989), 「제주시수협사」.

제주우당도서관 편역(1995), 「濟州島의 地理的 研究」.

제주우당도서관 편역(1997), 「濟州島의 옛 記錄」.

제주우당도서관 편역(1997), 「20世紀 全般의 濟州島」.

제주해녀항일투쟁기념사업추진위원회(1995), 「제주해녀항일투쟁실록」.

조선은행조사부(1949), 「조선경제연보 1948년도」.

조선통신사(1948), 「1947년 조선연감」.

泉靖一(1966), 「濟州島」, 동경: 동경대학동양문화연구소.

한국역사연구회(1998), 「우리는 지난 100년동안 어떻게 살았을까」, 역사비평사.

한국이동통신제주지사(1997), 「제주의 문화유산」.

한림대 아시아문제연구소(1999), 『미군정기 한국의 사회변동과 사회사 2』.

고경옥(1970), "제주도 수산업의 사적고찰", 「어업연구지」 2호, 제주대 어로학회.

논문

宮塚利雄(1980), "한국화전민에 관한 사적 연구", 『단국대 학술논총』 제4집.

권귀숙(1998), "제주도 해녀의 신화와 실체", 『제주사회론 2』, 한울.

길인성(1995), "한국인의 신장변화와 생활수준: 식민지기를 중심으로", 「제38회 전국역사학
대회발표요지」.

길인성(1998), "식민지 시대 생활수준은 개선되었는 가?", 경제사학회원례발표회.

김기혁(1991), "조선시대 농업지대의 변화에 관한 연구", 「지리학」 26권 2호.

김기혁(1994), "일제시대 한반도 농업의 지역구조 연구", 「부산지리」 3.

김봉옥(1975), "제주의 마정", 「교육제주」 28.

김상호(1979), "한국농경문화의 생태학적 연구", 『서울대 논문집』 제4집.

김서연(1969), "제주도 축산의 史考", 「제주도」 통권 제63호.

김창후(1995), "재일 제주인과 동아통항조합운동", 「제주도사연구」 4, 제주도사연구회.

남석진(1987), "제주도 전통사회의 농업경영에 관한 연구", 제주대교육대학원석사논문.

남인회(1987), "제주농업의 흐름과 방향", 「제주도연구」 제4집.

藤永壯(1997), "1932년 제주도 해녀의 투쟁", 「제주도의 옛 기록」, 제주시우당도서관.

玉漢錫(1985), "한국의 화전농업에 관한 연구"『지리학연구』 제10집.

유승호(1991), "일제의 조선인이민정책에 대한 연구", 「한국학연구」 창간호.

이기욱(1995), "제주도 농민경제의 변화에 관한 연구", 서울대인류학과박사학위논문.

정진성·길인성(1998), "일본의 이민정책과 조선인의 일본이민: 1910-1933", 「경제사학」
25, 경제사학회.

조동규(1966), "한국화전의 분포", 『지리학』 제2호.

진관훈(1997) 1930년대 제주도 농촌의 농가경영구조에 관한 연구", 濟州島史硏究, Vol. 6.

진관훈(1998), "日帝下 濟州島 農村의 生活水準", 濟州島史硏究 Vol.7.

진관훈(1999), "식민지기 제주도 가내공업에 관한 연구", 탐라문화 Vol. 20.

진관훈(1999), "1930년대 제주도 농업생산력 변동에 관한 연구", 탐라문화 Vol. 20.

진관훈(2000), "해방 전후의 제주도 경제와 '4,3'", 탐라문화 Vol. 21.

진관훈(2001), "해방 직후 미군정기의 濟州島 經濟", 4.3과 역사 Vol. 1.

진관훈(2002), "조선시대 제주의 公的扶助에 관한 고찰", 탐라문화 Vol. 22.

진관훈(2003), "제주도 화전연구를 위한 예비적 고찰", 濟州島史硏究 Vol. 12.

진관훈(2004), "재일(在日) 제주인의 상공업활동에 관한 연구", 제주도연구 26집.

진관훈(2004), "박영효의 경제사상과 제주에서의 실천", 제주도연구 25집.

진관훈(2004), "일제하 濟州島 경제와 海女勞動에 관한 연구", 정신문화연구 27호.

진관훈(2005), "제주도 기업가 晴岩 朴宗實 연구", 정신문화연구 28호.

진관훈(2006), "일제하 제주도 기업가 연구 -청암 박종실과 남주 강성익의 기업활동을 중심으로-", 경영사학 41집.

진관훈(2006), "제주도 기업가 남주(南州) 강성익(康性益) 연구", 제주도연구 29집.

진관훈(2010), "일제강점기 제주 농어촌 마을의 토지 소유 연구 - 지세명기장(地稅名寄帳)과 임야대장(林野臺帳)을 바탕으로 - ", 『제주지리론』, 한국학술정보(주).

진관훈(2010), "한말·일제 초기 제주지역의 직업구성", 『제주지리론』, 한국학술정보(주).

진관훈(秦寬勳)

제주에서 출생하여 동국대학교에서 경제학 박사(1999년), 공주대학교에서 사회복지학박사(2011년)를 취득했다. 제주한라대학교와 제주대학교에서 겸임교수를 역임하였으며 제주특별자치도청에서 경제특별보좌관을 지냈다. 2009년 이후 현재 제주테크노파크 수석연구원으로 근무하고 있다. 저서로는 근대제주의 경제변동(도서출판 각, 2004), 국제자유도시의 경제학(도서출판 각, 2004), 사회적 자본과 복지거버넌스(도서출판 각, 2014) 등 5권이 있다. 주요 논문으로는 일제하 제주도 기업가 연구, 일제하 제주도 경제와 해녀노동에 관한 연구, 박영효의 경제사상과 제주에서의 실천, 해방 직후 미군정기의 제주도 경제, 제주도 화전연구를 위한 예비적 고찰 등 70여 편이 있다.

신문기사로 본 근대 제주 경제와 사회

올달진 근대제주

초판 인쇄   2019년 8월 15일
초판 발행   2019년 8월 23일

지 은 이 | 진 관 훈
펴 낸 이 | 하 운 근
펴 낸 곳 | 學古房

주   소 | 경기도 고양시 덕양구 통일로 140 삼송테크노밸리 A동 B224
전   화 | (02)353-9908 편집부(02)356-9903
팩   스 | (02)6959-8234
홈페이지 | http://hakgobang.co.kr/
전자우편 | hakgobang@naver.com, hakgobang@chol.com
등록번호 | 제311-1994-000001호

ISBN   978-89-6071-886-9 03910

값 : 22,000원

이 도서는 한국출판문화산업진흥원 '2019년 우수출판콘텐츠 제작 지원' 사업 선정작입니다.